ABITUR

Prüfungsaufgaben mit Lösungen **2012**

Geschichte

Gymnasium • Gesamtschule
Niedersachsen

2009–2011

STARK

ISBN 978-3-89449-836-8

7. neu bearbeitete und ergänzte Auflage
www.stark-verlag.de

Inhalt

Autoren: Beatrix Brüning: Übungsaufgabe 1 (1), 2009/GA II, 2011/GA 1;
Dr. Johannes Heinßen: Übungsaufgabe 1 (2, 3), 2009/EA I, II, 2010/GA I, EA II, 2011/EA I, II;
Achim Müller: Übungsaufgabe 5; Wolfgang Münchenhagen: Hinweise, Übungsaufgaben 2,4;
Dr. Uta Richter-Uhlig: Übungsaufgabe 6, 2009/GA I, 2010/EA I, 2011/GA II;
Dennis Röder: Übungsaufgabe 3

Vorwort

Liebe Schülerinnen, liebe Schüler,

der vorliegende Band unterstützt Sie bei Ihrer effektiven Vorbereitung auf die zentrale schriftliche Abiturprüfung.

Das einführende Kapitel „**Hinweise und Tipps zum Zentralabitur**" gibt Ihnen wertvolle Informationen zum **Ablauf des Zentralabiturs** sowie leicht umsetzbare, konkrete Tipps, die Ihnen bei Ihrer Vorbereitung und beim Verfassen der Klausuren helfen. Besonders wichtig für Sie sind dabei die Ausführungen zu den Schwerpunktthemen der Abiturprüfung 2012. Hier wird Ihnen das Spektrum der prüfungsrelevanten Themen vorgestellt und erläutert. **Konkrete Tipps** zu den Arbeitsanweisungen (**Operatoren**) und zum Umgang mit **historischen Quellen** ergänzen diesen Abschnitt.

Das Buch enthält **Übungsaufgaben** mit **Musterlösungen** für alle **Schwerpunktthemen des Zentralabiturs 2012**. Mithilfe der Übungsaufgaben können Sie sowohl Ihre im Unterricht erworbenen Kenntnisse wieder auffrischen als auch die Bearbeitung von Aufgaben unter Prüfungsbedingungen trainieren und optimieren. Darüber hinaus sind sämtliche Abituraufgaben der Jahre 2009 bis 2011 ebenfalls mit Musterlösungen enthalten.

Sollten nach Erscheinen dieses Bandes noch wichtige **Änderungen** in der Abitur-Prüfung 2012 vom Kultusministerium bekannt gegeben werden, finden Sie aktuelle Informationen dazu im Internet unter www.stark-verlag.de/info.asp?zentrale-pruefung-aktuell.

Zu jeder Aufgabe finden Sie im Anschluss nicht nur ausführliche **Lösungsvorschläge**, sondern auch **allgemeine Hinweise** zum Lösen der Aufgabe sowie konkrete **Bearbeitungshinweise**, die Ihnen eine gezielte Vorgehensweise bei der Beantwortung der einzelnen Aufgaben vermitteln.

Ein **Stichwortverzeichnis** erleichtert Ihnen die gezielte Nutzung dieses Bandes und ermöglicht Ihnen einen schnellen Zugriff auf zentrale Sachverhalte.

Verlag und Autoren wünschen Ihnen eine gute Vorbereitungsphase und viel Erfolg in der Abiturprüfung!

Stichwortverzeichnis

Hinweise und Tipps zum Zentralabitur

Die Anforderungen im Zentralabitur

1 Rahmenbedingungen

Die Prüfungsaufgaben für das Fach Geschichte im Abitur 2012 orientieren sich an folgenden Vorgaben:

- den Rahmenrichtlinien Geschichte für die gymnasiale Oberstufe (Nds. Kultusministerium, 1994, letztmalig gültig im Abitur 2012),
- den Einheitlichen Prüfungsanforderungen in der Abiturprüfung Geschichte („EPA" der KMK, Fassung vom 10. 02. 2005),
- den Operatoren für Erdkunde, Geschichte und Politik, die das Nds. Kultusministerium am 18. 11. 2009 herausgegeben hat und welche die Operatoren der KMK-EPA ersetzen,
- und den Thematischen Schwerpunkten für das Fach Geschichte (Nds. Kultusministerium, Juni 2009).

Wichtig sind für Sie die verbindlichen **thematischen Schwerpunkte**, die für jeden Abiturjahrgang neu festgelegt werden. Diese thematischen Schwerpunkte, die mit Ihnen in der Kursstufe erarbeitet werden, bilden die Grundlage für die schriftlichen Prüfungsaufgaben.
Die zentrale Aufgabenstellung gilt nur für die schriftlichen Abiturprüfungen, die mündliche Prüfung wird weiterhin dezentral, das heißt von Ihrer Lehrkraft, gestellt (siehe dazu S. XIX–XXII).

In der schriftlichen Abiturprüfung können Sie **zwischen zwei Prüfungsaufgaben wählen**. Für die Auswahl wird Ihnen eine Zeit von maximal 20 Minuten gewährt. Die anschließende Bearbeitungszeit beträgt im Schwerpunktfach mit **erhöhtem Anforderungsniveau** 300 Minuten bzw. im Ergänzungsfach mit **grundlegendem Anforderungsniveau** 220 Minuten.
Unterschiede zwischen Aufgaben mit grundlegendem und solchen mit **erhöhtem Anforderungsniveau** und den ihnen zugeordneten Prüfungsklausuren ergeben sich vor allem im Anforderungsniveau bezüglich

- der Anzahl und dem Umfang der zu behandelnden Gegenstandsbereiche,
- der Komplexität und der Vielfalt der Untersuchungsaspekte,
- dem Umfang und der Vielfalt der zu interpretierenden historischen Quellen und Darstellungen,
- der Tiefe der Einblicke in Erkenntnisprobleme des Faches.

2 Schwerpunktthemen 2012

Thematischer Schwerpunkt 1: Zusammenbruch der DDR und deutsche Einheit

verbindliche Unterrichtsinhalte	**Unterrichtsaspekte**
Historische Hypotheken der SED-Diktatur	• Ausbildung der „Volksdemokratie“ unter Führung der SED • Der Volksaufstand vom 17. Juni 1953 • Mauerbau 1961 und gesellschaftliche Konsequenzen *vertiefend für erhöhtes Anforderungsniveau:* • Die Haltung der DDR-Führung zum „Prager Frühling“ und seiner Niederschlagung
Die Krise der 80er-Jahre	• Deutsch-deutsche Beziehungen zwischen Entspannung und Abgrenzung • Folgen des KSZE-Prozesses • Niedergang der Wirtschaft • Formen der Opposition und staatliche Repression • Umgang mit der Perestroika und den Umbrüchen im Ostblock
Der Weg zur deutschen Einheit	• Friedliche Revolution 1989 • Umsetzung der deutschen Einheit 1989/90 *vertiefend für erhöhtes Anforderungsniveau:* • Bilanz der deutschen Einheit

Thematischer Schwerpunkt 2: Europa an der Schwelle zur Neuzeit

verbindliche Unterrichtsinhalte	**Unterrichtsaspekte**
Wirtschaftliche und gesellschaftliche Veränderungen in Oberitalien	• gesellschaftliche Entwicklungen (Bevölkerungswachstum, Städte, Bürgertum, Großkaufleute) • Frühkapitalismus (Bankwesen, Handel, Gewerbe) • Politische Strukturen und Theorien (Republik, Signoria, Machiavelli)
Neues Denken in Europa	• Renaissance, Humanismus (u. a. Erasmus von Rotterdam) • Das Menschenbild in Kunst und Architektur (u. a. Leonardo da Vinci) • Europäische Gelehrtenkultur (Bildung, Universitäten, Kommunikation, Medien)

	• Wissenschaft im Umbruch (Natur, Empirie, Technik, Erfindungen) *vertiefend für erhöhtes Anforderungsniveau:* • Mythos Renaissance
Anfänge der europäischen Expansion	• Voraussetzungen, u. a. nautisch-technische Revolution • Entdeckungsfahrten • wirtschaftliche Bedeutung für Europa

Thematischer Schwerpunkt 3: Wirtschafts- und Sozialgeschichte der USA von der Industrialisierung zum New Deal – Erfolge und Krisen einer Freien Marktwirtschaft

verbindliche Unterrichtsinhalte	Unterrichtsaspekte
Voraussetzungen und Rahmenbedingungen der Industrialisierung	• Der *American Dream* als Grundlage des amerikanischen Selbstverständnisses • wirtschaftliche Standortfaktoren • die Einwanderer (Herkunft, Chancen, Bedeutung für die Gesellschaft, Immigrationsgesetzgebung)
Der freie Markt und seine Folgen	• Kapital und Arbeit im „langen“ 19. Jahrhundert – *Big Business*, trusts und andere Formen der Monopolbildung – Die Lage der arbeitenden Bevölkerung – Politische und gesellschaftliche Reformbemühungen (*Progressive Movement*, Anti-Trust-Gesetzgebung, gewerkschaftliche Aktivitäten) mit vergleichendem Blick auf Europa • Die Entstehung der Massenkonsumgesellschaft – Produktionsbedingungen (Taylorismus, Fließbandproduktion) – Das Kredit- und Bankwesen und seine internationalen Verflechtungen – Die Prosperitätsphase (u. a. am Beispiel der Motorisierung)
Der USA in der Weltwirtschaftskrise	• Anlass und Ursachen der Großen Depression • soziale und wirtschaftliche Folgen • Strategien der Krisenbewältigung (u. a. *New Deal*) • Auswirkungen auf Europa

3 Semesterübergriff

Jedes Prüfungsthema muss seinen Schwerpunkt in einem Themenbereich/Kurshalbjahr haben, doch darf es sich **nicht ausschließlich darauf beschränken**. Der sogenannte **Semesterübergriff** bedeutet, dass sich die Gesamtaufgabe zwar im Wesentlichen auf die Lernbereiche eines thematischen Schwerpunktes bezieht, aber auch auf einen weiteren der genannten Schwerpunkte Bezug nimmt.
Die **Verknüpfung mit Inhalten eines anderen Kurshalbjahres** kann über die Materialauswahl erfolgen. Sie kann aber auch über die Arbeitsanweisungen vorgenommen werden. Wichtig ist, dass Sie in der Lage sind, historische Verläufe und Strukturen problembewusst zu analysieren und auch auf andere Epochen zu übertragen.

Tipp: Achten Sie bei Ihrer Vorbereitung besonders auf allgemeine Prozesse und Strukturen, die auf andere Epochen übertragbar sind.

4 Historische Kompetenzen

Zur Lösung der Aufgaben, ungeachtet ob es sich um das **grundlegende Anforderungsniveau** oder das **erhöhte Anforderungsniveau** handelt, sollten Sie sich folgende **historische Kompetenzen** angeeignet haben:

- **Sachkompetenz** zeigen Sie durch fundiertes Wissen über Vergangenes sowie durch das zum Ausdruck gebrachte Bewusstsein, dass historisches Wissen zeit-, standort- und kulturbedingt ist. Die unterschiedlichen Lernbereiche, insbesondere die Dimensionen der historischen Fachwissenschaft (Politikgeschichte, Wirtschafts- und Sozialgeschichte usw.) sind Ihnen ebenso vertraut wie multiperspektivisches Betrachten und Untersuchen.
- Immer wichtiger wird die **Methodenkompetenz**. Das bedeutet, dass Sie zeitliche und kausale Zusammenhänge erkennen und erläutern, historische Verläufe und Strukturen analysieren sowie problembewusst und unter Berücksichtigung unterschiedlicher Perspektiven darstellen können. Schwerpunkte der Methodenbeherrschung sind die **Interpretation von Quellen** unterschiedlicher Gattungen und die **Analyse** und **kritische Auseinandersetzung** mit verschiedenen Formen **historischer Darstellung**. Konkrete Bearbeitungshinweise für einzelne Materialtypen geben wir Ihnen im Abschnitt „Methodische Hinweise" (S. VII–XVI).
- **Urteilskompetenz** beweisen Sie, indem Sie Sach- und Werturteile schlüssig und differenziert abgeben, diese Ergebnisse jeweils argumentativ begründen und z. B. durch historische Fakten oder Zitate aus dem Material belegen.

5 Weitere prüfungsrelevante Kenntnisse

Der Geschichtsunterricht soll Ihnen nicht nur fachliche Inhalte, sondern auch die Einsicht in Ordnungs- und Auswahlprinzipien der Geschichtswissenschaft vermitteln. Sie werden deshalb mit drei **Perspektiven historischer Erfahrung** (der deutschen – der europäischen – der globalen) vertraut gemacht, denen jeweils ein Rahmenthema der Kursstufe gewidmet ist. Der Geschichtsunterricht orientiert sich außerdem an **Leitproblemen** historischen Lernens, deren Analyse und „Lösung" zur

Bewältigung gegenwärtiger und künftiger Lebenssituationen notwendig erscheinen. Er unterscheidet – den fachwissenschaftlichen Einteilungen entsprechend – **Dimensionen** historischer Forschung und macht mit unterschiedlichen **Formen historischer Analyse** vertraut. Alle diese Ordnungs- und Auswahlprinzipien sind auch für die Gestaltung der Prüfungsaufgaben relevant.

Ihre Prüfungsklausur wird also unter einem der folgenden sechs **Leitprobleme** konzipiert sein:
- Mensch und Natur,
- Mensch und Gesellschaft,
- Gleichheit und Ungleichheit,
- Herrschaft und Freiheit,
- Krieg und Frieden,
- Menschenbild und Weltdeutung.

Gleichzeitig wird eine dieser sechs **Dimensionen historischer Forschung**, die im Verlauf einer viersemestrigen Kursfolge alle berücksichtigt sein müssen, Ihre Prüfungsaufgabe bestimmen:
- Geschlechtergeschichte,
- Politikgeschichte,
- Sozialgeschichte,
- Wirtschaftsgeschichte,
- Kulturgeschichte,
- Umweltgeschichte.

Außerdem sollten Ihnen die unterschiedlichen **Formen historischer Analyse** vertraut sein:
- die genetisch-chronologische Untersuchung,
- der Längsschnitt,
- der Querschnitt,
- die Einzelfalluntersuchung,
- die Strukturanalyse,
- die Biografie,
- der Vergleich.

6 Anforderungsbereiche (AFB)

Die Prüfungsanforderungen gliedern sich in drei Anforderungsbereiche (AFB) **unterschiedlicher Niveaustufen**, deren Abfolge dem zunehmenden Schwierigkeitsgrad der geforderten Leistung entspricht. Die Anforderungsbereiche haben wichtige Funktionen für die Aufgabenstellung sowie die Erfassung und Bewertung von Prüfungsleistungen und werden nach **inhalts- und methodenbezogenen Fähigkeiten** und Kenntnissen aufgegliedert.

Anforderungsbereich I: Reproduktion

Wiedergeben von Sachverhalten aus einem abgegrenzten Gebiet und im gelernten Zusammenhang unter rein reproduktivem Benutzen eingeübter Arbeitstechniken.

Dies erfordert vor allem Reproduktionsleistungen, insbesondere:
- Wiedergeben von grundlegendem historischen Fachwissen
- Bestimmen der Quellenart
- Unterscheiden zwischen Quellen und Darstellungen
- Entnehmen von Informationen aus Quellen und Darstellungen
- Bestimmen von Raum und Zeit historischer Sachverhalte

Anforderungsbereich II: Reorganisation und Transfer

Selbstständiges Erklären, Bearbeiten und Ordnen bekannter Inhalte und das angemessene Anwenden gelernter Inhalte und Methoden auf andere Sachverhalte.

Dies erfordert vor allem Reorganisations- und Transferleistungen, insbesondere:
- Erklären kausaler, struktureller bzw. zeitlicher Zusammenhänge
- sinnvolles Verknüpfen historischer Sachverhalte zu Verläufen und Strukturen
- Analysieren von Quellen und Darstellungen
- Konkretisieren bzw. Abstrahieren von Aussagen der Quelle oder Darstellung

Anforderungsbereich III: Reflexion und Problemlösung

Reflektierter Umgang mit neuen Problemstellungen, den eingesetzten Methoden und gewonnenen Erkenntnissen, um zu eigenständigen Begründungen, Folgerungen, Deutungen und Wertungen zu gelangen.

Dies erfordert vor allem Leistungen der Reflexion und Problemlösung, insbesondere:
- Entfalten einer strukturierten, multiperspektivischen und problembewussten historischen Argumentation
- Diskutieren historischer Sachverhalte und Probleme
- Überprüfen von Hypothesen zu historischen Fragestellungen
- Entwicklungen eigener Deutungen
- Reflektieren der eigenen Urteilsbildung unter Beachtung historischer bzw. gegenwärtiger ethischer, moralischer und normativer Kategorien

Die Anforderungsbereiche lassen sich nicht immer scharf voneinander trennen. In der Praxis ergeben sich deshalb **Überschneidungen**. Teilaufgaben müssen und können nicht jeweils nur einem Anforderungsbereich zugeschrieben werden; meistens jedoch kann die geforderte Leistung **überwiegend einem Anforderungsbereich** zugeordnet werden.

Konkrete **Hinweise** und **Tipps** zur Erläuterung der Aufgabenstellung und zur Hinführung zu einer guten Lösung finden Sie jeweils vor den Musterlösungen in diesem Band. Diese Hinweise sind auch formal durch Kursivschrift und **graue Rauten** von den eigentlichen Lösungen abgesetzt.

1 Arbeitsanweisungen/Operatoren

Die folgenden Operatoren finden Verwendung in den Aufgabenvorschlägen im Zentralabitur in den Fächern Erdkunde, Geschichte und Politik. Sie sind in allen drei Fächern in gleicher Weise anzuwenden. Die Beschreibung der erwarteten Leistung ist bei 14 Operatoren für alle Fächer einheitlich, berücksichtigt aber zugleich die relevanten Aspekte für das jeweilige Fach (z. B. Raum, Zeit). Die Operatoren „herausarbeiten" und „überprüfen" gelten nur für Geschichte und Politik, die Operatoren „in Beziehung setzen", „interpretieren" und „nachweisen" nur für Geschichte.

Operatoren, die Leistungen im Anforderungsbereich I (Reproduktion) verlangen:	
beschreiben	strukturiert und fachsprachlich angemessen Materialien vorstellen und/oder Sachverhalte darlegen
gliedern	einen Raum, eine Zeit oder einen Sachverhalt nach selbst gewählten oder vorgegebenen Kriterien systematisierend ordnen
wiedergeben	Kenntnisse (Sachverhalte, Fachbegriffe, Daten, Fakten, Modelle) und/oder (Teil-)Aussagen mit eigenen Worten sprachlich distanziert, strukturiert und damit unkommentiert darstellen
zusammenfassen	Sachverhalte auf wesentliche Aspekte reduzieren und sprachlich distanziert strukturiert und unkommentiert wiedergeben

Allgemeines Beispiel:
Bestimmen Sie die Quelle und geben Sie deren Inhalt wieder.
Die Frage ist einfach zu verstehen: Sie müssen die Ihnen bekannten Bestimmungsfaktoren der Quelle nennen (z. B. Verfasser/in, Titel, Thema, Quellenart, Ort und Datum der Entstehung und Veröffentlichung, Adressaten, Anlass) und die im Text enthaltenen Äußerungen strukturiert wiedergeben.

Beispiel gA 2011, Aufgabe II, 1:
Fassen Sie den Inhalt des Textes (M 1) nach einer kurzen Vorstellung zusammen.
Die Aufgabenstellung entspricht dem oben genannten allgemeinen Beispiel. Zur kurzen Einführung lassen sich die Informationen, die dem Quellentext im Aufgabenvorschlag vorangestellt werden, recht einfach übernehmen. Der Quellenbestimmung mit der geforderten Einführung, folgt nach einem Absatz die gedanklich gegliederte Zusammenfassung der wesentlichen Inhaltsaspekte der Quelle.

Operatoren, die Leistungen im Anforderungsbereich II (Reorganisation und Transfer) verlangen:	
analysieren	Materialien, Sachverhalte oder Räume kriterienorientiert oder aspektgeleitet erschließen und strukturiert darstellen
charakterisieren	Sachverhalte in ihren Eigenarten beschreiben, typische Merkmale kennzeichnen und diese dann gegebenenfalls unter einem oder mehreren bestimmten Gesichtspunkten zusammenführen
einordnen	begründet eine Position/Material zuordnen oder einen Sachverhalt begründet in einen Zusammenhang stellen
erklären	Sachverhalte so darstellen – gegebenenfalls mit Theorien und Modellen –, dass Bedingungen, Ursachen, Gesetzmäßigkeiten und/oder Funktionszusammenhänge verständlich werden
erläutern	Sachverhalte in ihren komplexen Beziehungen an Beispielen und/oder Theorien verdeutlichen (auf Grundlage von Kenntnissen bzw. Materialanalyse)
herausarbeiten	Materialien auf bestimmte, explizit nicht unbedingt genannte Sachverhalte hin untersuchen und Zusammenhänge zwischen den Sachverhalten herstellen
in Beziehung setzen	Zusammenhänge zwischen Materialien, Sachverhalten aspektgeleitet und kriterienorientiert herstellen und erläutern
nachweisen	Materialien auf Bekanntes hin untersuchen und belegen
vergleichen	Gemeinsamkeiten, Ähnlichkeiten und Unterschiede von Sachverhalten kriterienorientiert darlegen

Allgemeines Beispiel:
Vergleichen Sie den in der Quelle behaupteten Sachverhalt mit den tatsächlichen historischen Fakten.
Von Ihnen wird gefordert, Schlussfolgerungen zu ziehen, inwiefern zwischen den Darstellungen in der Quelle und den Ihnen bekannten historischen Gegebenheiten Gemeinsamkeiten, Ähnlichkeiten und Unterschiede bestehen.
Achtung: Falsch ist, die Quelleninhalte und die historischen Gegebenheiten bloß wiederzugeben, denn dies wäre eine Reproduktion (Anforderungsbereich I). Ihre Ergebnisse, nämlich die Gemeinsamkeiten, Ähnlichkeiten und Unterschiede, müssen Sie jeweils begründen bzw. erklären und anhand von Zitaten und Hinweisen auf Fakten historisch belegen.

Beispiel gA 2011, Aufgabe II, 2:
Arbeiten Sie das in M 1 zum Ausdruck kommende Selbstbild der SED heraus.
In der Quelle finden Sie Aussagen des damaligen Generalsekretärs der SED Egon Krenz über das Selbstverständnis der Partei, insbesondere über deren Führungsanspruch in Staat und Gesellschaft, der trotz aller öffentlichen Proteste Anfang November 1989 immer noch ungebrochen aufrechterhalten wird. Diese Textpassagen sollen Sie finden und verdeutlichen, dass die SED-Führung an ihren kommunistischen Dogmen und ihrem totalitären Herrschaftsanspruch festhält. Sie müssen Ihre Ergebnisse begründen und anhand von Zitaten aus der Quelle belegen.
Vermeiden Sie eine bloße Wiedergabe von Textstellen, denn diese Ausführungen würden als „Reproduktion" im Anforderungsbereich I verbleiben!

Operatoren, die Leistungen im Anforderungsbereich III (Reflexion und Problemlösung) verlangen:	
beurteilen	den Stellenwert von Sachverhalten oder Prozessen in einem Zusammenhang überprüfen, um kriterienorientiert zu einem begründeten Sachurteil zu gelangen
entwickeln	zu einem Sachverhalt oder zu einer Problemstellung eine Einschätzung, ein konkretes Lösungsmodell, eine Gegenposition oder ein Lösungskonzept inhaltlich weiterführend und/oder zukunftsorientiert darlegen
erörtern	zu einer vorgegebenen Problemstellung eine reflektierte, abwägende Auseinandersetzung führen und zu einem begründeten Sach- und/oder Werturteil kommen
interpretieren	Sinnzusammenhänge aus Quellen erschließen und eine begründete Stellungnahme abgeben, die auf einer Analyse, Erläuterung und Bewertung beruht
Stellung nehmen	Beurteilung mit zusätzlicher Reflexion individueller, sachbezogener und/oder politischer Wertmaßstäbe, die Pluralität gewährleisten und zu einem begründeten eigenen Werturteil führt
überprüfen	Inhalte, Sachverhalte, Vermutungen oder Hypothesen auf der Grundlage eigener Kenntnisse oder mithilfe zusätzlicher Materialien auf ihre sachliche Richtigkeit bzw. auf ihre innere Logik hin untersuchen

Allgemeines Beispiel:
Überprüfen Sie, ob die in der Quelle gegebenen Entscheidungen und deren Begründungen der tatsächlichen historischen Sachlage gerecht wurden.
Die Aufgabenstellung verlangt zwei vorbereitende Arbeitsschritte, bevor die eigentliche Lösung erarbeitet werden kann:

1. Die in der Quelle vertretenen Entscheidungen und deren Begründungen sind präzise zu erfassen und in Stichworten gegliedert zu notieren.
2. Der historische Hintergrund, auf den sich die Entscheidungen und Begründungen beziehen, ist präzise stichwortartig zu erfassen und den oben ermittelten Stichworten gegenüberzustellen, z. B. in Form einer Tabelle: links die Notizen zur Quelle, rechts die Notizen zum entsprechenden historischen Hintergrund.

Nun kann die eigentliche Lösung erarbeitet werden: Bei der Überprüfung sind Schlussfolgerungen zu ziehen,
a) welche Entscheidungsaspekte und welche Begründungen zum historischen Hintergrund passen und
b) welche Entscheidungsaspekte und welche Begründungen mit dem historischen Hintergrund nicht übereinstimmen

Die Ergebnisse sind jeweils zu behaupten, zu begründen bzw. zu erklären und anhand von Zitaten aus der Quelle und durch Hinweise auf historische Fakten zu belegen.
Eine wertende Stellungnahme, ob und gegebenenfalls in welchem Umfang die in der Quelle vertretenen Entscheidungen und deren Begründung der tatsächlichen historischen Sachlage gerecht wurden, schließt die Überprüfung ab.

Beispiel eA 2011, Aufgabe I, 4:
Überprüfen Sie, inwieweit Cornelsens Darstellung in M 1 die Situation in der DDR angemessen erfasst.
Hier ist entsprechend zu verfahren, wie im oben genannten allgemeinen Beispiel dargestellt:
Zur Vorbereitung müssen Cornelsens Aussagen den historischen Gegebenheiten in der DDR gegenübergestellt werden, am einfachsten in tabellarischer Form. Auf Basis dieser Gegenüberstellung ist die Stellungnahme zu erarbeiten, die wie folgt gegliedert werden könnte:
a) richtige Darstellungen bzw. Einschätzungen Cornelsens
b) eingeschränkt richtige Darstellungen bzw. Einschätzungen Cornelsens
c) falsche Deutungen, Darstellungen bzw. Einschätzungen Cornelsens.

In der Ausarbeitung Ihrer Überprüfung sollten Sie an dieser Gliederung festhalten, sodass Ihre zahlreichen Einzelergebnisse, die kenntnisreich und differenziert dargelegt werden sollten, insgesamt klar zu überschauen sind. Diese Einzelergebnisse führen zu einem Fazit, in dem Sie die Qualität der Ausführungen Cornelsens insgesamt kritisch würdigen. Alle (Teil-)Ergebnisse sind jeweils zu behaupten, zu begründen bzw. zu erklären und anhand von Zitaten aus der Quelle und durch Hinweise auf historische Fakten zu belegen.

Tipp: Sie sollten weder mit zu engen, kleinschrittigen noch mit zu weit gefassten und undifferenzierten Teilaufgaben rechnen. Als untere Anzahl ergibt sich drei, weil sonst der geforderte Dreischritt Reproduktion – Reorganisation und Transfer – Reflexion und Problemlösung und die schwerpunktmäßige Zuordnung zu den drei Anforderungsbereichen nicht geleistet werden kann.

2 Tipps zur Zeiteinteilung bei der Prüfung

Auch wenn Sie nur begrenzt Zeit haben: Sie sollten die **Auswahl** Ihres Prüfungsthemas sorgfältig vornehmen. Wichtig ist, dass Sie zunächst **alle Aufgaben und Materialien gründlich lesen**, auch wenn Sie nach dem Lesen der Überschriften schon zu einer Vorentscheidung tendieren.
Beim Sichten des Materials empfiehlt es sich, mit Textmarkern und farbigen Stiften zu arbeiten und sogleich **wichtige Passagen** oder **zentrale Begriffe** zu **kennzeichnen**. Oft ist der erste Eindruck beim Lesen eines unbekannten Textes besonders wichtig!
Beginnen Sie auf keinen Fall zu früh mit der Reinschrift! Entwerfen Sie zunächst einen **Zeitplan** für die einzelnen Teilaufgaben, damit Ihnen nicht am Ende die Zeit für die letzte Aufgabe oder das Korrekturlesen fehlt. Zu jeder Teilaufgabe sollten Sie gründliche **Vorarbeiten** leisten. Durchdachte und fundiert ausgearbeitete **Stichwort-Konzepte**, in denen die **(Teil-)Ergebnisse** präzise skizziert, schlüssig begründet und stichhaltig belegt sind und das Ganze **übersichtlich gegliedert** wurde, lassen sich sehr zügig in eine Reinschrift umsetzen. Dies erfordert allerdings solide methodische Fähigkeiten, die Sie in der Qualifikationsphase erworben haben sollten. Wer methodisch gut trainiert ist, investiert ein Drittel bis die Hälfte der Bearbeitungszeit in diese Vorarbeiten.
Am Schluss Ihrer Ausführungen sollten Sie die Seiten vollständig **durchnummerieren** und mit Ihrem Namen versehen. Zusätze, die im Anschluss an Ihren Lösungsvorschlag keinen Platz mehr haben, sollten Sie genau kenntlich machen und am Ende der Klausur bzw. auf einem Extrablatt anfügen.
Am Schluss sollten Sie noch etwas Zeit (etwa 10 bis 20 Minuten) einplanen, um Ihren Text **Korrektur zu lesen** und formale Fehler (Grammatik, Zeichensetzung, Rechtschreibung) zu berichtigen. Sie können jetzt auch noch Zwischenüberschriften ergänzen oder Hervorhebungen einfügen. Beachten Sie, dass für eine mangelhafte äußere Form ein bis zwei Notenpunkte abgezogen werden können. Eine lesbare Schrift und eine übersichtliche Gestaltung sind deshalb besonders wichtig.

3 Allgemeine Tipps zur Bearbeitung der Aufgaben

Die Grundsätze einer systematischen Bearbeitung historischen Quellenmaterials kennen Sie bereits aus Ihrem Geschichtsunterricht der Qualifikationsphase. Zur Erinnerung folgen hier einige Hinweise.

Teilantworten sollten Sie **im Stil eines** (kurzen) schlüssig gegliederten **Fachaufsatzes** durchgehend in vollständigen Sätzen auf einem der Thematik angemessenen Sprachniveau („**Fachsprache**“) formulieren.

- Einzelne Stichworte (selbst wenn es Kernbegriffe sind) hinter Pfeilen, unverbundene Auflistungen hinter Spiegelstrichen, nicht mit dem Kontext verknüpfte Skizzen und Tabellen sollten vermieden werden, – es sei denn, diese Darstellungsform wird ausdrücklich in der Aufgabenstellung gefordert.
- Empfehlenswert ist für jede Teilantwort der klassische Aufbau mit einleitender Wendung (evtl. Themensatz), in Absätzen gegliedertem Hauptteil und Schlusssatz.

- Aus dem Text entnommene und andere Zitate sind – mit Zeilenverweis – in ihrer wörtlichen Wiedergabe korrekt in den von Ihnen formulierten Satz bzw. Absatz einzufügen.

Antworten zu den das Material erfassenden Arbeitsanweisungen sollten, auch wenn es nicht ausdrücklich gefordert wird,
- eine (knappe) **Analyse der formalen Merkmale** enthalten (u. a. Hinweise zur Quellenart, Darstellungsform, Ort und Zeit der Entstehung, Autor und Adressat)
- und unter Verwendung einer beschreibenden Distanzierung (z. B. „Der Verfasser weist darauf hin/stellt zusammenfassend fest …"; „… es sei davon auszugehen/habe sich daher ergeben") in selbstständigen **Formulierungen, die Ihr Textverständnis beweisen**, zu einer Zusammenfassung führen, die die gedankliche Struktur und die wesentlichen Aussagen des bearbeiteten Materials auch dem vermitteln, der die Vorlage nicht kennt.

Bei allen Lösungen der gestellten Teilaufgaben sollten Sie durchgehend beachten,
- dass Sie die Arbeitsanweisung genau erfassen, damit Ihnen eine **Lösung im Sinne der Aufgabenstellung** gelingt,
- dass die Darstellung **logischen und erkennbaren Ordnungsprinzipien** folgt,
- dass **grundlegende fachspezifische Verfahren korrekt** und Fachbegriffe im richtigen Kontext sicher angewendet, unter Umständen – wenn es z. B. die Aufgabenstellung fordert – auch einmal erläutert werden,
- dass die Teilantworten um **Breite der Argumentationsbasis** und **Vielfalt der angeführten Aspekte** bemüht sind,
- dass die Ausführungen **eindeutig und in sich stimmig formuliert** und soweit möglich mit anderen Teilen Ihrer Klausur sinnvoll verknüpft werden.

Auf jeden Fall sollten Sie sich um **sprachliche Richtigkeit und eine angemessene äußere Form** bemühen, da Ihnen sonst möglicherweise Punkte in der Bewertung abgezogen werden können (siehe Abschnitt „Bewertung").

4 Die Auswertung verschiedener Materialien

4.1 Erschließung von Texten

Texte bilden eine wesentliche Arbeitsgrundlage für Historiker, deshalb erhalten Sie hier wichtige Tipps zur Texterschließung.
- **Lesestrategien:** Beim Lesen oder direkt danach können die Reaktionen, Assoziationen und spontanen Gedanken zum Text stichpunktartig notiert werden, z. B. in Form eines Clusters oder einer Mindmap.
- **Bestimmung des Charakters des Textes, seines Aufbaus und seiner Hauptaussagen**: Der Text soll zunächst auf seinen Charakter, seine logische Struktur und seine Hauptaussagen hin untersucht werden.
- **Formulierung von Arbeitshypothesen:** Jetzt geht es darum, Thema, Fragestellung, zentrale Aussage(n) und vorläufige Hypothese(n) zu formulieren.

- **Geordnete, strukturierte Wiedergabe**
- **Textbeschreibung (Analyse)**: Sie zielt auf die inhaltliche und formale Erfassung und Charakterisierung des Textes. In diesem Schritt ist zu zeigen, wie der Autor seine Argumentation aufbaut, entwickelt und entfaltet.
- **Textdeutung (Interpretation)**: Sie will auf der Grundlage der Textbeschreibung den Sinn des Textganzen erschließen und die Aussage- und Wirkungsabsicht (Intention) begründet feststellen.
- **Textbewertung (Erörterung):** Bei dieser persönlichen Sicht und Stellungnahme geht es um eine begründete Auseinandersetzung mit den im Text vertretenen Argumenten und Beispielen, Auffassungen, Urteilen und Wertungen.

Mögliche Leitfragen, die Sie Ihrer Erörterung zugrunde legen könnten, sind:

- Welche Argumente überzeugen mich? Welche erscheinen anfechtbar?
- Wie schätze ich die Zahl, Eigenart und Wirkung der Beispiele ein?
- Wo denke ich anders?
- Wie beurteile ich die Art der Darstellung? die Vorgehensweise? die Angemessenheit zur Erreichung der Absichten?

4.2 Analyse von Bildquellen

Um eine Bildquelle systematisch auszuwerten, beachten Sie folgende Arbeitsschritte:

Herkunft und Wahrheitsgehalt der Bildquelle

- Nennen Sie **Entstehungszeit** und **-ort**,
- den Quellen-**Produzenten** oder -**Herausgeber**
- und die **Quellenart**.

Inhalte der Bildquelle und deren historische Bezüge

- Bestimmen Sie das **Thema** der Bildquelle
- und beschreiben Sie die abgebildeten **Inhalte**.
- Erklären Sie die **historischen Bezüge** der wesentlichen Inhalte.

Gestaltungsmittel

- Beschreiben Sie zuerst immer besondere **Gestaltungselemente** der Bildquelle.
- Bestimmen Sie anschließend die Funktion der einzelnen Gestaltungselemente, zum Beispiel
  - die **Darstellungstechnik** bzw. den **künstlerischen Stil**,
  - die Wahl der **Ausschnitte** und **Perspektiven**,
  - die besondere Gruppierung und **Komposition** der Inhalte,
  - dabei die **Gewichtung** einzelner Bildaspekte,
  - die Entscheidung für bestimmte **Farben**,
  - die Verwendung von **Symbolen**, **Allegorien** und anderen Bildern.

Standpunkt der Bildquelle

- Erfassen Sie die mögliche **Aussageabsicht**, die ideologische Position der Quelle.
- Bewerten Sie den situationsinternen Zusammenhang des Bildes.

Am Ende sollten Sie zu einem aus heutiger Sicht formulierten Urteil über die Stellung und **Bedeutung** der Quelle im geschichtlichen Ablauf kommen.

4.3 Erschließung von Karikaturen

Die Interpretation von Karikaturen erfolgt in der Regel auf **vier Ebenen**, die zum Teil auch ineinander übergehen:

- auf der **Inhaltsebene**, d. h. Beschreibung der dargestellten Details, Personen usw.;
- auf der **Bedeutungsebene**, d. h. Erklärung und Erläuterung des Inhalts und dessen Einordnung in Traditionen und Verbindungen;
- auf der **methodisch-künstlerische Ebene**, d. h. Betrachtung der Stilelemente;
- auf der **Beurteilungs- bzw. Wertungsebene**, d. h. das Fällen eines begründeten Sach- bzw. Werturteils, das über den unmittelbaren Zusammenhang der Karikatur hinausgeht und die persönliche Meinung beinhaltet.

Inhalte und Bedeutung

Was ist das Thema?	Um welche historische Situation handelt es sich? Zu welchem Aspekt bezieht die Karikatur Stellung?
Welche inhaltlichen Details sind erkennbar?	Klärung der konkreten Inhalte: • Personen- oder Personengruppen • Gegenstände unterschiedlicher Art
Auf welchen historischen Hintergrund beziehen sich die Details?	Die erkannten Fakten sollten erläutert werden, so z. B. die Rolle der abgebildeten Personen, die in der Karikatur genannten Begriffe etc.
Wie ist der Standpunkt der Karikatur in der historischen Situation?	• Welche Funktion hatte die Quelle innerhalb der Gegebenheiten ihrer Zeit? • Was wird kritisiert?
Welche kulturellen Traditionen werden aktiviert? *Sind zeitübergreifende Verbindungen sichtbar?*	In diesen Bereich gehören alle Motive, Bilder und intertextuellen Verweise der Karikatur, die als durch Traditionen festgelegt bezeichnet werden können. Ihr Anspielungsgehalt sollte geklärt und in die Interpretation eingebunden werden.
Von wem stammt die Karikatur?	• Was wissen wir über den Produzenten? • Wo wurde die Karikatur abgedruckt?

Gestaltungsmittel

Was ist der bildliche Kern der Karikatur?	Diese Frage bezieht sich auf das zentrale Bild der Quelle und ist eng mit der Aussageabsicht verknüpft.
Welche künstlerischen Gestaltungsmittel verwendet der Zeichner?	Interessant sind alle künstlerischen Gestaltungsmittel, die wichtig für die Erschließung der Quelle sind, z. B.: • die Bildkomposition • die besondere Gewichtung von Einzelheiten • der künstlerische Stil der Darstellung
Welche Grundhaltung nimmt die Karikatur ein?	Ist die Karikatur beschreibend, kommentierend, analytisch oder agitatorisch?

Bewertung

Welche Bedeutung hat die Karikatur für das grundlegende Verständnis der historischen Situation?	• Treffen die Inhalte den Kern einer wesentlichen Problematik? • Sind typische Personen abgebildet? • Ist die Gestaltung besonders interessant, typisch oder wichtig für den Kontext der Karikatur?
Welche Bedeutung hat die Karikatur über ihren Situationskontext hinaus?	• Bezeichnet die Quelle eine für ihre Zeit besonders wichtige Situation? • Verweist die Karikatur auf eine zentrale Kontinuität oder einen historischen Prozess?

4.4 Tabellen und Grafiken

In den Abituraufgaben kann neben Textquellen und Karikaturen auch statistisches Material als Tabelle oder Grafik vorkommen. Damit Sie diese Aufgaben aus dem Bereich der Methodenkompetenz erfolgreich lösen können und nichts Wesentliches außer Acht lassen, empfehlen wir Ihnen ein Vorgehen in **drei Schritten**, das allerdings nicht bei allen Operatoren so ausführlich angewandt werden muss.

Formale Analyse
- Welches sind **Thema/Erhebungsgegenstand** und **Zweck** (Überschrift, Begleittext) der Tabelle/Grafik?
- Was ist der **Erhebungsraum** und **Erhebungszeitraum** (Momentaufnahme, Entwicklung, Prognose)?
- Wie und durch wen wurden die **Werte** ermittelt?
- Wer hat die Statistik **verfasst** (verfassen lassen)?
- Auf welchen **Quellen** beruht die Tabelle/Grafik?
- Welche **Darstellungsform** wurde gewählt (Tabelle, Kurven-/Linien-, Säulen- oder Balken-, Kreis-, Flächen-, Block- und Figuren-Diagramm)?

- Was sind die **Bezugsgrößen**: Zahlenarten (absolute Zahlen, Prozent- oder Indexzahlen), Zahlenwerte (gerundet, geschätzt, vorläufig), Maßeinheiten und Intervalle?
- Welche **Kategorien** werden miteinander in Beziehung gesetzt (z. B. bei Tabellen in Kopfzeile, Spalten und Vorspalten)?
- Wie ist die **grafische Gestaltung**: Symbole, Farben, (Hintergrund-)Bilder?

Inhaltliche Analyse
- Welche **Besonderheiten** weist das Material auf? Bestimmen Sie wesentliche Auffälligkeiten!
- Welche **Hauptaussagen** lassen sich formulieren (Trends, Tendenzen)?
- Welche **Teilaussagen** in Bezug auf Einzelaspekte lassen sich machen? (Minima, Maxima, Zunahme, Abnahme, Stagnation, Zahlensprünge, Anomalien, Gleichmäßigkeiten und regelhafte Verläufe, unterschiedliche Phasen, Wechselbeziehungen zwischen verschiedenen Variablen / Merkmalen, …)

Aussageabsicht, Interpretation und Kritik
- Welche **Antwort** gibt die Tabelle / Grafik auf die Fragestellung? Zu welchen Teilbereichen lassen sich keine Aussagen treffen?
- Welche **Aussagen**, Empfehlungen oder Handlungen werden durch die Statistik / Grafik nahe gelegt?
- Welche neuen **Fragen** werden durch die Informationen der Tabelle / Grafik aufgeworfen?
- Was sind mögliche **Ursachen** für der Tabelle / Grafik entnommenen Sachverhalte?
- Beurteilung der **Aussagekraft** der Tabelle / Grafik:
  - Sind die Daten repräsentativ und korrekt?
  - Ist die Darstellungsform angemessen?
  - Gibt es Unklarheiten in Bezug auf die Daten, Bezugsgrößen, Quellen, …?
  - Fehlen Informationen im Schaubild?
  - Besteht Verdacht auf Interessengebundenheit / Manipulation? (Datenauswahl, Auftraggeber, grafische Darstellung, …)

4.5 Karten

Unterscheiden Sie „**historische**" und „**wissenschaftliche**" Karten. Achten Sie bei der Auswertung wissenschaftlicher Karten auf die folgenden Aspekte:
- die **geografische Dimension** der Karte: Welcher Raum wird bezeichnet?
- die **chronologische Dimension**: Welcher Zeitraum wird abgedeckt?
- die **politische Dimension**: Welche historischen Entwicklungen oder Strukturen werden sichtbar?
- die eigentliche Auswertung in einem **thematischen Zusammenhang:** Welche Aussagen zur betreffenden Situation sind nach der Karte möglich?

Weitere Hilfestellungen finden Sie in dem Buch „Training Methoden – Geschichte", Stark Verlag Freising 2009 (Best.-Nr. 94789).

Die Ausführungen zu den **einzelnen Arbeitsanweisungen** werden nach dem in der Oberstufe üblichen Notensystem mit **Punkten zwischen 15 und 0 bewertet**. Aus dieser Bewertung der Teilleistungen wird entsprechend der vorgesehenen Gewichtung die Gesamtpunktzahl ermittelt. Die Gewichtung der einzelnen Aufgaben ergibt sich aus dem Umfang der geforderten Leistung, ihrem gedanklichem Anspruch und der Zuordnung zu den Anforderungsbereichen und erfolgt in Prozentangaben (z. B. werden die drei Teilaufgaben einer Abiturklausur im Verhältnis 25 %, 40 % und 35 % gewichtet).
Der **Schwerpunkt der Aufgabenstellung** liegt deutlich im **Anforderungsbereich II**, also in der Reorganisation und im Transfer: Sein Anteil an der Gesamtnote umfasst oft etwa 50 % der Aufgabenstellung.
Reproduktive Leistungen (Anforderungsbereich I) und Leistungen in den Bereichen Reflexion und Problemlösung (Anforderungsbereich III) haben oft einen Anteil von 20 bis 35 Prozent, wobei in Aufgaben auf erhöhtem Anforderungsniveau (eA-Kurse) der Anforderungsbereich III etwas stärker gewichtet wird als in Aufgaben für das grundlegende Anforderungsniveau.

Ihre Abiturklausur wird nach folgenden Kriterien bewertet:

- fachliche Korrektheit
- Sicherheit im Umfang mit Fachsprache und Methoden des Faches
- Folgerichtigkeit, Begründetheit und Verknüpftheit der Ausführungen
- Grad der Problemhaftigkeit, Multiperspektivität bzw. Kontroversität in der Argumentation
- Umfang der Selbstständigkeit
- konzeptionelle Klarheit
- Erfüllung standardsprachlicher Normen und formaler Aspekte. Achten Sie darauf, sich sprachlich richtig und präzise zu äußern, sonst kann die Benotung Ihrer Bearbeitung auf zwei Ebenen schlechter ausfallen:
  - schwerwiegende und gehäufte Verstöße gegen die sprachliche Richtigkeit oder gegen die äußere Form führen zu einem Abzug von einem (in der Regel ab durchschnittlich 5 Verstößen pro Seite) bis zwei Punkten (in der Regel ab durchschnittlich 7 Verstößen pro Seite)
  - undifferenzierte und sprachlich ungenaue oder missverständliche Aussagen mindern die inhaltliche Qualität Ihrer Bearbeitung.

Nach Abschluss Ihrer Prüfungsklausur wollen Sie die von Ihnen erbrachte Leistung sicherlich einordnen.

- Nach den in Niedersachsen üblichen Notendefinitionen können Sie mit einem „**ausreichend**“ (5 Punkte) rechnen, wenn Sie mit Ihren Ausführungen die Kenntnis wesentlicher Sachverhalte nachgewiesen haben, zentrale Aussagen und bestimmende Merkmale des vorgelegten Materials von Ihnen in Grundzügen erfasst sind, die Aussagen auf die Aufgabe bezogen und dabei grundlegende fachspezifische Verfahren und Begriffe angewendet wurden, Ihre Darstellung im Wesentlichen verständlich ausgeführt und erkennbar geordnet ist.

- Ein mit „**sehr gut**" beurteiltes Prüfungsergebnis erreichen Sie nur mit Leistungen im Anforderungsbereich III, also mit einer angemessenen Bearbeitung der abschließenden, ein Urteil oder eine Bewertung fordernden Teilaufgabe. Auch ein mit „**gut**" beurteiltes Prüfungsergebnis verlangt mindestens ansatzweise Leistungen im Anforderungsbereich III.

Bei allem Bemühen um korrekte Inhalte dürfen Sie aber auch die äußere Form und die sprachliche Richtigkeit nicht vernachlässigen, denn schwerwiegende und gehäufte Verstöße gegen die Grammatik, Rechtschreibung und Zeichensetzung oder gegen die äußere Form führen zu einem **Abzug von ein bis zwei Punkten bei der einfachen Wertung**. Unübersichtliche oder nicht lesbare Textstellen werden nicht bewertet. Entwürfe können ergänzend zur Bewertung nur herangezogen werden, wenn sie zusammenhängend konzipiert sind und die Reinschrift etwa ¾ des erkennbar angestrebten Gesamtumfangs umfasst.

Eine mündliche Prüfung[1] im Fach Geschichte ergibt sich für Sie unter folgenden **Voraussetzungen**:

- Sie haben Geschichte als **fünftes Prüfungsfach** gewählt; in diesem Fall ist im Abitur zwingend eine mündliche Prüfung zum Abschluss vorgesehen (AVO-GOFAK § 2.2).
- Geschichte gehört zu Ihrem **ersten bis vierten Prüfungsfach**. Dann kann die Prüfungskommission nach den Ergebnissen der schriftlichen Prüfung beschließen (AVO-GOFAK § 13.1), dass Sie in einem oder mehreren dieser Fächer – also auch in Geschichte – mündlich geprüft werden. (Eine entsprechende Mitteilung erfolgt mit der Bekanntgabe der Ergebnisse, die Sie in den schriftlichen Prüfungsarbeiten erzielt haben; frühestens vier Werktage nach dieser Bekanntgabe kann/darf diese Prüfung stattfinden.)
- Sie haben in Geschichte die **Abiturklausur** geschrieben und kommen nach Bekanntgabe des Prüfungsergebnisses selbst zu der Einsicht, dass eine mündliche Prüfung sinnvoll und/oder notwendig ist. Den Antrag haben Sie bis zu einem von der Schule festgesetzten Termin schriftlich zu stellen.

1 Allgemeine Grundsätze

Die mündliche Prüfung ist eine **Einzelprüfung**, die **mindestens 20 und höchstens 30 Minuten** dauern soll.
Die für die schriftliche Abiturprüfung beschriebenen **Anforderungsbereiche** (AFB I bis AFB III) und Anforderungsunterschiede für die schriftliche Abiturprüfung (s. o. S. V–VI) gelten entsprechend.
Die mündliche Prüfung darf sich **nicht nur** auf die **Sachgebiete eines Halbjahres** beziehen. Die Ihnen gestellte Aufgabe wird also – bei aller sinnvollen und erforderlichen Schwerpunktbildung – auf fachliche Inhalte und Lernbereiche aus mindestens zwei Semestern zurückgreifen.
Wenn Geschichte zu Ihren schriftlichen Prüfungsfächern gehört, darf eine evtl. mündliche Prüfung keine inhaltliche Wiederholung oder Weiterführung des von Ihnen in der Abiturklausur bearbeiteten Themas sein. In diesem Fall werden Sachbereiche eines anderen Semesters im Mittelpunkt der Prüfung stehen.
Ihre Prüfung findet vor dem für Sie gebildeten **Fachprüfungsausschuss** statt. Dieser besteht aus drei stimmberechtigten Mitgliedern (die über die Lehrbefähigung im Fach Geschichte verfügen sollen): der Fachprüfungsleiterin oder dem Fachprüfungsleiter als Vorsitzendem, der Prüferin oder dem Prüfer (in der Regel die Sie unterrichtende Fachlehrkraft, die auch für die Aufgabenstellung verantwortlich ist), der

1 Die wichtigsten Rechtsbestimmungen: 1. Verordnung über die Abschlüsse in der gymnasialen Oberstufe, im Fachgymnasium, im Abendgymnasium und im Kolleg (**AVO-GOFAK**) einschl. der ergänzenden Bestimmungen, zuletzt geändert 12. 04. 2007 – 2. Einheitliche Prüfungsanforderungen in der Abiturprüfung (**EPA**), Geschichte, Beschluss der KVK vom 1. 12. 1989 in der Fassung vom 10. 02. 2005.

Protokollführerin oder dem Protokollführer. Als nicht stimmberechtigte Mitglieder können bis zu fünf weitere Lehrkräfte hinzukommen. Anwesend kann auch das vorsitzende Mitglied der Prüfungskommission sein, das das Recht hat, in die Prüfung einzugreifen und den Vorsitz zu übernehmen. Der Fachprüfungsausschuss besteht in diesem Fall aus vier stimmberechtigten Mitgliedern.
Auch **Zuhörerinnen und Zuhörer** sind zu einer mündlichen Prüfung zugelassen. Die Teilnahme von bis zu zwei „Personen, deren Anwesenheit im dienstlichen Interesse liegt", müssen Sie dulden. Weiterhin dürfen zuhören, allerdings nur mit Ihrer Zustimmung (die Sie ohne Angabe von Gründen und ohne dass Ihnen daraus ein Nachteil erwächst, verweigern können): ein Mitglied des Schulelternrates, ein Mitglied des Schülerrates, bis zu zwei Schülerinnen und Schüler des 12. Schuljahrganges. Alle Zuhörerinnen und Zuhörer sind zur Verschwiegenheit über den Prüfungsverlauf verpflichtet. Ihnen wird für die Dauer der Prüfung die Aufgabenstellung ausgehändigt. Sie dürfen während dieser Zeit keine Aufzeichnungen machen. (Bei der anschließenden Beratung des Fachprüfungsausschusses dürfen aus diesem Kreis nur das Mitglied des Schulelternrates und die Personen „mit dienstlichem Interesse" als Zuhörer anwesend sein.)
Zur angemessenen Vorbereitung Ihrer Prüfung erhalten Sie eine **Vorbereitungszeit** von in der Regel **20 Minuten**. Erscheint ein Prüfling aus von ihm zu vertretenden Gründen nicht zum festgesetzten Termin der Vorbereitungszeit, so kann er eine Verschiebung des Beginns der Prüfung nicht beanspruchen. Die Vorbereitung findet unter Aufsicht von Lehrkräften der Schule statt. Während der Vorbereitung dürfen Sie sich Aufzeichnungen als Grundlage für Ihre Ausführungen machen.

2 Aufgabenstellung

Die mündliche Prüfung richtet sich nach den Zielen, Inhalten und Methoden der Rahmenrichtlinien und den Einheitlichen Prüfungsanforderungen in der Abiturprüfung (EPA), Geschichte. Als dezentraler Prüfungsteil liegt die **inhaltliche Ausgestaltung** und Schwerpunktbildung **in der Verantwortung der** Sie **prüfenden Fachlehrkraft**, die sich mit der Aufgabenstellung sehr wahrscheinlich auf zentrale Kursaspekte beziehen wird. In erster Linie werden das die Kenntnisse und Fähigkeiten sein, die Ihnen zu den für 2012 genannten thematischen Schwerpunkten vermittelt worden sind. Diese Beschränkung ist allerdings nicht zwingend; Ihre Kursleiterin oder Ihr Kursleiter kann auch zu weiteren bedeutsamen, über die thematischen Schwerpunkte hinausgehenden Fachinhalten eine mündliche Prüfung gestalten.
Als Ausgangspunkt für die mündliche Prüfung dient eine **begrenzte, gegliederte, schriftlich formulierte Aufgabe auf der Grundlage vorgelegter Materialien**, die sich folglich in der Konzeption nicht wesentlich von den Kriterien für die schriftlichen Aufgabenformen unterscheiden wird. Umfang und Abstraktionsgrad des Materials sowie die Aufgabenstellung (2–3 Arbeitsanweisungen) sollten Ihnen eine angemessene Erarbeitung während der Vorbereitungszeit ermöglichen und eine abgerundete Prüfung gestatten.
Die Aufgabenstellung wird so gestaltet sein, dass Sie schon im ersten Teil der Prüfung, also in Ihrem selbstständigen Vortrag, **Leistungen in allen drei Anforderungs-**

bereichen erbringen können. Das **Schwergewicht** wird dabei – wie bei der schriftlichen Prüfung – im **Anforderungsbereich II** liegen.
Das setzt voraus – und Ihre Prüferin oder Ihr Prüfer werden darauf achten –, dass die Ihnen vorgelegte Prüfungsaufgabe keiner bereits bearbeiteten so nahe steht oder deren Thematik im Unterricht so vorbereitet wurde, dass sich die Anforderungen im Wesentlichen auf die Wiedergabe von Wissen beschränken, zum überwiegenden Teil folglich im Anforderungsbereich I bleiben.

3 Hinweise und Tipps zum Ablauf

Die mündliche Prüfung besteht aus **zwei** vom zeitlichen Umfang her etwa gleichen **Teilen**: dem selbstständigen Prüfungsvortrag und dem Prüfungsgespräch.

- Im **Prüfungsvortrag** stellen Sie Ihr Ergebnis der in der Vorbereitungszeit bearbeiteten Aufgabe dar. Solange Sie aufgabenbezogen, fachlich und sprachlich korrekt vortragen, wird die Prüfungskommission (normalerweise die Sie prüfende Lehrkraft) Sie kaum unterbrechen. Ein Eingriff in diese Phase der Prüfung bleibt die Ausnahme und soll nur dann erfolgen, wenn aus pädagogischen oder prüfungspsychologischen Gründen oder zur Klärung des Verständnisses eine Hilfe geboten erscheint. Auf Ihre in der Vorbereitungszeit angefertigten Aufzeichnungen dürfen Sie selbstverständlich zurückgreifen; Sinn und Wesen eines Vortrages werden jedoch verfehlt, wenn Sie sich überwiegend auf das Vorlesen Ihrer Aufzeichnungen beschränken. Benutzen Sie diese als gegliederten Stichwortkatalog und haben Sie den Mut zur freien Darstellung.
- Das **Prüfungsgespräch** mit der Sie prüfenden Lehrkraft geht – an den Vortrag anknüpfend – zunächst auf größere fachliche Zusammenhänge ein, schließlich über die bisher behandelte Thematik hinaus. Es erschließt – soweit möglich unter Wahrung der thematischen Einheit – andere Sachgebiete und Lernbereiche, damit der sog. Kursübergriff gewährleistet ist und sich die Gesamtprüfung nicht nur auf die Inhalte eines Kurshalbjahres beschränkt. Der geforderte Gesprächscharakter verbietet das zusammenhanglose Abfragen von Kenntnissen bzw. den kurzschrittigen Dialog.

Erfahrene Prüferinnen und Prüfer werden – eingedenk der besonderen Situation ihres Prüflings – mit einer geschickten Fragetechnik Hilfestellung geben und sich mit wertenden Äußerungen zurückhalten.
Zur Klärung der Prüfungsleistung kann die Fachprüfungsleiterin/der Fachprüfungsleiter Fragen an den Prüfling stellen. Ebenso kann das vorsitzende Mitglied der Prüfungskommission (sofern es anwesend ist) in die Prüfung eingreifen.

4 Bewertung

Nach Abschluss der Prüfung berät der Fachprüfungsausschuss über das Ergebnis. Der **Beschluss über die Note** erfolgt – nach Vorschlag der Prüferin oder des Prüfers – mit einfacher Mehrheit der stimmberechtigten Mitglieder. Stimmt das vorsitzende Mitglied der Prüfungskommission mit ab, weil es den Vorsitz übernommen hat, gibt seine Stimme bei Stimmengleichheit den Ausschlag.

Für die Bewertung Ihrer Prüfungsleistung gelten **dieselben Grundsätze wie für die schriftliche Prüfung**. Die eingeschränkte Vorbereitungs- und Prüfungszeit wird dabei angemessen berücksichtigt werden.

In der mündlichen Prüfung wird der Fachprüfungsausschuss insbesondere darauf achten, in welchem Maße Sie über die folgenden **allgemeinen Fähigkeiten** verfügen:

- die Fähigkeit, sich **klar, differenziert, strukturiert** und **verständlich** unter angemessener Verwendung der Fachsprache und auf der Basis sicherer aufgabenbezogener Kenntnisse auszudrücken
- die Fähigkeit, eigene **sach-, themen-** und **problemgerechte Beiträge** in der mündlichen Prüfung zu formulieren
- die Fähigkeit zur **begründeten** eigenen mündlichen **Stellungnahme, Beurteilung** oder **Wertung**.

In Ihrem selbstständigen **Prüfungsvortrag** sollten Sie um den Nachweis folgender spezifischer Fähigkeiten bemüht sein:

- anhand von Aufzeichnungen frei, zusammenhängend und argumentativ überzeugend zu sprechen
- in der gegebenen Zeit (10–15 Minuten) für die gestellte Aufgabe ein Ergebnis zu erarbeiten und, ggf. unter Einbeziehung einer Visualisierung, in einem Kurzvortrag darzulegen
- in angemessener mündlicher Form sich eigenständig mit historischen Sachverhalten auseinanderzusetzen.

Spezifische Anforderungen für das **Prüfungsgespräch** sind:

- die Fähigkeit, ein sach-, themen- und problemorientiertes Gespräch zu führen
- die Fähigkeit, in einem solchen Gespräch sicher, sach-, situationsangemessen und flexibel auf Fragen, Impulse, Hilfen oder Gegenargumente einzugehen
- die Fähigkeit zur begründeten Einordnung oder Bewertung eines historischen Sachverhaltes auch in diskursiver Gesprächssituation.

Bei normalem Prüfungsverlauf werden für die Feststellung des Prüfungsergebnisses **die beiden Prüfungsteile** (Vortrag/Gespräch) **etwa gleich gewichtet** werden. Wie bei der Bewertung einer Klausurleistung gilt auch für die mündliche Prüfung, dass nicht ausschließlich mit der Wiedergabe von Kenntnissen (Anforderungsbereich I) eine ausreichende Leistung erbracht werden kann. **Gute und bessere Bewertungen** setzen Leistungen voraus, die deutlich über den Anforderungsbereich II hinausgehen und mit einem wesentlichen Anteil dem **Anforderungsbereich III** zuzuordnen sind.

Niedersachsen – Grundlegendes Anforderungsniveau Geschichte
Übungsaufgabe 1

Thematischer Schwerpunkt 1: Zusammenbruch der DDR und deutsche Einheit

Thema: Formen der Opposition und staatliche Repression

Aufgabenstellung

1. Fassen Sie den Text – nach einer quellenkritischen Einführung – zusammen.
2. Vergleichen Sie den im vorliegenden Text geschilderten Vorgang mit Wanderungsbewegungen in der Geschichte der USA.
3. Beurteilen Sie die Bedeutung der Ausreise bekannter DDR-Künstler und -Oppositioneller in die Bundesrepublik in den siebziger und achtziger Jahren für das Ende der DDR 1989/90.

M: Manfred Krug[1]: Begründung eines Ausreiseantrags in die BRD (20. April 1977)

Mein Name ist Manfred Krug, ich bin Schauspieler und Sänger. Infolge der Scheidung meiner Eltern bin ich als Dreizehnjähriger aus Westdeutschland in die DDR gekommen, wo ich seither lebe. Ich bin verheiratet und habe drei Kinder.

1956 lernte ich Wolf Biermann kennen, mit dem ich befreundet war und bin. 1965 erschien ein erster gegen Biermann gerichteter Artikel im *Neuen Deutschland*[2], gegen den ich polemisiert habe. Daraus erwuchsen mir Maßregelungen und die üblichen Nachteile. Ich gehörte nie zum „Reisekader“, durfte nicht an einer der vielen in ferne Länder reisenden DEFA[3]-Delegationen teilnehmen. Weitergehende Folgen sind mir damals jedoch nicht erwachsen.

Diesmal ist es anders: Wie bekannt, verfaßten nach der Biermann Ausweisung 12 Schriftsteller einen Protest, den ich auch unterschrieb. Nachdem ich nicht bereit war, diese Unterschrift zurückzuziehen, hat sich mein Leben schlagartig geändert.

– Das Fernsehen der DDR schloß mich von jeder Mitarbeit aus. Das war hart, weil mir dadurch zwei unwiederbringliche Rollen in Erstverfilmungen verloren gegangen sind: Der Ur-„Götz“ und „Michael Kohlhaas“.
– „Die großen Erfolge“, eine fertige LP[4], wird nicht erscheinen.
– Der DEFA-Film „Feuer unter Deck“ wird nicht Beitrag der *Sommerfilmtage 77* sein, mit der Begründung, ich hätte in Erfurt einen Genossen niedergeschlagen.
– Zwei Tage vor der Biermann-Ausweisung war mir durch das *Komitee für Unterhaltungskunst der DDR*[5] eine Tournee durch Westdeutschland angeboten worden. Diese Tournee findet nicht statt.
– Im letzten Herbst habe ich auf eine schon genehmigte Reise nach Westdeutschland zur Hochzeit meines Bruders verzichtet, weil mich das *Komitee für Unterhal-*

tungskunst der DDR gebeten hatte, statt dessen an den *Tagen der Unterhaltungskunst der DDR in der ČSSR* teilzunehmen, was ich mit Erfolg tat. Das Versprechen des Kulturministeriums, die Reise später antreten zu dürfen, wurde nicht gehalten, mein Antrag nicht einmal beantwortet.

– Obwohl alle meine Jazzkonzerte in den vergangenen Jahren ausverkauft waren, gibt es keine neuen Angebote. Von 15 im Vorjahr zugesagten Konzerten sind 9 ersatzlos und unbegründet gestrichen worden.

Dies ist eine unvollständige Auswahl von Repressalien, von denen angekündigt worden war, daß es sie nicht geben würde.

– Neuerdings werden mich betreffende unwahre Informationen verbreitet wie z. B. die Behauptung des Kulturministers, ich hätte Leute unter Druck gesetzt, um ihre Unterschriften unter die Petition zu erwirken.
– Falsche Geschichten werden in Umlauf gebracht. In Erfurt hat ein Mann mir gegenüber öffentlich behauptet, ich würde über ein Dollarkonto in der Schweiz verfügen. Die berufliche Tätigkeit dieses Mannes, er ist Mitarbeiter der Staatssicherheit, läßt vermuten, daß ihm nicht ein Gerücht diente, sondern eine gezielte Verleumdung.

Schmerzlich ist die durch solche Mittel erzielte Isolation. […] Bekannte verzichten auf Besuche; bei der Auszahlung der Jahresendprämie wagten es in der DEFA unter Hundert noch fünf, mir die Hand zu geben; Eltern verbieten ihren Kindern, […] mit meinen Kindern zu spielen; auf Parteiversammlungen wird gesagt, Krug spiele zwar Parteisekretäre, führe aber das Leben eines Bourgeois[6], man müsse sich von solchen Leuten trennen; eine Berliner Staatsbürgerkundelehrerin sagt ihren Schülern, Schauspieler verkauften für Geld ihre Meinungen, insbesondere Krug sei ein Krimineller, der schon mehrmals im Gefängnis gesessen habe; einem befreundeten Bildhauer wird von Armeeoffizieren, seinen Auftraggebern, geraten, sich von mir zu distanzieren; Beamte stellen in der Nachbarschaft Recherchen darüber an, wen ich wann und wie oft besuche; auf einem Potsdamer Forum wird öffentlich geäußert, ich sei ein Staatsfeind und ein Verräter der Arbeiterklasse. Das war ich nie, und ich werde es nie sein.

[…] Nach reiflichem Bedenken beantrage ich für meine Familie und mich die Ausreise aus der DDR in die BRD, wo meine Mutter und mein Bruder leben. […]

(Krug, Manfred: Antrag auf Ausreise aus der DDR in die BRD, 20. April 1977. In: Manfred Krug (1996): Abgehauen. Ein Mitschnitt und Ein Tagebuch. Düsseldorf: Econ 1996. S. 122–125.)

Anmerkungen

1 Manfred Krug (geb. 1937): erfolgreicher Schauspieler und Sänger, siedelte 1977 nach (West-)Berlin über
2 Neues Deutschland: Tageszeitung, von 1946–1989 Zentralorgan der SED
3 DEFA (Deutsche Film AG): das volkseigene Filmstudio der DDR mit Sitz in Potsdam-Babelsberg
4 LP: Langspielplatte
5 Komitee für Unterhaltungskunst der DDR: Das Komitee (gegr. 1973) war zuständig für die Koordination von künstlerischen Veranstaltungen im Bereich der Unterhaltungskunst und unterstand dem Ministerrat der DDR. Es übernahm später die Funktion eines Verbandes der Unterhaltungskünstler.
6 Bourgeois: marxistische Bezeichnung für ein Mitglied der gehobenen gesellschaftlichen sozialen Klasse, die dem Proletariat gegenübersteht; häufig synonym benutzt für „Kapitalist“, „Ausbeuter“

Erläuterungen und Bearbeitungshinweise

Die Aufgabe bezieht sich in der Hauptsache auf den thematischen Schwerpunkt 1 (Zusammenbruch der DDR und deutsche Einheit). Dabei wird der verbindliche Unterrichtsinhalt „Die Krise der 80er-Jahre“ durch einen Text aufgegriffen. Im Zentrum steht der Aspekt „Formen der Opposition und staatliche Repression“, dazu kommen zusätzlich die „Friedliche Revolution 1989“ sowie am Rande der „Niedergang der Wirtschaft“. Der Semesterübergriff erfolgt in Aufgabe 2 auf den thematischen Schwerpunkt 3 (Wirtschafts- und Sozialgeschichte der USA von der Industrialisierung bis zum New Deal – Erfolge und Krisen einer Freien Marktwirtschaft). Aus dem verbindlichen Unterrichtsinhalt „Die Rahmenbedingungen der Industrialisierung“ geht es dabei um den Aspekt „Die Einwanderer (Herkunft, Chancen, Bedeutung für die Gesellschaft, Immigrationsgesetzgebung)“. Aus dem verbindlichen Unterrichtsinhalt „Die USA in der Weltwirtschaftskrise“ wird der Aspekt der „sozialen und wirtschaftlichen Folgen“ aufgerufen. Leitprobleme der Aufgabe sind „Herrschaft und Freiheit“ sowie „Mensch und Gesellschaft“. Im Vordergrund stehen die politik- und die sozialgeschichtliche Dimension historischer Forschung.

Mögliche Gewichtung der Teilaufgaben

Teilaufgabe	überwiegend Anforderungsbereich	Gewichtung in Prozent
1	I	30
2	II	40
3	III	30

Lösungsvorschläge

1. *Die Aufgabenstellung zielt darauf ab, die Ausführungen unter Beibehaltung des Sinnes auf das Wesentliche zu reduzieren, um damit Textverständnis zu demonstrieren. Zunächst ist es erforderlich, die Quelle kurz kritisch vorzustellen. Neben den Basisdaten (Autor, Titel, Veröffentlichung, Thema) sollten Quellenart und der Charakter des Textes in den Blick genommen werden (AFB I).*
   Eine eigenständige Wiedergabe des Textes erfordert, den Textauszug nach zentralen Gesichtspunkten zu gliedern (z. B. Textaufbau, Anliegen, Art der angegebenen Repressalien, Art der angegebenen Folgen) und den Aussagemodus zu verdeutlichen (z. B. durch Gebrauch des Konjunktivs). Zitiert werden nur „Schlüsselwörter und -wendungen“, bei denen es sich um ausgewiesene Fachbegriffe oder Formulierungen handelt, die mit eigenen Worten nur verfälschend dargelegt würden.

   Der Sänger und Schauspieler Manfred Krug begründet in dem vorliegenden formlosen **Antrag** vom 20. April 1977 sein Gesuch, mit seiner Familie aus der DDR in die BRD **ausreisen zu dürfen**. Zu diesem Zweck stellt er die zahlreichen **Übergriffe und Einschränkungen** zusammen, die er und seine Familie seit seinem offenen Protest gegen die Ausbürgerung des Liedermachers Wolf Biermann hätten hinnehmen müssen.

Vergleichsweise **vorsichtig, sachlich und argumentativ** fallen die Angaben zu den „Maßregelungen“ (Z. 6) und „Nachteile[n]“ (Z. 7) aus, mit denen Krug sein Anliegen begründet, zumal ein Antragsteller nach einem solchen sogenannten „ungesetzlichen Übersiedlungsersuchen“ (ÜSE) mit Repressionen rechnen musste, die sich häufig über Jahre hinzogen. Der Textsorte „Antrag“ entsprechend eröffnet er sein Schreiben mit Angaben zu seiner Person und benennt dann Gründe, die sein abschließendes explizites Ausreisegesuch stützen sollen.

Krug geht eingangs auf seine lang andauernde **Freundschaft zu Wolf Biermann** ein, den er bereits 1965 öffentlich mit der Folge verteidigt habe, dass ihm die Teilnahme an Auslandsreisen von DEFA-Delegationen versagt worden sei. Gravierende Sanktionen seien jedoch erst gegen ihn und seine Familie unternommen worden, nachdem er sich geweigert hatte, seine Unterzeichnung des Protestschreibens gegen Biermanns Ausbürgerung zurückzunehmen.

Als berufliche Beeinträchtigungen nennt Krug im Folgenden sein **Arbeitsverbot als Fernsehschauspieler**, die **Nichtveröffentlichung einiger seiner Musik- und Filmproduktionen** sowie die **Absage einer Tournee** und zugesagter Konzertangebote. Darüber hinaus sei er das Opfer gezielter **Verleumdungen** durch den Kulturminister und durch Mitarbeiter der Staatssicherheit geworden, die ihn bezichtigten, Leute zur Unterschrift unter die Biermann-Petition genötigt zu haben sowie ein Konto in der Schweiz zu besitzen.

Als Folge der öffentlichen Diskreditierung führt Krug anschließend die **soziale Isolation** seiner Familie auf, die sich darin äußere, dass Bekannte den Kontakt abbrächen, Eltern ihren Kindern das Spiel mit seinen Kindern untersagten und dass Menschen geraten werde, die Beziehung zu ihm und seiner Familie abzubrechen, da er „ein Staatsfeind und ein Verräter der Arbeiterklasse“ (Z. 50 f.) sei, was er strikt zurückweist.

Der vorliegende Auszug aus seinem Schreiben endet mit der expliziten **Beantragung der Ausreise**, die er mit dem knappen Hinweis auf **Familienzusammenführung** mit seiner in der BRD lebenden Mutter und seinem Bruder ergänzt.

2. *Der Operator „vergleichen“, 2012 erstmals wieder im AFB II angesiedelt, verlangt von Ihnen ein kriterienorientiertes Aufzeigen von Gemeinsamkeiten und Unterschieden. In der hier vorliegenden Bearbeitung wird zunächst der in der Quelle dargestellte Vorgang historisch eingeordnet. Danach werden verschiedene Erscheinungsformen von Migrationsbewegungen in der Geschichte der USA vorgestellt. Abschließend wird versucht, die aufgezeigten historischen Phänomene nach den Unterschieden ihrer Voraussetzungen und Ausprägungen zu ordnen. Erst hier greift dann die geforderte Kriterienorientierung. Theoretisch denkbar wäre auch eine andere Art der Gliederung, die von vornherein die Kriterien als Gliederungsmerkmale ansetzt. Dies ginge im vorliegenden Fall jedoch zulasten der narrativen Darstellung, die im Fach Geschichte eine zentrale Bedeutung besitzt.*

Manfred Krugs Antrag auf dauerhafte Ausreise in die Bundesrepublik Deutschland entspringt den Besonderheiten des Kalten Krieges im Allgemeinen und der besonderen Situation des geteilten Deutschlands im Besonderen. Sie ist das Ergebnis vielfältiger **Repressionen**, die der Künstler in der DDR erfahren hatte. Als sozialistischer Staat mit marxistisch-leninistischer Ideologie beanspruchte die SED-Führung die universelle Aufsicht über das gesamte Leben der DDR-Bürger. Im Gegenzug gewährte dieser Staat die relative Sorglosigkeit einer „**Fürsorgediktatur**". Mit diesem Arrangement konnten sich viele, auch Intellektuelle und Künstler, nicht abfinden. Wer sich nicht resignativ in private Nischen zurückzog, sondern auf individueller Selbstverwirklichung bestand und womöglich sogar zu erkennen gab, dass er anderer Meinung als die Staatspartei war, geriet leicht in Konflikt mit Zensur und Staatssicherheit. Er wurde Ziel operativer Gegenmaßnahmen, die bisweilen auf die Demoralisierung und Zerstörung der Persönlichkeit hinausliefen. Hierzu bediente sich die Staatssicherheit insbesondere des Netzes ihrer **Inoffiziellen Mitarbeiter**, die Informationen sammelten und an die **Stasi** weitergaben.
Ausreisen in die Bundesrepublik waren DDR-Bürgern bis zum Rentenalter in der Regel nicht gestattet. Lediglich privilegierte Künstler und Wissenschaftler durften Westreisen regelmäßig antreten. Im Gegenzug wurde aber von ihnen erwartet, die DDR im Ausland entsprechend den Vorstellungen der SED zu repräsentieren. Andererseits entledigte sich die DDR ihrer Oppositionellen bisweilen auch, indem sie zur Ausreise in den Westen bewegt oder gar gewaltsam abgeschoben wurden. Es bleibt im vorliegenden Material unklar, ob Manfred Krug dem Druck der Behörden erlag oder ob er seine Entscheidung freiwillig traf. Sie stellt aber einen hochpolitischen Vorgang dar, der im deutsch-deutschen Verhältnis sensibel registriert wurde.

Auch in der **Geschichte der USA** wandern Menschen aus. Sie tun dies zu verschiedenen Zeiten auf unterschiedliche Art und Weise.
Im 19. Jahrhundert wanderten viele Europäer nach Nordamerika aus. Sie taten dies überwiegend aus **wirtschaftlichen Gründen**. Amerika bot ihnen die Möglichkeit, die unüberwindbare Armut ihrer Herkunftsländer hinter sich zu lassen und sich in den USA eine **neue Existenz** aufzubauen. Dies galt insbesondere in Zeiten schwerer Wirtschafts- oder Ernährungskrisen wie etwa in Irland 1847. Geringer war die Zahl **politischer Flüchtlinge** oder der Menschen, die aus Gründen **religiöser Verfolgung** auswanderten. Insbesondere nach der gescheiterten Revolution von 1848 wanderten viele Revolutionäre nach Amerika aus und beteiligten sich dort am Aufbau der Demokratie. Durch ihre **freiheitlich-demokratische Verfassung** stellten die USA für sie so etwas wie das Gelobte Land dar. Erst als Ende des 19. Jahrhunderts vermehrt gering qualifizierte Südosteuropäer und Asiaten einwanderten, kam es zu Gesetzen, die die Einwanderung begrenzten.
In Amerika angekommen stand vielen europäischen Einwanderern eine weitere Wanderung bevor: Das hohe Bevölkerungswachstum infolge **fortgesetzter Immigration** zwang zur Ausdehnung des Siedlungsgebietes nach Westen. Die **Westexpansion** erstreckte sich immer weiter in die Siedlungsgebiete der Indianer hinein, bis zur Westküste, die schließlich gegen 1890 erreicht war. Die Erfahrung der „Frontier" fand Eingang in die **Selbststilisierung** der US-Amerikaner: der raue

Kampf mit der Natur, der Aufbau einer Existenz unter widrigen Bedingungen, Selbstverwirklichung, Härte, Mut – all dies waren Merkmale eines spezifisch amerikanischen Charakters, der sich vor Ort bildete und mit dem der Einwanderer seine europäische Existenz hinter sich ließ. Der **Frontier-Mythos** entwickelte sich zu einem zentralen Bezugspunkt des **amerikanischen Selbstbewusstseins**.
Die Schattenseiten der entfalteten amerikanischen Gesellschaft mit ihrem Individualismus bei einem gleichzeitig nur wenig entwickelten sozialen Netz führten im Laufe der **Weltwirtschaftskrise** schließlich zu einer weiteren Wanderungsbewegung. In den Bundesstaaten Colorado, Kansas, New Mexico, Oklahoma und Texas trafen Wirtschaftskrise und ökologisches Desaster in diesen dreißiger Jahren zusammen. Durch die **Monokulturen** der Getreidefelder hervorgerufene riesige Staubstürme vernichteten zuvor fruchtbares Ackerland und entzogen zahlreichen Farmern ihre Existenzgrundlage. In Massen wanderten diese als „Okies“ an die Westküste aus, wo sie unter den Bedingungen der allgemeinen Wirtschaftskrise infolge der „**Dust Bowl**“ nicht eben freundlich empfangen wurden.

Die Wanderungsbewegungen nach Amerika und innerhalb der USA waren **Massenbewegungen globaler Dimension**, denen in erster Linie wirtschaftliche und soziale Motive zugrunde lagen. Die Ausreise aus der DDR war ein Phänomen, das aus der Besonderheit der deutschen Teilung von 1945–1990 erwachsen war und daher nur Deutschland betraf. Sie erfolgte aus **individuell sehr verschiedenen Motiven**, unter denen politische Gründe allerdings eine bedeutende Rolle spielten. Die SED-Führung unternahm mit dem **Bau der Mauer 1961** massive Gegenmaßnahmen. Diese hatten das Ziel, die Wanderungsbewegung von Ost nach West – seit 1949 waren drei bis vier Millionen DDR-Bürger in den Westen gegangen – zu unterbinden. Eine Entsprechung findet sich allerdings in der Attraktivität des Zieles: Sowohl politisch als auch wirtschaftlich stellte die Bundesrepublik für viele DDR-Bürger das **Land ihrer Träume** dar, wie dies die USA für die zahlreichen Einwanderer aus aller Welt taten. Die westliche Demokratie und der um ein Vielfaches höhere Lebensstandard ließen allen Versuchen der DDR-Führung zum Trotz die Bundesrepublik bis 1989 als den attraktiveren deutschen Staat erscheinen.

3. *Als Beurteilungsaufgabe handelt es sich um eine Aufgabe des AFB III. Gefordert ist, den Stellenwert der am Beispiel der Quelle geschilderten, in mehr oder weniger regelmäßigen Abständen vorkommenden Ereignisse der Ausreise oder Ausbürgerung prominenter DDR-Bürger für die Endphase der DDR zu bestimmen und dies abschließend pointiert zu formulieren. Den größeren historischen Rahmen hierfür müssen Sie jetzt selbst konstruieren, d. h., Sie müssen erkennen, was in diesem Zusammenhang wichtig ist. Wichtig ist ferner, dass Sie schlüssig argumentieren, sodass eine nachvollziehbare, überzeugende Gedankenführung entsteht.*

Der Aderlass, den die DDR seit Beginn ihrer Existenz erlebte, schwächte ihre Volkswirtschaft. Denn von Anfang an waren es vor allem gut qualifizierte, junge Menschen, die durch **Flucht über die innerdeutsche Grenze oder beantragte Ausreise** den Weg in die Freiheit suchten. Die Schließung der innerdeutschen

Grenze 1961 ließ die Zahl der Flüchtlinge zwar zurückgehen, eine **Identifikation** der DDR-Bevölkerung mit ihrem Staat fand in der Breite jedoch zu keiner Zeit statt. Die in der Quelle erkennbare staatliche **Überwachung und Repression** verhinderte aber erneute Aufstandsbewegungen wie zuvor am **17. Juni 1953**. Es gab über lange Jahre hinweg, bis in den Herbst 1989 hinein, keine namhafte, zentral koordinierte Oppositionsbewegung. Umso bedeutender waren die Einzelfälle. Vor allem die von Manfred Krug erwähnte **Ausbürgerung** des Liedermachers Wolf Biermann im November 1976 führte zu einem Aufruf mehrerer DDR-Schriftsteller (vgl. Z. 10 f.). Über die Westmedien konnten die DDR-Bürger auf diese Weise erfahren, dass es **oppositionelle Meinungen** in der DDR gab, auch wenn ihnen in den DDR-Medien keine Stimme gegeben wurde. Vereinzelte Aktionen des Aufbegehrens gingen auch von der Kirche aus. Anfang der Achtzigerjahre formierte sich auch in der DDR eine **Friedensbewegung** („Schwerter zu Pflugscharen"), die die gleichen Ziele wie die im Westen vertrat. Die verheerende Umweltbilanz der DDR-Wirtschaft nahmen einzelne Aktivisten der **Umweltbewegung** zum Anlass, Forderungen an den Staat zu richten. Unterhalb dieses aktiven Engagements gab es auch **Jugendliche**, die sich der Vereinnahmung durch die staatlichen Jugendorganisationen entzogen und ihre Freizeit individuell zu gestalten versuchten. Dabei gerieten sie ins Visier der Staatssicherheit und waren Verfolgungen ausgesetzt.

Dennoch war es bis zum Herbst 1989 nicht absehbar, dass die Herrschaft der SED, die in ihrem Staat nach wie vor einen „**Sozialismus in den Farben der DDR**" praktizierte, in ihrem Bestand gefährdet sein könnte. Erst die **Massenflucht** über Ungarn sowie über die Prager Botschaft signalisierte den DDR-Bürgern, wie groß das Maß der Unzufriedenheit in der Breite geworden war. Die Aufdeckung der **Fälschung der Kommunalwahlen vom 6. Mai 1989** ließ die **Bürgerbewegung**, getragen von Intellektuellen und Künstlern, erstarken. Das **Neue Forum** als erste koordinierte Oppositionsbewegung gewann rasch an Zulauf, ohne indes sofort eine Massenbasis zu gewinnen. Dies geschah erst im Verlauf der **Montagsdemonstrationen** mit ihrem Schwerpunkt in Leipzig im Oktober 1989. Mut machte den Protestierern auch der **Reformsozialismus in der UdSSR** mit seinen Stichworten **Glasnost und Perestroika**, auf den die DDR-Bürger bereits seit Jahren vergeblich hofften. Dass die **Friedliche Revolution des Herbstes 1989** an Dynamik gewann, hatte ihre Ursachen somit im Zusammentreffen zahlreicher politischer Faktoren. Die Ausbürgerung bzw. Ausreise prominenter DDR-Künstler war daher für den Verlauf der Ereignisse des Herbstes 1989 nicht ursächlich, zumal sie bereits Jahre zurücklag. Dennoch riefen Ereignisse wie das in der Quelle während der letzten beiden Jahrzehnte der DDR den Menschen sowohl in West- als auch in Ostdeutschland ins Bewusstsein, dass die DDR ein **Unrechtsstaat** war, der missliebige Bürger drangsalierte und ihnen Freiheitsrechte vorenthielt. Das Schicksal prominenter Ausreisewilliger bestärkte zahlreiche DDR-Bürger in ihrer Unzufriedenheit, die sie öffentlich nicht äußern durften. Es hielt gewissermaßen die kleine oppositionelle Flamme im Verborgenen am Brennen, bis die Zeit reif war, um sie zu einem Flächenbrand anwachsen zu lassen.

Niedersachsen – Grundlegendes Anforderungsniveau Geschichte
Übungsaufgabe 2

Thematischer Schwerpunkt 2: Europa an der Schwelle zur Neuzeit

Thema: Die Bedeutung der Reformvorstellungen Luthers für die Entwicklung von Gesellschaft und Wissenschaft

Aufgabenstellung

1. Fassen Sie, nachdem Sie die Quelle vorgestellt haben, Luthers Verteidigungsrede auf dem Reichstag zu Worms vom 18. April 1521 zusammen.
2. Analysieren Sie, inwiefern Luther durch seine Positionen, die er in seiner Rede vor dem Wormser Reichstag vertrat, wesentliche Modernisierungsprozesse in Gesellschaft und Wissenschaft der frühen Neuzeit förderte.
3. Beurteilen Sie, inwiefern Luthers Reformansatz, wie er ihn in seiner Rechtfertigung vor dem Reichstag zu Worms 1521 dargelegt hat, die Bürgerrechtsbewegung in der DDR, die sich in den fortgeschrittenen 1980er-Jahren in protestantischen Kirchen formierte, stärken konnte.

M: Martin Luther: Verteidigungsrede auf dem Reichstag zu Worms vom 18. April 1521

Zum Reichstag in Worms war Martin Luther (1483–1546) für seine An- und Abreise freies Geleit (keine Verhaftung etc.) zugesichert worden. Dort wurde er vor dem Kaiser und den Reichsfürsten aufgefordert, seine in Büchern veröffentlichten religiösen Positionen, insbesondere seine Kritik an der katholischen Kirche, zu widerrufen. Dieser Aufforderung Kaiser Karls V. entgegnete Luther am 18. April 1521 mit der folgenden Verteidigungsrede.
Der Kaiser verhängte daraufhin gegen Luther die Reichsacht: Er erhielt den Status eines Verbrechers, der von jedermann verhaftet und sogar getötet werden konnte.

Allergnädigster Herr und Kaiser!
Durchlauchtigste Fürsten! Gnädigste Herrn!

[…] Die zweite Gruppe [*Luther teilt seine Bücher in drei Gruppen ein*] greift das Papsttum und die Taten seiner Anhänger an, weil ihre Lehren und ihr schlechtes Beispiel die ganze Christenheit sowohl geistlich wie leiblich verstört hat. Das kann niemand leugnen oder übersehen wollen. Denn jedermann macht die Erfahrung, und die allgemeine Unzufriedenheit kann es bezeugen, dass päpstliche Gesetze und Menschenlehren die Gewissen der Gläubigen aufs Jämmerlichste verstrickt, beschwert und gequält haben, dass aber die unglaubliche Tyrannei auch Hab und Gut verschlungen hat und fort und fort auf empörende Weise weiter verschlingt, ganz besonders in unserer hochberühmten deutschen Nation. Und doch sehen sie in ihren Dekreten selbst vor [...]: Päpstliche Gesetze, die der Lehre des Evangeliums und den Sätzen des Evangeliums und den Sätzen der Kirchenväter widersprächen, seien für irrig und ungültig anzusehen. Wollte ich also diese Bücher widerrufen, so würde ich die Tyrannei damit geradezu kräftigen und stützen, ich würde dieser Gottlosigkeit für ihr Zerstörungswerk nicht mehr ein kleines Fenster, sondern Tür und Tor auftun, weiter und bequemer, als sie es bisher je vermocht hat. So würde mein Widerruf ihrer grenzenlosen, schamlosen Bosheit zugutekommen, und ihre Herrschaft würde das arme Volk noch unerträglicher bedrücken, und nun erst recht gesichert und gegründet sein, und das um so mehr, als man prahlen wird, ich hätte das auf Wunsch Eurer allergnädigsten Majestät getan und des ganzen Römischen Reiches. Guter Gott, wie würde ich da aller Bosheit und Tyrannei zur Deckung dienen!

[...] Aber ich bin ein Mensch und nicht Gott. So kann ich meinen Schriften auch nicht anders beistehen, als wie mein Herr Christus selbst seiner Lehre beigestanden hat. Als ihn Hannas nach seiner Lehre fragte und der Diener ihm einen Backenstreich gegeben hatte, sprach er: „Habe ich übel geredet, so beweise, dass es böse gewesen sei." Der Herr selbst, der doch wusste, dass er nicht irren könnte, hat also nicht verschmäht, einen Beweis wider seine Lehre anzuhören, dazu noch von einem elenden Knecht. Wie viel mehr muss ich erbärmlicher Mensch, der nur irren kann, da bereit sein, jedes Zeugnis wider meine Lehre, das sich vorbringen lässt, zu erbitten und zu erwarten. Darum bitte ich um der göttlichen Barmherzigkeit willen, Eure allergnädigste Majestät, durchlauchtigste fürstliche Gnaden oder wer es sonst vermag, er sei höchsten oder niedersten Standes, möchte mir Beweise vorlegen, mich des Irrtums überführen und mich durch das Zeugnis der prophetischen oder evangelischen Schriften überwinden. Ich werde völlig bereit sein, jeden Irrtum, den man mir nachweisen wird, zu widerrufen, ja, werde der Erste sein, der meine Schriften ins Feuer wirft.

Es wird hiernach klar sein, dass ich die Nöte und Gefahren, die Unruhe und Zwietracht, die sich um meiner Lehre willen in aller Welt erhoben haben, und die man mir gestern hier mit Ernst und Nachdruck vorgehalten hat, sorgsam genug bedacht und erwogen habe. Für mich ist es ein denkbar erfreulicher Anblick, zu sehen, wie um Gottes Wort Unruhe und Zwietracht entsteht [*entstehen*]. Denn das ist der Lauf, Weg und Erfolg, den Gottes Wort zu nehmen pflegt, wie Christus spricht: „Ich bin nicht gekommen, Frieden zu senden, sondern das Schwert; denn ich bin gekommen, den Menschen zu erregen wider seinen Vater usw." Darum müssen wir bedenken, wie Gott wunderbar und schrecklich ist in seinen Ratschlüssen, dass nicht am Ende das, was wir ins Werk setzen, um der Unruhe zu steuern, damit anfängt, dass wir Gottes Wort verdammen, und so viel mehr einer neuen Sintflut ganz unerträgliche Leiden zustrebt. Wir müssen sagen, dass die Regierung unseres jungen, vortrefflichen Kaisers Karl, auf dem nächst Gott die meisten Hoffnungen ruhen, nicht eine unselige, verhängnisvolle Wendung nehme. Ich könnte es hier mit vielen Beispielen aus der Schrift vom Pharao, vom König Babylons und den Königen Israels veranschaulichen, wie **sie** sich gerade dann am sichersten zugrunde richteten, wenn sie mit besonders klugen Plänen darauf ausgingen, Ruhe und Ordnung in ihren Reichen zu behaupten. Denn er, Gott, fängt die Schlauen in ihrer Schlauheit und kehret die Berge um, ehe sie es inne waren. Darum ist's die Furcht Gottes, deren wir bedürfen. Ich sage das nicht in der Meinung, so hohe Häupter hätten meine Belehrung oder Ermahnung nötig, sondern weil ich meinem lieben Deutschland den Dienst nicht versagen wollte, den ich ihm schuldig bin. Hiermit will ich mich Euer allergnädigsten kaiserlichen Majestät und fürstlichen Gnaden demütig befohlen und gebeten haben, sie wollten sich von meinen eifrigen Widersachern nicht ohne Grund gegen mich einnehmen lassen. Ich bin zu Ende […]

Weil denn Eure allergnädigste Majestät und fürstlichen Gnaden eine einfache Antwort verlangen, will ich sie ohne Spitzfindigkeiten und unverfänglich erteilen, nämlich so: Wenn ich nicht mit Zeugnissen der Schrift oder mit offenbaren Vernunftgründen besiegt werde, so bleibe ich von den Schriftstellen besiegt, die ich angeführt habe, und mein Gewissen bleibt gefangen in Gottes Wort. Denn ich glaube weder dem Papst noch den Konzilien allein, weil es offenkundig ist, dass sie öfters geirrt und sich selbst widersprochen haben. Widerrufen kann und will ich nichts, weil es weder sicher noch geraten ist, etwas gegen sein Gewissen zu tun.

Gott helfe mir, Amen.

(http://gutenberg.spiegel.de/buch/270/5 (2011-04-10). Zit.: Dt. Reichstagsakten, Jüngere Reihe, Bd. II, n. 80, S. 581 f. Der Text wurde der neuen Rechtschreibung angepasst.)

Erläuterungen und Bearbeitungshinweise

Die Aufgabenstellung bezieht sich in ihrem Schwerpunkt auf das Kurshalbjahr mit dem thematischen Schwerpunkt 2 „Europa an der Schwelle zur Neuzeit", insbesondere auf den verbindlichen Unterrichtsinhalt „Neues Denken in Europa" und die darunter aufgeführten Aspekte „Europäische Gelehrtenkultur" und „Wissenschaft im Umbruch". Die 3. Teilaufgabe bezieht sich darüber hinaus auf das Kurshalbjahr mit dem thematischen Schwerpunkt 1 „Zusammenbruch der DDR und deutsche Einheit", hier insbesondere auf die verbindlichen Inhalte „Die Krise der 80er-Jahre" – mit den Inhaltsaspekten „Formen der Opposition und staatliche Repression" sowie „Umgang mit der Perestroika und den Umbrüchen im Ostblock" – und „Der Weg zur deutschen Einheit" mit dem Inhaltsaspekt „Friedliche Revolution 1989".
Leitprobleme der Aufgabe sind „Menschenbild und Weltdeutung" sowie „Herrschaft und Freiheit". Im Vordergrund stehen die sozial- und politikgeschichtlichen Dimensionen historischer Forschung.

Mögliche Gewichtung der Teilaufgaben

Teilaufgabe	überwiegend Anforderungsbereich	Gewichtung in Prozent
1	I	25
2	II	40
3	III	35

Lösungsvorschläge

1. *Die Aufgabenstellung verlangt eine übliche Inhaltswiedergabe. Einleitend ist die Quelle zu bestimmen: Verfasser, Thema, Textsorte/Quellenart, Herkunft der Quelle (Ort und Datum), Adressat, Anlass und Kontext der Quelle. – Nutzen Sie dafür auch den Begleittext, welcher der Quelle vorangestellt wurde.*
Der Inhalt der Quelle ist sprachlich und gedanklich eigenständig wiederzugeben, die Informationen sind abstrahierend in ihren Grund-Folge-Zusammenhängen zusammenzufassen. Dabei muss die Distanz zum berichteten Inhalt durch die Verwendung des Konjunktivs bzw. entsprechender Ersatzformen deutlich gewahrt werden. (AFB I)

Kaiser Karl V. und die Reichsfürsten forderten **Martin Luther** auf, seine in Büchern veröffentlichten religiösen Positionen zu widerrufen, insbesondere seine **Kritik an der katholischen Kirche**. Um dieser Forderung nachzukommen, wurde Luther vor den **Reichstag in Worms** zitiert, wobei man ihm für die An- und Abreise freies Geleit zusicherte. Statt zu widerrufen, verteidigte Luther dort vor dem Kaiser und den Fürsten seine Position am 18. April 1521.
Die Folgen waren, dass einerseits der Kaiser gegen Luther die **Reichsacht** verhängte, andererseits die **Reformation** in ihrem Selbstverständnis weiter gefestigt wurde und sich teilweise radikalisierte.
Luther behauptete in seiner **Verteidigungsrede**, in seinen Schriften habe er berechtigt **Kritik am Papst und der Kurie** geübt: Die Gesetze des Papstes seien Ausdruck menschlicher **Machtinteressen** und hätten keine christliche Rechtfertigung, sie hätten die Menschen in **Gewissenskonflikte** gebracht und sie dem Christentum entfremdet, zudem habe sich der Papst am Eigentum der Menschen besonders in Deutschland bereichert. Diese **Kritik** dürfe er nicht widerrufen, weil er sich dann öffentlich zum Handlanger des päpstlichen **Unrechts** mache, indem er das vermeintlich niederträchtige Handeln des Papstes als gerechtfertigt und christlich anerkennen würde.
Luther verspricht aber, er werde seine Schriften sofort und vollkommen widerrufen und sich selbst an deren Vernichtung beteiligen, wenn ihm der Kaiser, die Fürsten oder andere beweisen würden, dass er sich geirrt habe.
Luther begrüßt, dass seine Schriften viele Menschen aufgerüttelt hätten, sich **mit der Bibel selbstständig auseinanderzusetzen:** Die Menschen und die Herrschenden bräuchten die **Furcht vor Gott**, um ihre Sichtweisen und ihr Handeln immer wieder infrage zu stellen, statt sich vordergründig an weltlichen Sichtweisen zu orientieren und sich dabei in einer falschen und gefährlichen Sicherheit zu wiegen.
Abschließend stellt Luther fest, dass er sich bei der christlichen Wahrheitsfindung nur auf die **Bibel**, sein **Gewissen** und die **Vernunft** berufe. Der **Papst** und dessen **Konzilien** hingegen hätten sich so oft geirrt, dass sie nicht für sich in Anspruch nehmen könnten, **absolute Wahrheiten** zu verkünden.

2. *In einer kurzen Überleitung sollen den fiktiven Leserinnen und Lesern das zu untersuchende Problem und das Untersuchungsziel verdeutlicht werden.*
Der Operator „analysieren" verlangt hier, selbstständig Schlussfolgerungen darüber zu ziehen, inwiefern Luther mit seiner Verteidigungsrede auf dem Wormser Reichstag Impulse für die Veränderung der damaligen Gesellschaft und des damaligen Wissenschaftsbetriebs gegeben hat. Die Schlussfolgerungen sind zu erklären bzw. zu erläutern und sowohl durch Bezüge zur Quelle als auch durch Hinweise auf historische Sachverhalte zu belegen. Die Schlussfolgerung ist aspektorientiert zu ziehen und strukturiert darzustellen. (AFB II)

Luthers standhafte Haltung vor dem Wormser Reichstag und die **Rechtfertigung**, sich in seiner **christlichen Position** nur auf die **Bibel**, die **Vernunft** und sein **Gewissen** zu berufen, stärkte die **Protestbewegung** gegen den **Vatikan** erheblich. Damit wurde die **Spaltung der Kirche in Konfessionen** und die politische Spaltung des Reichs in eine **katholische** und eine **protestantische** Partei vorangetrieben. Neben den Folgen für Kirche und Staatspolitik erhielten durch Luthers Rechtfertigung auch die **Gesellschaft** und die **Wissenschaften** wichtige **Impulse**, die hier mit ihren Folgen beleuchtet werden sollen.
Luthers Ablehnung der katholischen Kirchenlehre und deren Vertreter, allen voran des Papstes selbst, verstärkte die in der Öffentlichkeit bereits offen diskutierte **Kritik an der Kirche** und schwächte sowohl deren Ansehen als auch deren Einfluss auf die **öffentliche Meinung** besonders in den **Städten** zusätzlich. Viele Menschen folgten Luther, weil sie die **Verweltlichung** der römischen Kirche kritisierten und eine konsequente Besinnung der Kirche auf deren **seelsorgerische Aufgaben** forderten. Wenn Luther behauptete: „die allgemeine Unzufriedenheit kann es bezeugen, dass päpstliche Gesetze und Menschenlehren die Gewissen der Gläubigen aufs Jämmerlichste verstrickt, beschwert und gequält haben […]" (Z. 6–9), so sprach diese **Kritik** vielen religiösen Menschen aus dem Herzen. Wegen des **Ablasshandels** und der **hohen Abgaben**, welche die römische Kirche einforderte, konnten viele Luthers Behauptungen nachvollziehen, „dass […] die unglaubliche Tyrannei auch Hab und Gut verschlungen hat und fort und fort auf empörende Weise weiter verschlingt, ganz besonders in unserer hochberühmten deutschen Nation" (Z. 9 ff.).
Humanistische Bestrebungen innerhalb der städtischen Gesellschaft, in denen sich ein **gebildetes Bürgertum** entwickelt hatte, das langsam aber stetig wuchs, unterstützten Luthers Kirchenkritik, wenn auch aus anderen Motiven: Die Humanisten wollten die **Einengungen durch scholastische Denkweisen** überwinden und sich nicht mehr von Lehrsätzen leiten lassen, die spitzfindig mit kirchlichen Lehrmeinungen in Übereinstimmung gebracht wurden. Ihre Wahrheitssuche ging nicht mehr von kirchlichen Dogmen aus, und vermehrt versuchte eine **intellektuelle Elite** besonders an den **Universitäten**, auf dem Wege des **Rationalismus** oder durch **empirische Forschung** neue Erkenntnisse zu gewinnen.
So verlor die katholische Kirche an **Einfluss** in großen Teilen der Bevölkerung; die tiefe **Religiosität** vieler Menschen, Luthers **reformatorische Kritik** und die Bewegung des Humanismus gingen in diesem Prozess Hand in Hand, auch wenn die

Strömungen unterschiedlich motiviert waren und unterschiedliche Ziele verfolgten. Der schwindende Einfluss der römisch-katholischen Kirche und der wachsende Verlust ihrer **Deutungshoheit** veränderte nicht nur die Kirche selbst und die Politik, sondern auch **Gesellschaft** und **Wissenschaft**.
Die Kritik an der **Autorität der römischen Kirche**, wie sie Luther in seiner Rede äußerte, indem er ihr zum Beispiel „**Tyrannei**" (Z. 9, 14, 22) und „**Gottlosigkeit**" vorwarf (Z. 15), gab der Gesellschaft ein Beispiel für öffentlich standhaft vorgetragenen **Widerspruch** und stärkte dadurch ein Klima der Kritik, das sich wenig später zum Beispiel extrem in den **Aufständen der Bauern 1524/25** offenbarte. Auch wenn Luther die gewaltsame Auflehnung nicht gewollt hat und die Aufstände der Bauern mit harten Worten missbilligte, so hat er doch zu dem Klima erheblich beigetragen, das dazu aufstachelte, auf **Unrecht** und **Missstände** offen hinzuweisen, Verbesserungen zu fordern und sich im Kampf dafür zu behaupten – mit dem Unterschied, dass die Bauern nicht das geschliffene Wort einsetzten, sondern zum Mittel der Gewalt griffen.
Dieses **Klima der Kritik** schürte auch nach und nach an den **Universitäten** eine wachsende Bereitschaft, sich dem **humanistischen Denken** zu- und von der **Scholastik** abzuwenden, die stark von der **römisch-katholischen Kirche** beeinflusst war. Damit wurde eine Entwicklung gestärkt bzw. es wurde hier teilweise erst der Grundstein dafür gelegt, dass sich die modernen **Naturwissenschaften** entwickeln konnten, die vor allem mit **empirischen Forschungen** nach Wahrheiten suchten und sich dabei von römisch-katholischen Lehrsätzen lösten. Die Bereitschaft zum kritischen Denken breitete sich an den Universitäten und in **intellektuellen Eliten** langsam aber stetig aus und schuf schließlich den Nährboden für die 200 Jahre später einsetzende Epoche der **Aufklärung** – und somit die Grundlage für unsere heutige Gesellschaft. Luther trug erheblich zu diesem Klima bei, indem er sich in seiner Rechtfertigungsrede auf „offenbare Vernunftgründe" (Z. 63) berief; die **Vernunft** erhielt damit einen Bedeutungs- und Wahrheitsrang, der über den Erlassen des Papstes und der Konzilien lag.
Auf der Suche nach Wahrheit erkannte Luther neben der Bibel und der Vernunft nur noch das **Gewissen** an: „Wenn ich nicht mit Zeugnissen der Schrift oder mit offenbaren Vernunftgründen besiegt werde, so bleibe ich von den Schriftstellen besiegt, die ich angeführt habe, und mein Gewissen bleibt gefangen in Gottes Wort. [...] Widerrufen kann und will ich nichts, weil es weder sicher noch geraten ist, etwas gegen sein Gewissen zu tun" (Z. 63–68). Das persönliche Gewissen erhob Luther damit zu einer Instanz, die Gott näher stehe als römisch-katholische Dogmen. Der einzelne Mensch mit seiner persönlichen Denkweise und seiner sehr persönlichen Gewissenserforschung wurde dadurch erheblich aufgewertet. Durch den von Luther vorgelebten und von ihm in religiösen Fragen propagierten **Individualismus** änderte sich das **Menschenbild** und entsprechend die **Gesellschaft**. Und auch hier gingen **Reformation** und **Humanismus** Hand in Hand und vermittelten ein neues **Lebensgefühl** und ein starkes **Selbstbewusstsein**, das den Menschen in seiner Individualität bewusst anerkannte – einem Menschenbild entsprechend, wie es bereits künstlerisch zum Beispiel von **Leonardo da Vinci** und **Albrecht Dürer** ausgedrückt wurde.

Indem sich Luther in seiner Rechtfertigung vor dem Reichstag zu Worms neben der Bibel auf „Vernunftgründe“ und sein „Gewissen“ berief und diese als oberste Instanzen der Wahrheitsfindung proklamierte, trug er Wesentliches zur Entwicklung des **modernen europäischen Menschen- und Gesellschaftsbildes der Neuzeit** bei. Vernunft und Gewissen prägen heute meist unsere individuellen Entscheidungen, hingegen haben die Kirchen ihre Deutungshoheit – konfessionsübergreifend! – weitgehend eingebüßt.

3. *Der Operator „beurteilen“ verlangt hier, dass Sie Luthers Reformationsansatz, wie Luther ihn in seiner Rechtfertigung vor dem Reichstag zu Worms 1521 dargelegt hat, auf die Protestbewegung der späten 1980er-Jahre in der DDR beziehen, die sich in Kirchengemeinden formierte. Sie sollen dabei überprüfen, welchen Stellenwert Luthers Position beim Zusammenwirken der evangelischen Kirche mit der Bürgerrechtsbewegung hatte. Die Beurteilung soll kriterienorientiert gegliedert sein und zu einem begründeten Sachurteil gelangen. (AFB III)*

In den fortgeschrittenen 1980er-Jahren geriet das **SED-Regime** immer stärker in die Krise. So wurden die **wirtschaftlichen Probleme** immer offensichtlicher; **Gorbatschow** versuchte, den **Sozialismus** in der **Sowjetunion** zu **demokratisieren**; die Beschlüsse der „Konferenz für Sicherheit und Zusammenarbeit in Europa“ (**KSZE**) verlangten auch vom SED-Regime die **Achtung der Menschenrechte und Grundfreiheiten**, einschließlich der **Gedanken-, Gewissens- und Religionsfreiheit**. In dieser Atmosphäre sammelten sich viele **Bürgerrechtler** und **Regimekritiker** in der **DDR** in **evangelisch-lutherischen Kirchen**, das bekannteste und bedeutendste Beispiel dafür sind die Treffen in der **Leipziger Nikolaikirche**, welche die **Reformdebatte** der Jahre 1988/89 und die **Leipziger Montagsdemonstrationen** initiierten. Die Frage ist, inwiefern diese Bewegung in den protestantischen Kirchen von Luthers **Reformansatz**, wie er ihn in seiner **Rechtfertigung vor dem Reichstag zu Worms 1521** dargelegt hat, beeinflusst wurde.

Indem **Luther** vor dem Reichstag zu Worms 1521 der Forderung Kaiser Karls V., die Kritik an Papst und römisch-katholischer Kirche zu widerrufen, offen entgegentrat, setzte er für die entstehende evangelische Kirche ein **klares Zeichen, aus innerer Überzeugung** Kritik üben und diese öffentlich vertreten zu können. Diese Bereitschaft, seinen Protestantismus über die Kritik zu definieren, wurde zu einer **Tradition in der evangelischen Kirche**. Auch wenn sich diese Kirche in ihrer Geschichte oft den Herrschenden unterwarf und von ihren Mitgliedern Gehorsam gegenüber der staatlichen Obrigkeit forderte, bot sie in der **DDR** aufgrund ihres von Luther geprägten inneren Selbstverständnisses den **Bürgerrechtlern** und **Regimekritikern** im wahrsten Sinne des Wortes Raum, sich zu treffen, sich in der Debatte auszutauschen und weiterzuentwickeln.

Die Bewegung der **Protestanten** war besonders in ihrer Entstehungsphase stark gefährdet und berief sich deshalb auf die **Glaubensfreiheit** als Prinzip in der konfessionellen, aber auch in der politischen Auseinandersetzung. Auch das Prinzip der Glaubensfreiheit gebot den Vertretern der evangelischen Kirche, den Regimegeg-

nern einen möglichst geschützten Raum für Treffen zu geben, zumal diese sich für **Menschenrechte** einsetzten und sich somit auf **christliche Grundwerte** beriefen. Luther hatte vorgelebt, gegen Unrecht und Missstände einzutreten. Seine Kritik an Papst und römischer Kirche, die er in seiner Wormser Verteidigungsrede wiederholte, schuf eine Tradition, sich für **Gerechtigkeit** und **christliche Tugenden** insgesamt zu engagieren.
Vor allem diesem Gebot Luthers folgte die **evangelische Kirche in der DDR**, wenn sie **Bürgerrechtlern** und **Regimekritikern** in ihren Gemeinden eine Heimat bot. Dabei nahm sie auch offene **Drohungen** der Staatsführung in Kauf, so zum Beispiel **Erich Honeckers** Vorwurf, es gäbe „**konterrevolutionäre Aktionen**" unter dem Dach der Kirche.
Luthers Bekenntnis folgend, wie er es vor dem Wormser Reichstag formulierte, erkennt die evangelische Kirche als **oberste Erkenntnisquellen** neben der **Bibel** auch die **Vernunft** („offenbare Vernunftgründe", Z. 63) und das **Gewissen** (Z. 65) ausdrücklich an. Wenn sich in den evangelischen DDR-Gemeinden Menschen trafen, die das Regime kritisierten, sich im Sinne der **Nächstenliebe** für **Menschenrechte** engagierten und sich dabei auf ihre Vernunft und ihr Gewissen beriefen, so stellten sie sich in die **Tradition Luthers** und seiner Verteidigungsrede vor dem Wormser Reichstag. Da sich die Bürgerrechtler und Regimekritiker – ob bewusst oder unbewusst – an diesen **lutherischen Prinzipien** orientierten und darin eine **gemeinsame Plattform** fanden, durften sich die evangelischen Kirchen diesen Bestrebungen nicht verschließen. Da das **kommunistische SED-Regime kirchenfeindlich** war, haben viele Kirchenvertreter diesen Beistand aus den Reihen der **Protestbewegung** gegen das Regime sicherlich auch unabhängig von der lutherischen Tradition begrüßt.
Wie stark die evangelische Kirche aus ihrem lutherischen Selbstverständnis heraus die **Wende in der DDR** vorantrieb, lässt sich an den **Montagsgebeten** in der **Leipziger Nicolaikirche** mit anschließenden **Demonstrationen** und am „**Zentralen Runden Tisch**" ablesen, der 1989/1990 von Vertretern der Kirchen, insbesondere der evangelischen, einberufen und moderiert wurde und der den **Prozess des inneren Umbruchs** entscheidend begleitete.

Die Bürgerrechtsbewegung und die Regimekritiker suchten in den Kirchen nicht nur einen Ort, wo sie sich treffen und offen diskutieren konnten, sie suchten auch Menschen mit einer **Offenheit** und einer **Haltung**, die **Mut** machten, relative Sicherheit in einer Gemeinschaft bzw. im Gemeindeleben boten und für **demokratische Werte** eintraten. Dies hat ihnen seinerzeit die evangelische Kirche aus ihrem **von Luther geprägten Selbstverständnis**, wie er es auf dem Reichstag zu Worms formuliert hatte, geboten. Dabei gingen deren Vertreter selbst erhebliche **persönliche Risiken** ein, denn allen Akteuren war bewusst, dass dieses **regimekritische Engagement** in der DDR von der **Staatssicherheit** sehr genau beobachtet wurde und dass alle jederzeit mit härtesten **Sanktionen** durch den **Staatsapparat** rechnen mussten.

Niedersachsen – Grundlegendes Anforderungsniveau Geschichte
Übungsaufgabe 3

Thematischer Schwerpunkt 3: Wirtschafts- und Sozialgeschichte der USA von der Industrialisierung bis zum New Deal – Erfolge und Krisen einer Freien Marktwirtschaft

Thema: Die Freie Marktwirtschaft – Leitprinzip der amerikanischen Wirtschafts- und Sozialpolitik?

Aufgabenstellung

1. Fassen Sie – nach einer quellenkritischen Einleitung zu M 1 – die wirtschaftspolitischen Auffassungen Hoovers in eigenen Worten zusammen.
2. Ordnen Sie Hoovers Auffassungen unter Berücksichtigung von M 2 in den Kontext der amerikanischen Wirtschafts- und Sozialpolitik vom Ende des 19. Jahrhunderts bis 1933 ein.
3. Beurteilen Sie, inwieweit das von Hoover propagierte „Amerikanische System" (M 1, Z. 3) seine Wurzeln schon im wirtschaftlichen Denken in Europa um 1500 hat.

M 1: Der republikanische Präsidentschaftskandidat Herbert Hoover, US-Präsident von 1929–1933, in einer Rede in New York am 22. 10. 1928 zum Abschluss des Wahlkampfes

[…] Durch 150 Jahre haben wir eine Form der Selbstregierung und ein gesellschaftliches System aufgebaut, das ganz sonderlich unser Eigentum ist. Es unterscheidet sich wesentlich von allen anderen in der Welt. Es ist das Amerikanische System. Es ist ein ebenso bestimmtes und positiv politisches und gesellschaftliches System, wie je eines auf Erden entwickelt worden ist. Es ist auf eine besondere Konzeption der Selbstregierung gegründet, deren eigentliche Basis dezentralisierte lokale Verantwortlichkeit ist. Darüber hinaus ist es auf die Vorstellung gegründet, daß allein durch geordnete Freiheit, Freisein und gleiche Chance für den Einzelnen seine Initiative und sein Unternehmungsgeist auf dem Marsch des Fortschritts angespornt werden. Und in unserem Bestehen auf Gleichheit der Chance ist unser System weiter als die ganze Welt vorgeschritten.

Während des Krieges wandten wir uns notgedrungen an die Regierung, um alle schwierigen wirtschaftlichen Probleme zu lösen. Da die Regierung alle Energie unseres Volkes für den Krieg absorbiert hatte, gab es keine andere Lösung. Zur Erhaltung des Staates wurde die Bundesregierung eine zentralisierte Despotie, die noch nie dagewesene Verantwortlichkeiten auf sich nahm, sich autokratische Machtvollkommenheit beilegte und die Geschäfte der Bürger übernahm. In hohem Grade reglementierten wir unser ganzes Volk zeitweise in einen sozialistischen Staat hinein. Wie gerechtfertigt auch immer er in Kriegszeiten sein mag, in Friedenszeiten weitergeführt würde er nicht allein unser amerikanisches System zerstören, sondern mit ihm ebensowohl unseren Fortschritt und unsere Freiheit. Als der Krieg endete, war die lebenswichtigste Frage in unserem Land wie auch in der ganzen Welt, ob die Regierungen ihre Eigentümerschaft und den Betrieb vieler Produktions- und Verteilungsmittel aus der Kriegszeit weiterführen sollten. Wir wurden aufgerufen zu einer Entscheidung [...] zwischen dem amerikanischen System des derben Individualismus [rugged individualism] und einer europäischen Philosophie aus diametral entgegengesetzten Lehren – Doktrinen der Bevormundung und des Staatssozialismus. Die Annahme dieser Ideen hätte die Zerstörung der Selbstregierung durch seine Zentralisation der Regierung bedeutet. Sie hätte die Unterminierung der individuellen Initiative und Unternehmungslust bedeutet, durch die unser Volk zu beispielloser Größe herangewachsen ist.

[...] Als die Republikanische Partei ganz an die Macht kam, ging sie sofort entschieden zurück auf unsere Grundkonzeption vom Staat und den Rechten und Verantwortlichen des Einzelnen. Dadurch stellte sie Vertrauen und Hoffnung beim amerikanischen Volk wieder her, sie befreite und stimulierte den Unternehmungsgeist, sie führte die Regierung zurück zu ihrer Position als Schiedsrichter statt Mitspieler im wirtschaftlichen Spiel. Aus diesen Gründen ist das amerikanische Volk vorwärtsgekommen, während die übrige Welt stehengeblieben ist und einige Länder sogar zurückgegangen sind ...

[...] Jeder Schritt zur Bürokratisierung des Geschäftslebens unseres Landes vergiftet die wahren Wurzeln des Liberalismus – d. h. politische Gleichheit, Redefreiheit, Versammlungsfreiheit, Pressefreiheit und Gleichheit der Chance. Es ist der Weg nicht zu größerer Freiheit sondern zu geringerer Freiheit. Der Liberalismus sollte nicht im Streben nach einer Ausbreitung der Bürokratie gefunden werden, sondern im Streben, ihr Grenzen zu setzen. Wahrer Liberalismus sucht alle legitime Freiheit zuerst in dem gläubigen Zutrauen, daß ohne solche Freiheit das Trachten nach allen anderen Segnungen und Wohltaten eitel ist. Dieser Glaube ist die Grundlage allen amerikanischen Fortschritts, des politischen wie des wirtschaftlichen.

Liberalismus ist wahrlich eine Kraft des Geistes, eine Kraft, die ausgeht von der tiefen Erkenntnis, daß die wirtschaftliche Freiheit nicht hingeopfert werden darf, wenn die politische Freiheit bewahrt werden soll. Selbst wenn eine Führung der Geschäfte durch die Regierung uns mehr anstatt weniger Leistungsfähigkeit brächte, bliebe der grundlegende Einwand dagegen unverändert und ungeschwächt. Sie würde die politische Gleichheit vernichten. Sie würde Mißbrauch und Korruption eher vermehren als vermindern. Sie würde Initiative und Erfindungsgeist ersticken. Sie würde die Entfaltung von Führertum unterminieren. Sie würde die seelischen und geistigen Energien unseres Volkes verkümmern und verkrüppeln. Sie würde Gleichheit und Chance auslöschen. Sie würden den Geist der Freiheit und des Fortschritts auftrocknen. Aus diesen Gründen in erster Linie muß ihr widerstanden werden. Seit 150 Jahren hat der Liberalismus seinen wahren Geist im amerikanischen System, nicht in den europäischen Systemen gefunden.

[…]

Wir sind heute dem Ideal der Verbannung von Armut und Furcht aus dem Leben von Männern und Frauen näher gekommen als jemals zuvor in irgendeinem Land. Und ich wiederhole noch einmal, daß jedes Abgehen von unserem amerikanischen System durch Injektion ihm verderblicher Prinzipien, die unsere Gegner vorschlagen, gerade die Freiheit und das Freisein unseres Volkes gefährden, die Gleichheit der Chance vernichten werden, nicht allein für uns selbst sondern auch für unsere Kinder.

(The People Shall Judge. Readings in the Formation of American Policy, selected and edited by the Staff, Social Sciences I, The college of the University of Chicago, 2 vols., Chicago 1949, II, S. 438–441; zitiert nach und leicht gekürzt aus: Angermann, Erich: Die Vereinigten Staaten von Amerika als Weltmacht. Innen- und außenpolitische Entwicklungen seit 1917, Tempora, Quellen zur Geschichte und Politik Sekundarstufe II/Kollegstufe, Stuttgart: Klett 1987, S. 25–29.)

M 2: Hooverismus

Im Verlauf der Präsidentschaft Hoovers kamen in den USA einige populäre umgangssprachliche Wendungen in Verbindung mit Herbert Hoover auf („Hooverisms"), die sowohl das Ergebnis seiner Politik als auch die sozioökonomische Situation in den USA zu Beginn der 1930er-Jahre charakterisieren sollten:

- Hoover blanket (Zeitungspapier, mit dem sich Obdachlose unter den Brücken zudecken)
- Hoover flag (nach außen gekrempelte Hosentasche, Sinnbild verzweifelter Armut)
- Hoover wagon (Auto, dem schon lange das Benzin ausgegangen ist und das von einem Pferd gezogen wird)
- Hoovervilles (Armenviertel mit „Häusern" aus Wellblech und Pappe)

(Sammlung gefunden unter http://xroads.virginia.edu/~MA04/hess/Slang/Hooverisms.html; letzter Zugriff: 12. 05. 2011.)

Erläuterungen und Bearbeitungshinweise

Die Übungsaufgabe bezieht sich auf den thematischen Schwerpunkt 3 „Wirtschafts- und Sozialgeschichte der USA von der Industrialisierung bis zum New Deal – Erfolge und Krisen einer Freien Marktwirtschaft" und verbindet die verbindlichen Unterrichtsinhalte „Der freie Markt und seine Folgen" und „Die USA in der Weltwirtschaftskrise" mit der Schwerpunktsetzung „Soziale und wirtschaftliche Folgen" und „Strategien der Krisenbewältigung". Aufgabe 3 bildet den Semesterübergriff und bezieht sich auf den thematischen Schwerpunkt 2 „Europa an der Schwelle zur Neuzeit"; dabei wird insbesondere der thematische Aspekt „Frühkapitalismus" berücksichtigt.
Leitprobleme der Aufgabe sind besonders die Aspekte „Mensch und Gesellschaft" und „Menschenbild und Weltdeutung". Im Vordergrund stehen die politische und vor allem die wirtschafts- und sozialgeschichtliche Dimension historischer Forschung.

Mögliche Gewichtung der Teilaufgaben

Teilaufgabe	überwiegend Anforderungsbereich	Gewichtung in Prozent
1	I	30
2	II	40
3	III	30

Lösungsvorschläge

1. *Die Aufgabenstellung zielt darauf ab, dass Sie den Quelleninhalt auf einen bestimmten Aspekt hin kompakt und sprachlich distanziert und eigenständig wiedergeben (AFB I). Sie gibt durch den konkreten Hinweis auf die Wirtschaftspolitik bereits einen „roten Faden" für die Struktur der Zusammenfassung vor, der unwesentliche Aspekte automatisch ausklammert. Die Zusammenfassung muss in eigenen Worten und ohne längere Zitate erfolgen, lediglich besondere Schlüssel- und Fachbegriffe sollten mit Zeilenangaben versehen in den eigenen Text einfließen (z. B. „rugged individualism", Z. 25). Gerade aufgrund der Kontroversität der Aussagen ist besonders auf den Einsatz sprachlicher Mittel zur Distanzwahrung zu achten (treffende Verwendung von Sprechaktverben wie „Er fordert", „er stellt heraus", „er kritisiert" oder Gebrauch des Konjunktivs). Neben den üblichen Angaben zur Quelle (Textsorte, Ort/Zeit, möglicher Adressat) verlangt die Aufgabenstellung zudem eine fundierte Quellenkritik, die auf den öffentlichen Charakter des Textes, die propagandistische Wortwahl, die besondere Stellung des Verfassers und den Zeitpunkt der Veröffentlichung kurz eingehen sollte. Eine kurze treffende Einleitung in die Thematik der Klausur wird zwar nicht zwingend vorausgesetzt, kann aber den positiven Gesamteindruck hinsichtlich Kontextverständnis und Leserfreundlichkeit unterstützen.*

   Die globale Finanzkrise, die 2008 von den USA ausging, hat das Interesse an wirtschaftsgeschichtlichen Fragestellungen, besonders im Hinblick auf Anspruch und Wirklichkeit der kapitalistischen Marktwirtschaft, befördert. Gerade aus dem Vergleich mit der Weltwirtschaftskrise von 1929 erhoffen sich Ökonomen und Historiker weiterführende Erkenntnisse über Ursachen, Anlass, Verlauf und Folgen von Wirtschaftskrisen. Insbesondere sind **US-amerikanische Quellen aus den 1920er-Jahren** für die Kontextualisierung der Wirtschaftskrise von 1929 von großem Wert. Bei dem vorliegenden Dokument handelt es sich um solch eine **Primärquelle**, welche **ein Jahr vor den New Yorker Kursstürzen veröffentlicht** wurde und Einblick in das damalige wirtschaftspolitische Denken der politisch Handelnden gibt.

   Die Quelle M 1 ist eine **öffentliche Rede** des damaligen **republikanischen Präsidentschaftskandidaten** Herbert Hoover, die er am 22. Oktober 1928 in New York im Rahmen seiner **Wahlkampfkampagne** wahrscheinlich vor seinen Parteianhängern hielt. Hoover konnte sich bei der Wahl tatsächlich gegen seinen demokratischen Gegner durchsetzen, wurde im November 1928 zum Präsidenten gewählt und hielt das Amt während der Weltwirtschaftskrise **bis 1933** inne. In seiner **wirtschaftspolitischen Grundsatzrede** legt er dar, warum es auch unter seiner möglichen Präsidentschaft zwingend notwendig sei, am historisch gewachsenen „**Amerikanische[n] System**" (Z. 3) in Politik und Wirtschaft festzuhalten und nicht den Weg zu einem für ihn als desaströs erklärten europäischen „Staatssozialismus" einzuschlagen. Diese Forderung unterbreitet er seinem Publikum in einer **für Wahlkampfreden typischen propagandistischen und appellativen Wortwahl** („unser ganzes Volk", (Z. 18); „beispiellose Größe", (Z. 30). Aufgrund der hohen politischen **Position des Verfassers** als republikanischer Präsidentschaftskandidat und des speziellen Charakters der öffentlichen Rede ist somit **Vorsicht** geboten, wenn Hoover auf geschichtliche und zukunftsverweisende Notwendigkeiten in der amerikanischen Wirtschaftspolitik verweist.

Seiner Meinung nach garantiere nur das „**Amerikanische System**" materielles Glück, Freiheit und wirtschaftlichen Erfolg. Das „Amerikanische System" definiert Hoover vor allem in Abgrenzung zu „Staatssozialismus". Für Hoover bedeutet eine sinnvolle Wirtschaftspolitik die **Abkehr von jeglicher Reglementierung und Bürokratisierung**. Er stellt im „Amerikanischen System" besonders die Möglichkeiten der individuellen Freiheiten und die Chancengleichheit heraus, die erfolgreiches Wirtschaften erst generieren würden. Erst dadurch sei für Hoover ein „wahrer Liberalismus" gesichert (vgl. Z. 43 f.). Der Präsidentschaftskandidat **bekennt sich zu einem „rugged individualism**" (Z. 25), einem rauen, zügellosen Individualismus als Kennzeichen der amerikanischen Wirtschaftspolitik. Mit dieser Wirtschaftsauffassung **sieht sich Hoover in der Tradition der USA**. Kennzeichen dieser **unternehmerfreundlichen Politik** sei auch, dass die **Wirtschaftsinteressen des Landes über die politischen Belange** gestellt würden. Erst dadurch, so Hoover, könne Machtmissbrauch und Korruption verhindert und der **materielle Fortschritt garantiert** werden (z. 50 ff.). Der **Staat** ist in diesem von Hoover herausgestellten „Amerikanischen System" lediglich der **Vermittler** im wirtschaftlichen Ablauf, nur in Kriegszeiten könne ausnahmsweise von diesem Ideal abgewichen werden.

Hoover endet seine Rede mit der expliziten **Herausstellung der Erfolge der Republikaner**, die aufgrund der Anwendung dieses „Amerikanischen Systems" die **Armut nahezu abgeschafft** hätten. Er warnt am Schluss seine Zuhörer eindringlich davor, sich von dieser Tradition der amerikanischen Wirtschaftspolitik abzuwenden, da dies für die kommenden Generationen ein Verlust von Freiheit bedeuten würde.

Insgesamt gibt die Rede einen Einblick in die republikanische Philosophie der Wirtschaftspolitik, die einen starken Staat ablehnt und einen reinen Wirtschaftsliberalismus vertritt, hinter dem die Politik in ihrer Funktion als Vermittler zurücktritt.

2. *Die Aufgabenstellung fordert von Ihnen, die in Aufgabe 1 angesprochenen wirtschaftspolitischen Leitgedanken Hoovers in einen größeren Zusammenhang zu stellen. Dabei gilt es, einerseits geschichtlich gewachsene Kontinuitäten im wirtschaftspolitischen Denken Hoovers herauszustellen und diese mit Ihrem Hintergrundwissen über die USA seit Ende des 19. Jahrhunderts bis zum Ende der Präsidentschaft Hoovers zu verknüpfen und andererseits mithilfe geeigneter Beispiele auf Brüche in der traditionellen Wirtschaftspolitik hinzuweisen und diese mit Hoovers Gedanken in Beziehung zu setzen. Hierbei ist wichtig, dass Sie gezielt die Rede (M 1) mit den Folgen (M 2) verknüpfen. Dabei sollten Sie auch auf nachfolgende Veränderungen in der Wirtschafts- und Sozialpolitik (New Deal) eingehen. Die Ausführungen verlangen vornehmlich eine Verknüpfung von Kenntnissen, immer mit Blick auf das gegebene Material, also überwiegend Leistungen aus dem AFB II.*

Hoover führt in seiner 1928 gehaltenen Rede die **Erfolge** der amerikanischen Wirtschaft und die Fortschritte in der **Reduzierung der Armut** auf die Prinzipien des „Amerikanischen Systems“ zurück, welches im Wesentlichen ein **freies Unternehmertum**, die **Durchsetzung individueller Interessen** und eine **liberale Wirtschaftspolitik** vorsieht. Diese wirtschaftspolitische Auffassung spiegelt einerseits die **republikanischen Leitlinien** der damaligen Zeit wider, sie ist aber auch eng verknüpft mit der geschichtlich gewachsenen **Vorstellung der „rücksichtslosen Individualität“** (vgl. „rugged individualism“, Z. 25), die seit der Gründung der USA und der Expansion nach Westen einen wichtigen Teil der **amerikanischen Identität** ausmacht und die Grundlage der **wirtschaftsliberalen Leitlinien** der meisten US-Regierungen seit dem 19. Jahrhundert bildet. Die liberalen Vorstellungen des „**American Dream**“ und „**American Way of Life**“ wurden auch auf das Wirtschaftsleben übertragen. Im 19. Jahrhundert setzte sich eine an **Gewinnmaximierung und Innovationen** orientierte Wirtschaft mit dem Grundsatz eines „**freien Marktes**“ mit geringem staatlichen Einfluss und einem Minimum an staatlicher Sozialpolitik durch. Diese „**Marktrevolution**“ ließ zunächst den Lebensstandard der Bevölkerung steigen und schien die Ausrichtung auf eine wirtschaftsliberale Politik zu bestätigen, aber mit der zunehmenden **nationalen und internationalen Konkurrenz** und der Herausbildung der USA als **Einwanderungsland** Ende des 19. Jahrhunderts verschärften sich innere **soziale und wirtschaftliche Probleme**. Seit Ende des 19. Jahrhunderts entstand ein ungezügeltes **Wachstums- und Wettbewerbsdenken**, in dessen Folge sich große Unternehmen in **Trusts** zusammenschlossen und im Wesentlichen das Wirtschaftsleben in den USA lenkten (**Monopolbildung**, „**Big Business**“). Diese neue Schicht **kapitalkräftiger Unternehmer** (z. B. Rockefeller, Carnegie) übte auch Einfluss auf das Politikgeschehen aus. Weitverbreitete **Korruption** war die Folge, die US-Politik war in der öffentlichen Wahrnehmung Ende des 19. Jahrhunderts vor allem eine Interessenvertretung von Industrie und Banken. Auf **Kinderarbeit** und die **soziale Not der Arbeiter und Kleinunternehmer** wurde politisch nicht reagiert.

Die **Kritik an den wirtschaftlichen und sozialen Missständen** ging nicht von den Politikern selbst aus, sondern von Journalisten und Schriftstellern (z. B. Mark Twains „Gilded Age"). Der Kongress reagierte schließlich 1890 mit dem „**Sherman Antitrust Act**", der die Schaffung von Monopolen und Kartellabsprachen verbot und sich für kleinere Unternehmen starkmachte. **US-Präsident Theodore Roosevelt** (Präsident von 1901 bis 1909) wich als erster Präsident von den Leitlinien des „Amerikanischen Systems" ab und schränkte die Macht der Monopole ein. Er schloss sich dem **wirtschaftskritischen Progressive-Movement** an und ließ sich für die Progressive Party aufstellen, um weitere **staatlich initiierte Reformvorhaben** durchzusetzen. So verlangte er, ganz entgegengesetzt zu Hoover und den klassischen wirtschaftsliberalen Vorstellungen, eine starke Zentralregierung und die Einführung einer **Arbeits- und Sozialversicherung**, um die schlechte soziale Lage der Bevölkerung zu verbessern. Die liberale Wirtschafts- und Sozialordnung wurde aber dadurch nicht grundsätzlich infrage gestellt.

Nach dem Ersten Weltkrieg kehrte die Politik erneut zu ihrer traditionellen **Rolle als „Nachtwächter" und Vermittler** zurück und enthielt sich weitgehend wirtschaftlicher und sozialpolitischer Eingriffe. Hoovers Auffassungen sind geprägt von dem **Wirtschaftsaufschwung** in den USA nach dem Ersten Weltkrieg. Die republikanische unternehmerfreundliche Wirtschaftspolitik hatte nach einer kurzen Krise 1920 zu einem **Konjunkturanstieg** und einer **Massenkonsumgesellschaft** geführt, die Ratenverkäufe und Kreditvergaben für die breite Masse ermöglichte und die Lage des Mittelstandes kurzfristig verbesserte. Die Arbeiterschaft blieb allerdings weitgehend vom wirtschaftlichen Aufschwung ausgeschlossen. Die traditionelle Politik des Heraushaltens aus Wirtschafts- und Sozialfragen hatte besonders drastische Folgen während der **Wirtschaftskrise**, die ab 1929 zunächst die USA erfasste. Hoover rückte von seinen in der Rede deutlich werdenden Leitprinzipien zunächst nicht ab und vertraute – ganz in der Tradition des Wirtschaftsliberalismus – auf die **Selbstheilungskräfte des Marktes**. Er konnte daher im Gegensatz zu Roosevelt keine Strategie zur Krisenbewältigung anbieten und schrieb die zunehmende Verelendung und Armut persönlichem Fehlverhalten zu. Die in dieser Zeit entstandenen „**Hooverisms**" (M 2) sind **Ausdruck dieser gescheiterten Sozialpolitik**. Viele Amerikaner verloren das Vertrauen in das „Amerikanische System" und in die liberale Vorstellung vom „freien Markt". Hoovers Nachfolger **Franklin D. Roosevelt** leitete mit seiner **Politik des New Deal** einen Systemwandel gegenüber den klassischen Grundsätzen des Wirtschaftsliberalismus ein. Daher kann man erst nach Hoover, ab 1933, eine wirkliche Zäsur in der Wirtschaftspolitik ausmachen, die sich in einer Abkehr vom „Nachtwächterstaat" und einer Hinwendung der USA zum **Sozialstaat** bemerkbar machte (z. B. „National Labour Relations Act" oder „**Social Security Act**", Invaliden- und Arbeitslosenversicherung, 1935).

Hoovers Rede von 1928 dokumentiert somit einen wahlkampfmotivierten wirtschaftsliberalen Fortschrittsglauben, dessen **Krisenanfälligkeit** von dem Redner nicht gesehen werden wollte oder konnte.

3. *Mit dieser Teilaufgabe erfolgt der Semesterübergriff zum thematischen Schwerpunkt „Europa an der Schwelle zur Neuzeit". Der Operator „beurteilen" verlangt hier konkret, auf Grundlage Ihrer bisherigen Arbeitsergebnisse und Ihres Wissens aus dem Unterricht zu überprüfen, ob diese Leitvorstellungen auch im Zeitraum um 1500 in Europa wiederzufinden sind. Hier müssen Sie kriterienorientiert und strukturiert vorgehen, um am Schluss zu einem begründeten Sachurteil zur Beantwortung der Aufgabenfrage zu gelangen (AFB III). Dabei könnten Sie sich an dem Kernbegriff „rugged individualism" orientieren und Vergleichspunkte zu Europa um 1500 hinsichtlich des wirtschaftlichen Denkens, des Verhältnisses Wirtschaft – Politik und der Kritiker des Wirtschaftssystems heranziehen. Sinnvoll sind direkte Bezüge auf Einzelaussagen aus M 1, die bereits den Vergleich Europa-Amerika ansprechen. Diese könnten Sie in Ihrer Einleitung als Untersuchungsfrage nutzen.*

Hoover spricht sich in seiner Rede vehement für die Erhaltung des „Amerikanischen Systems" aus. Seiner Meinung nach liegen die Wurzeln des wirtschaftlichen Liberalismus seit 150 Jahren „im amerikanischen System" und nicht in Europa (Z. 59 f.). Weltgeschichtlich spricht er nur den USA – unter Führung der Republikaner – die Rolle eines auf einen starken Individualismus und Kapitalismus gegründeten politischen Systems zu, in dem das ökonomische Erfolgsdenken dominiere und der Staat idealerweise nicht in das Wirtschaften eingreife. Hat Hoover mit seiner Darstellung der **Sonderrolle der USA** recht oder lassen sich doch schon **historische Parallelen seiner Gedanken in Europa um 1500** ausmachen, also zu jener Zeit, als die Europäer Amerika „entdeckten"?

Ein direkter Vergleich der wirtschaftspolitischen Grundsätze des Republikaners Hoover mit der Wirtschaftspolitik europäischer Machthaber um 1500 ist nicht möglich und wäre vor dem Hintergrund der Entwicklung der kapitalistischen, auf Massenkonsum ausgerichteten Industriegesellschaft der USA im 19. Jahrhundert ahistorisch gedacht. Es lassen sich aber mit Einschränkungen **Anknüpfungspunkte im veränderten wirtschaftlichen Denken, im Verhältnis Wirtschaft – Politik und im kritischen Bewusstsein der Wirtschaftspraktiken** ausmachen.

Viele europäische Regionen befanden sich um 1500 in einer **Umbruchphase**, in der sich die über Jahrhunderte gefestigte Dreiständeordnung, die jedem Menschen seinen Platz in der Gesellschaft von Geburt an zugewiesen hatte, zu lockern begann. Dieser **Wandel ging besonders von Oberitalien aus**, wo aufgrund der geografischen und historisch gewachsenen mediterranen Sonderposition wichtige See- und Handelsstädte entstanden (z. B. Venedig und Florenz), in denen sich ein **wohlhabendes Bürgertum (Patriziat)** herausbildete, das schon früh **wirtschaftliche Handelsinteressen** im Bezug auf Kreuzfahrerstaaten und arabische Nachbarn verfolgte. Im Gegensatz zu anderen europäischen Regionen war hier das Zunftwesen nicht **streng ausgeprägt und reglementiert** und **wirtschaftliches Konkurrenzdenken** galt nicht per se als unmoralisch. Die zunehmende wirtschaftliche Vernetzung mit anderen Mittelmeerregionen lief parallel zu dem Aufkommen revolutionärer humanistischer Ideen einer Bildungselite (**Humanismus**), die das **menschliche Individuum und die Orientierung am diesseitigen Geschehen in den Mittelpunkt** stellte und nicht mehr Gott/die christliche Kirche und den Jenseitsglauben. Ähnlich, wie Hoover 1928 also die uneingeschränkte Macht des Individuums zur Erhaltung der „Initiative und Unternehmungslust“ (Z. 29) forderte, propagierten Humanisten in Europa um 1500 (Oberitalien als Sonderrolle) eine Hinwendung zum **Individualismus**, den damalige politische Machthaber und Wirtschaftsvertreter (**Großkaufleute**) zu praktizieren begannen. Hier finden sich somit durchaus europäische Wurzeln im Denken Hoovers wieder.

Neben der Propagierung des wirtschaftlich denkenden Individuums in Form der Großkaufleute finden in Europa um 1500 auch Beispiele für die enge **Verzahnung von Politik und Wirtschaft**, in der sich politische Machthaber der Wirtschaft untergeordnet haben. Dies lässt sich an der machtvollen Stellung der oberitalienischen oder süddeutschen Handelshäuser um 1500 zeigen. Die **Medici** waren Bank-, Handelshaus und politische Macht in einem. Sie vergaben Kredite an europäische Kaiser und Landesfürsten und setzten sich über (kirchen-)politische Verbote wie das Zinsverbot hinweg. Im süddeutschen Raum nahm das **Handelshaus Fugger** eine monopolartige Stellung im Bergbau ein, die Habsburger profitierten stark von ihren wirtschaftlichen Verbindungen zu den Fuggern. Zwar war eine enge Verbindung der Handelshäuser zu wichtigen europäischen Machthabern entscheidend, doch zeigen frühe Monopolbildungen, finanzielle Machtausübung bei der Kreditvergabe und das Hinwegsetzen über kirchliche Moralvorstellungen, wie dominierend der „rugged individualism“ der damaligen Handelshäuser und Großkaufleute in Europa schon um 1500 sein konnte. Historiker haben aus diesen Gründen diese Epoche in Europa als „**Frühkapitalismus**“ bezeichnet, da statisch-feudale Beziehungen gelockert wurden, die Vorstellungen von **Privateigentum** und **individueller Profitmaximierung** verstärkt aufkamen und „Initiative und Erfindungsgeist“ (Hoover, Z. 54) in einer wohlhabenden Kaufmannselite bedeutsam wurden. Dieses frühkapitalistische Denken emanzipierte somit einen Teil der europäischen Bevölkerung von der starren mittelalterlichen Ordnung und brachte ihm so etwas wie politische und wirtschaftliche Freiheit – ähnlich wie Hoover das 1928 für die amerikanische Geschichte und Zukunft ausmachte. Zudem brachte das Primat der Wirtschaft im Frühkapitalismus ähnliche **soziale Nachteile und Kritik** mit sich wie Theorie und Praxis des „Amerikanischen Systems“ im Hooverschen Sinne. Politische Machthaber banden sich auch um 1500 zu eng an die Wirtschaft, **wirtschaftliche Krisen** führten bei den großen Handelsgesellschaften zu **finanziellen Zusammenbrüchen**. Die Monopolbildung schloss Handwerker und Kleinadel aus, das Unterbinden der Preispolitik machte selbst Kaiser von den Anleihen der Großkaufleute abhängig. Es kam zu ähnlichen staatlichen Versuchen, sich gegen die Dominanz der Wirtschaft zu wehren, wie dies US-Politiker mit der **Antitrustgesetzgebung** vor dem Ersten Weltkrieg versuchten: **Reichsstände** versuchten zum Beispiel im 16. Jahrhundert dem großkaufmännischen Treiben und der Monopolbildung einen Riegel vorzuschieben, Kirchenvertreter (z. B. **Luther**) wetterten entschieden gegen Kaufleute und deren Profitgedanken.

Zusammenfassend lässt sich sagen, dass sich Grundzüge von Hoovers Gedanken und deren Folgen in einem in Europa um 1500 aufkommenden frühkapitalistischen, auf Gewinn ausgerichteten Denken durchaus wiederfinden. Hoovers Wahlkampfrhetorik von *dem* „Amerikanischen System" als in der Geschichte singuläre Erscheinung ist somit nur mit Einschränkungen sachlich richtig. Der Vergleich mit dem frühkapitalistischen Europa um 1500 verdeutlicht generell die **Erfolge**, aber auch die **Krisenanfälligkeit** und den **sozialfeindlichen Charakter** eines an einem „rugged individualism" ausgerichteten **Kapitalismus**. Erst im 19. Jahrhundert setzte sich in einigen europäischen Staaten im Zusammenhang mit der Entstehung der Arbeiterbewegung eine **Sozialgesetzgebung** durch, die **neue sozialistische und kommunistische Ideen** eindämmen sollte. Diese „europäische" Bewegung war in den USA kaum aufgetreten, was auch dazu führte, dass das **soziale Elend der Wirtschaftskrise** durch einen Präsidenten Hoover zunächst nicht aufgefangen werden konnte.

Niedersachsen – Erhöhtes Anforderungsniveau Geschichte
Übungsaufgabe 4

Thematischer Schwerpunkt 3: Zusammenbruch der DDR und deutsche Einheit

Thema: Gorbatschows „Perestroika" und die SED-Führung

Aufgabenstellung

1. Fassen Sie, nach einer kurzen quellenkritischen Einführung, die Grundpositionen Gorbatschows zur „Perestroika", wie er sie in seinem gleichnamigen Buch aus dem Jahre 1987 entwickelt hat, zusammen (M 1).

2. Arbeiten Sie wesentliche Unterschiede zwischen Gorbatschows Grundpositionen, die er in seinem programmatischen Werk „Perestroika" 1987 veröffentlichte (M 1), und den Grundpositionen der SED, wie sie im Schulbuch „Staatsbürgerkunde – Klasse 10", veröffentlicht im Frühjahr 1989 (Redaktionsschluss 8.12.1988), deutlich werden (M 2), heraus.

3. Analysieren Sie, inwiefern die unterschiedlichen Positionen zwischen der sowjetischen Führung und dem SED-Regime die revolutionäre Entwicklung in der DDR im Jahre 1989 bis zum Mauerfall beeinflussten.

4. Das SED-Regime betrachtete neben der benachbarten Bundesrepublik Deutschland vor allem die USA als Erzfeind der kommunistischen Ideologie. Die Wirtschafts- und Sozialgeschichte der USA von der Industrialisierung bis zum New Deal ist neben großen Erfolgen auch von schweren Krisen geprägt.
   Entwickeln Sie, wie dem SED-Regime anhand dieser Geschichte Kritik an der Freien Marktwirtschaft möglich war. Beschränken Sie sich auf einige wesentliche Beispiele.

M 1: Michail Gorbatschow: Perestrojka (1987 in der Sowjetunion veröffentlicht)

Michail Gorbatschow (geb. 1931) wurde im März 1985 Generalsekretär der KPdSU, womit in der Sowjetunion ein Generationen- und Richtungswechsel eingeleitet wurde, der Staat, Wirtschaft und Gesellschaft modernisieren sollte. Im April 1985 stellte er seinen Reformplan dem ZK vor. 1987 veröffentlichte er sein Buch „Perestrojka" in der UdSSR, dessen Übersetzung 1989 in der Bundesrepublik erschien.

a) Beschreibung der Krise in der Sowjetunion

Perestroika ist eine unumgängliche Notwendigkeit, die aus den tiefer liegenden Entwicklungsprozessen in unserer sozialistischen Gesellschaft hervorgegangen ist. Diese Gesellschaft ist reif für eine Veränderung. Sie hat sich lange danach gesehnt. Jeder Aufschub der Perestroika hätte in naher Zukunft [...] eine ernste soziale, wirtschaftliche und politische Krise heraufbeschworen. [...]

Als wir die Situation analysierten, entdeckten wir als erstes ein rückläufiges ökonomisches Wachstum. In den letzten fünfzehn Jahren war die Wachstumsrate des Nationaleinkommens um mehr als die Hälfte zurückgegangen, und seit Beginn der achtziger Jahre verharrte sie auf einem fast stagnierenden Niveau. [...]

Die Dynamik des Bruttowachstums wurde, vor allem in der Schwerindustrie, zu einer Aufgabe von „höchster Priorität" und zum bloßen Selbstzweck. [...] Der Arbeiter oder der Betrieb, der am meisten Arbeitskraft, Material und Geld verbrauchte, galt einfach als der beste. Dabei ist es nur natürlich, wenn der Produzent den Konsumenten „zufrieden stellen" will, wenn ich einmal so sagen darf. Bei uns jedoch war der Konsument völlig der Gnade des Produzenten ausgeliefert und musste mit dem zurechtkommen, was letzterer ihm zu liefern beliebte. [...]

Politisches Kokettieren und massenhafte Vergabe von Auszeichnungen, Titeln und Prämien drängten oft die ehrliche Sorge um die Menschen, ihre Lebens- und Arbeitsbedingungen und die Verbesserung des sozialen Klimas in den Hintergrund. Es entstand ein Klima, in dem alles entschuldigt wurde. [...] Gleichzeitig unternahm man Versuche, dies alles zu bemänteln: mit pompösen Kampagnen, Veranstaltungen und Feiern anlässlich unzähliger Jubiläen [...]. Die Welt des Alltags und die Welt des vorgetäuschten Wohlstandes klafften immer weiter auseinander. [...]

b) Perestroika und Glasnost

Perestroika bedeutet, die stagnierenden Prozesse zu überwinden. [...] Entwicklung der Demokratie auf breiter Basis, sozialistische Selbstverwaltung [...], ein Höchstmaß an Achtung des Individuums und Wahrung seiner persönlichen Würde [...]. Intensivierung der gesamten sowjetischen Wirtschaft, Wiedereinführung und Entwicklung der Prinzipien des demokratischen Zentralismus bei der Führung der Volkswirtschaft, generelle Einführung ökonomischer Methoden [...], entschiedene Hinwendung zu wissenschaftlichen Methoden [...], vorrangige Entwicklung des sozialen Bereichs mit dem Ziel, die Bedürfnisse des sowjetischen Volkes nach guten Lebens- und Arbeitsbedingungen, nach Erholung, Bildung und medizinischer Versorgung immer besser zu befriedigen [...], Befreiung der Gesellschaft von Verzerrungen der sozialistischen Ethik und konsequente Verwirklichung der Prinzipien sozialistischer Gerechtigkeit. Sie bedeutet ferner Einheit von Wort und Tat, von Rechten und Pflichten. Sie bedeutet Wertschätzung ehrlicher, in guter Qualität ausgeführter Arbeit sowie Überwindung gleichmacherischer Tendenzen in Entlohnung und Konsum.

Zweifellos ist eine entscheidende Beschleunigung der sozialökonomischen und kulturellen Entwicklung der sowjetischen Gesellschaft, die mit einschneidenden Veränderungen auf einen qualitativ neuen Staat hinzielt, in der Tat eine revolutionäre Aufgabe [...].

Die Perestroika trifft diejenigen am härtesten, die sich daran gewöhnt haben, in alter Manier weiterzuarbeiten. Wir haben keine politische Opposition, doch das bedeutet nicht, dass es nicht zu Konfrontationen mit denen kommt, die, aus verschiedenen Gründen, nicht für die Perestroika sind. Wahrscheinlich wird jeder im ersten Stadium der Perestroika Opfer zu bringen haben, aber einige werden für immer Privilegien und Sonderrechte aufgeben müssen. [...] Die neue Atmosphäre kommt vielleicht am deutlichsten in Glasnost zum Ausdruck. Wir wollen Offenheit in allen öffentlichen Angelegenheiten. [...]

Glasnost ist heute ein lebendiges Beispiel für eine gesunde, positive geistige und moralische Atmosphäre in der Gesellschaft, die es dem Volk leichter macht zu verstehen, was bei uns geschieht [...], und [das Volk motiviert,] auf der Grundlage dieses Verstehens bewusst an der Umgestaltung mitzuwirken. [...]

Lenins Gedanke, die wirksamste und modernste Form zu finden, das gesellschaftliche Eigentum und das individuelle Interesse miteinander zu verschmelzen, ist das Fundament unserer Versuche und unseres Konzepts für eine grundlegende Umwandlung der Wirtschaftsführung. [...]

c) Außenpolitische Folgerungen

Sicherheit kann nicht mehr durch militärische Mittel hergestellt werden. [...] Da das Wettrüsten riesige Ressourcen von anderen, vordringlichen Projekten abzieht, wird dadurch der Grad der Sicherheit herabgesetzt [...]. Der einzige Weg zur Sicherheit ist der der politischen Entscheidung und der Abrüstung. [...]

Wichtigste Rahmenbedingung der politischen Beziehungen zwischen den sozialistischen Staaten muss die absolute Unabhängigkeit dieser Staaten sein. [...] Die Unabhängigkeit jeder Partei [und] ihr souveränes Recht, über die Probleme des betreffenden Landes zu entscheiden [...], sind Prinzipien, die über jede Diskussion erhaben sind. [...] Eine koordinierte Außenpolitik unserer Staaten [kann] nur dann wirksam werden, wenn auf den Beitrag jedes einzelnen Landes zur gemeinsamen Sache gebührend Rücksicht genommen wird.

Als ich [...] über die gemeinsamen Wurzeln dieser so vielgestaltigen, doch im Wesentlichen gemeinsamen europäischen Kultur nachdachte, wurde ich mir in zunehmendem Maße der Künstlichkeit und Zeitweiligkeit der gegenwärtigen Konfrontation der Blöcke und der veralteten Vorstellung vom Eisernen Vorhang bewusst. Möglicherweise kam mir auf diesem Weg die Idee des gemeinsamen europäischen Hauses in den Sinn [...].

(Michail Gorbatschow, Perestrojka. Übersetzt von Reiner Pfleiderer, Wolfram Stroele und Gabriele Burkhardt, München: Droemer 1989 (Auszüge aus den Seiten 17–253.)

M 2: Der sozialistische Staat und die führende Rolle der SED, 1988/89

In der DDR wurde mit Beginn des Schuljahres 1989/90 „Staatsbürgerkunde 10" als Standardlehrbuch für das Fach „Staatsbürgerkunde" in den 10. Klassen eingeführt. Die Bearbeitung des Buches wurde von dem „Autorenkollektiv", das der „Akademie für Gesellschaftswissenschaften beim Zentralkomitee der SED" unterstand, am 8. 12. 1988 abgeschlossen.

Mit dem Wesen des Sozialismus charakterisiert das ökonomische Grundgesetz des Sozialismus zugleich die prinzipiell neue Stellung des Menschen in dieser Gesellschaftsordnung. Er steht als Produzent, als Eigentümer der wichtigsten Produktionsmittel und als Träger der Staatsmacht im doppelten Sinne im Mittelpunkt der sozialistischen Gesellschaft. Alles geschieht zu seinem Wohl und alles geschieht durch ihn, durch seine verantwortungsvolle Tätigkeit.

An die Stelle der Anarchie der Produktion im Kapitalismus tritt im Sozialismus, wie Friedrich Engels voraussah, eine gesellschaftlich-planmäßige Regelung der Produktion nach den Bedürfnissen der Gesamtheit wie jedes Einzelnen. (Friedrich Engels: Herrn Eugen Dührings Umwälzung der Wissenschaft. In: Karl Marx, Friedrich Engels: Werke, Bd. 20. Berlin [Ost] 1962. S. 261.)

Die Menschen überlassen im Sozialismus Produktion und Austausch nicht mehr dem Konkurrenzkampf gegeneinander, sondern regeln sie direkt durch die bewusste Ausnutzung der ökonomischen Gesetze. Nur so kann zum Beispiel das ökonomische Grundgesetz des Sozialismus verwirklicht werden. Von allein erhöht sich das Lebensniveau der Menschen ebenso wenig, wie die wirtschaftliche Leistungsfähigkeit steigt. Deshalb bedarf es im Sozialismus bewussten, zielgerichteten Handelns und damit der **führenden Rolle der Partei der Arbeiterklasse** wie der **leitenden und planenden Tätigkeit des sozialistischen Staates** auch in der Wirtschaft. Als bewusster und organisierter Vortrupp der Arbeiterklasse und aller Werktätigen, zugleich mitgliederstärkste und einflussreichste Partei ist die SED in der Lage, im breiten Bündnis mit allen Parteien und gesellschaftlichen Organisationen der DDR die vielfältigen Interessen der Menschen in eine gesamtgesellschaftliche strategische Orientierung umzusetzen und die Massen selbst zu ihrer Verwirklichung und damit zur Realisierung ihrer eigenen Interessen zu mobilisieren.

Bei der Ausarbeitung ihrer Wirtschaftspolitik ging und geht die SED von einer genauen Analyse der jeweiligen konkret-historischen Bedingungen aus, unter denen die ökonomischen Gesetze des Sozialismus wirken.

Heutzutage wächst in der gesamten Gesellschaft die Verantwortung, entsprechend den großen Möglichkeiten der sozialistischen Planwirtschaft rechtzeitig auf neue Entwicklungstendenzen der Produktivkräfte zu reagieren, zumal die Entwicklung von Wissenschaft und Technik durch hohe Dynamik gekennzeichnet ist und sich die Konkurrenz auf dem Weltmarkt rapide verschärft hat.

(Autorenkollektiv unter Leitung von Otto Reinhold, Akademie für Gesellschaftswissenschaften beim ZK der SED: Staatsbürgerkunde – Klasse 10. Redaktionsschluss 8. 12. 1988, Berlin (Ost) 1989. S. 68 f.)

Erläuterungen und Bearbeitungshinweise

Die Aufgabenstellung bezieht sich hauptsächlich auf das Kurshalbjahr mit dem thematischen Schwerpunkt 1 „Zusammenbruch der DDR und deutsche Einheit" und auf dessen verbindlichen Unterrichtsinhalt „Die Krise der 80er Jahre", hier insbesondere auf den Aspekt „Umgang mit Perestroika und den Umbrüchen im Ostblock".
Die 4. Teilaufgabe bezieht sich darüber hinaus auf das Kurshalbjahr mit dem thematischen Schwerpunkt 3 „Wirtschafts- und Sozialgeschichte der USA von der Industrialisierung bis zum New Deal – Erfolge und Krisen einer Freien Marktwirtschaft". Konkret wird hier auf folgende verbindliche Unterrichtsinhalte zurückgegriffen: erstens auf „Der freie Markt und seine Folgen" mit den beiden Unterthemen „Big Business, Trusts und andere Formen der Monopolbildung" sowie „Die Lage der arbeitenden Bevölkerung" und zweitens auf „Die USA in der Weltwirtschaftskrise" mit dem Unterthema „soziale und wirtschaftliche Folgen".
Leitprobleme der Aufgabe sind „Herrschaft und Freiheit" sowie „Menschenbild und Weltdeutung". Als Dimensionen historischer Forschung stehen die Politikgeschichte sowie die Wirtschafts- und Sozialgeschichte im Vordergrund.

Mögliche Gewichtung der Teilaufgaben

Teilaufgabe	überwiegend Anforderungsbereich	Gewichtung in Prozent
1	I	25
2	II	25
3	II	25
4	III	25

Lösungsvorschläge

1. *Einleitend ist die Quelle zu bestimmen: Verfasser, Textsorte bzw. Quellenart, Herkunft der Quelle (Erscheinungsort und -jahr), Adressat und die Intention des Verfassers, Thema; auf den Kontext der Quelle ist kurz kritisch hinzuweisen.*
Eine gute Einleitung in den Gesamtaufsatz sollte die weiterführende Analyse bereits in den Horizont der fiktiven Leserinnen und Leser rücken. Auf das Untersuchungsziel des Aufsatzes ist hinzuweisen.
Der Inhalt der Quelle ist sprachlich und gedanklich eigenständig wiederzugeben, die Informationen sind abstrahierend und strukturiert zusammenzufassen. Dabei muss die Distanz zum berichteten Inhalt durch die Verwendung des Konjunktivs bzw. entsprechender Ersatzformen deutlich gewahrt werden (AFB I).

Im Jahre 1985 wählte die Führung der KPdSU **Michail Gorbatschow** zum Generalsekretär der Partei. Damit wurde nicht nur ein **Generationenwechsel** in der Parteiführung vollzogen, sondern auch ein **Richtungswechsel** eingeleitet, der die Sowjetunion modernisieren sollte. Die programmatische Neuausrichtung der

KPdSU ließ schnell **ideologische Differenzen** zu den anderen kommunistischen Führungen in den Ostblockstaaten erkennen, insbesondere auch zur Führung der SED. Welche wesentlichen Merkmale kennzeichneten diese neue Politik Gorbatschows und wie groß waren die ideologischen Differenzen zwischen den politischen Führungen in Moskau und Ostberlin?
Michail Gorbatschow stellte seine neue Politik in seinem **Buch „Perestroika"** vor, das 1987 in der Sowjetunion und in einer Übersetzung 1989 auch in der Bundesrepublik erschien. Es sollte die Partei und die Menschen in der Sowjetunion über die neue Politik informieren, zugleich aber auch für die „Perestroika" werben, wobei diese **appellative Funktion** neben der **informativen Absicht** dem Verfasser besonders wichtig war. Hintergrund dieser neuen Politik war eine politische und gesellschaftliche Erstarrung, welche die **notwendigen Modernisierungen** in der Sowjetunion bremste oder sogar verhinderte und die Sowjetunion in der ideologischen, vor allem aber auch in der wirtschaftlichen und technologischen Konkurrenz mit dem Westen weiter ins Hintertreffen geraten ließ.

Die Auszüge aus Gorbatschows Buch „Perestroika" sind in **drei Abschnitte** gegliedert. Im ersten beschreibt er die seinerzeit **gegenwärtige Krise** in der Sowjetunion. Die Modernisierung der sozialistischen Gesellschaft sei eine historische Notwendigkeit, wenn sie ausbleibe, werde eine tiefe Krise auf politischer, gesellschaftlicher und ökonomischer Ebene heraufbeschworen. Grund für die Notwendigkeit einer Modernisierung sei der **Rückgang des Wirtschaftswachstums** in den letzten 15 Jahren um über 50 Prozent; in den letzten sechs Jahren seien fast gar keine Steigerungen zu verzeichnen gewesen; zukünftig sei kein Zuwachs zu erwarten. Die Industrieproduktion habe Ressourcen rücksichtslos verbraucht; statt für den Output rationell zu arbeiten, sei eher der Betrieb ausgezeichnet worden, der am meisten Ressourcen verbraucht habe. Dabei hätten die Hersteller rücksichtslos an den Bedürfnissen der Endverbraucher vorbeiproduziert: Die Konsumenten hätten mit dem zufrieden sein müssen, was die Betriebe ihnen lieferten. Diese Fehlentwicklungen und Fehlleistungen seien propagandistisch vor allem durch Auszeichnungen, Jubiläen, Feiern und Prämien verdeckt und vertuscht worden. Die Differenz zwischen Propaganda und Wirklichkeit sei immer größer geworden.
Im zweiten Abschnitt definiert Gorbatschow die **Leitlinien seiner Modernisierungspolitik** mit den Begriffen **„Perestroika" und „Glasnost"**. „Perestroika" bedeute im Kern die Einführung des Leistungsprinzips auf politischer, gesellschaftlicher und ökonomischer Ebene. Die Beschreibung der Wirklichkeit müsse zukünftig mit ihr übereinstimmen. Reale Leistungen müssten besonders belohnt werden, was eine Abkehr von der bisherigen Gleichmacherei der Einkommen bedinge. Um dies erreichen zu können, fordert Gorbatschow eine Reihe von Maßnahmen: die Stärkung der Rechte und Würde des Individuums, eine Einführung bzw. Stärkung demokratischer Prinzipien auf allen Ebenen von Staat, Gesellschaft und Wirtschaft – verbunden mit einer stärkeren Selbstverwaltung – und eine Umorientierung der Wirtschaft nach den Prinzipien der Effizienz und Bedürfnisorientierung unter Berücksichtigung wissenschaftlicher Standards. Dadurch sollte

die Versorgung der Bevölkerung mit Produkten und Dienstleistungen in allen Bereichen qualitativ und quantitativ deutlich verbessert werden. Gorbatschow betrachtet diese Modernisierung der Sowjetunion als revolutionäre **Weiterentwicklung des Sozialismus**. Dabei rechnet er mit dem **Widerstand** vor allem bisher privilegierter Funktionäre, der aber zu brechen sei.
„Glasnost" bedeute, alle Prozesse in Politik, Wirtschaft und Gesellschaft **transparent** zu gestalten, sodass eine Atmosphäre entstehe, in der jedes Individuum motiviert werde und in der Lage dazu sei, sich und seine Fähigkeiten einzubringen, wodurch die Qualität der Prozesse deutlich gesteigert werden könne.
Im dritten Abschnitt entwickelt Gorbatschow die **außenpolitischen Ideen** seiner neuen Politik. Er fordert erstens, das Wettrüsten einzustellen und eine **Abrüstungspolitik** einzuleiten, weil die Hochrüstung die Sicherheitslage der Sowjetunion nicht steigere und ökonomisch unverantwortlich sei.
Zweitens fordert er die **Staaten des Warschauer Pakts** auf, zukünftig als mündige bzw. souveräne Partner der Sowjetunion zu agieren und miteinander zu kooperieren. Damit rückt er von der **Breschnew-Doktrin** ab und gestattet den Ostblockstaaten **eigenständige Entwicklungen**.
Drittens fordert er die **Beendigung des Ost-West-Konflikts** und die Aufhebung der Blöcke. Statt der Konfrontation wünscht er eine europäische Kooperation und entwirft in diesem Sinne die Vision eines „gemeinsamen europäischen Hauses".

2. *Überleitend ist zur Problemstellung der Teilaufgabe hinzuführen und die zweite Quelle (M 2) quellenkritisch vorzustellen.*
Der Operator „herausarbeiten" verlangt hier, die beiden Quellen auf vergleichbare Inhaltsbereiche hin zu untersuchen und nach diesen Aspekten gegliedert die inhaltlichen Unterschiede zwischen den Materialien zu erläutern.
Die Ergebnisse müssen selbstständig entwickelten Schlussfolgerungen entsprechen; sie sind jeweils zu begründen bzw. zu erklären und durch Zitate aus den Quellen oder durch historische Fakten zu belegen (AFB II).

Gorbatschows Reformpolitik mit den Schlagworten „Glasnost" und „Perestroika" fand im Ostblock nicht nur Freunde, obwohl die dortigen kommunistischen Regime erstmals das Recht erhielten, souverän von der KPdSU in ihren Staaten zu regieren (vgl. M 1, Z. 67 f.). Wie breit der ideologische Graben zwischen den Reformern der KPdSU und den konservativen Hardlinern in der SED geworden war, lässt sich exemplarisch durch den Vergleich zwischen den Auszügen aus Gorbatschows Buch „Perestroika" und dem DDR-Schulbuch „Staatsbürgerkunde – Klasse 10" (Redaktionsschluss im Dez. 1988) verdeutlichen. Der Schulbuchtext gibt **propagandistisch** die **ideologische Wunschvorstellung des SED-Regimes** wieder, zumal er von einem „Autorenkollektiv" verfasst wurde, das der Akademie für Gesellschaftswissenschaften beim Zentralkomitee der SED angehörte und damit Letzterem unterstand. Die Intention war vornehmlich **Manipulation:** Die Schülerinnen und Schüler sollten im Rahmen schulischer Aufsichts- und Kontrollmöglichkeiten auf die Linie der Partei eingeschworen werden.

Die Rolle des Staates bzw. der Partei bei der **Lenkung der Wirtschaft** sehen beide Seiten unterschiedlich. Während die SED unbeirrt an der staatlich gelenkten **Planwirtschaft** festhält, will im Gegensatz dazu Gorbatschow die wirtschaftliche Lenkung durch die Verbraucher in den Vordergrund stellen. Heißt es im DDR-Schulbuch: „Deshalb bedarf es im Sozialismus bewussten, zielgerichteten Handelns und damit der führenden Rolle der Partei der Arbeiterklasse wie der leitenden und planenden Tätigkeit des sozialistischen Staates auch in der Wirtschaft" (M 2, Z. 17 ff.) und wird an gleicher Stelle von „den großen Möglichkeiten der sozialistischen Planwirtschaft" gesprochen, „rechtzeitig auf neue Entwicklungstendenzen der Produktivkräfte zu reagieren" (M 2, Z. 30 f.), so kritisiert Gorbatschow: „Bei uns jedoch war der Konsument völlig der Gnade des Produzenten ausgeliefert [...]" (M 1, Z. 15 f.) und fordert die „generelle Einführung ökonomischer Methoden" (M 1, Z. 31) sowie die „Überwindung gleichmacherischer Tendenzen in Entlohnung und Konsum" (M 1, Z. 39), was deutlich auf die Einführung **marktwirtschaftlicher Prinzipien** hinweist, zumal er das „individuelle Interesse" (M 1, Z. 57) ausdrücklich betont und selbst von einer „grundlegende[n] Umwandlung der Wirtschaftsführung" (M 1, Z. 58 f.) spricht.

Das DDR-Regime will im Gegensatz zu Gorbatschow **keine ideologische bzw. politische Öffnung** zulassen. Im DDR-Schulbuch wird von dem „ökonomische[ ] Grundgesetz des Sozialismus" (M 2, Z. 1 f.) und – wie schon zitiert – von der „führenden Rolle der Partei der Arbeiterklasse" und der „leitenden und planenden Tätigkeit des sozialistischen Staates" (M 2, Z. 18 f.) gesprochen, wobei dies durch **Fettdruck** besonders hervorgehoben wird. Diese Diktion lässt weder Einschränkungen noch Widerspruch zu: Ein „Grundgesetz" steht sinnbildlich für ein unerschütterliches Fundament und die SED betont ausdrücklich die **Unanfechtbarkeit ihrer Herrschaftsposition**. Gorbatschow hingegen fordert die „Entwicklung der Demokratie auf breiter Basis, sozialistische Selbstverwaltung [...], ein Höchstmaß an Achtung des Individuums und Wahrung seiner persönlichen Würde" (M 1, Z. 26 ff.) und erstrebt eine „Entwicklung [...], die mit einschneidenden Veränderungen auf einen qualitativ neuen Staat hinzielt, in der Tat eine revolutionäre Aufgabe" (M 1, Z. 41 ff.). Er verlangt somit, die Herrschaftsverhältnisse des kommunistisch regierten Staates **im demokratischen Sinne aufzubrechen** und Individuen mit ihren Individualrechten gegenüber dem Staatsapparat Geltung zu verschaffen. Entsprechend kritisiert er diejenigen – und somit auch die SED-Dogmatiker –, die „in alter Manier weiterzuarbeiten" (M 1, Z. 44 f.) wünschten.

Während das DDR-Regime sich außenpolitisch scharf vom Westen abgrenzt, entwickelt Gorbatschow „die Idee des **gemeinsamen europäischen Hauses**" (M 1, Z. 76 f.). Die DDR propagiert ein **starres Feindbild** zwischen dem „Kapitalismus" und dem „Sozialismus" (M 2, Z. 7): Anhand der oben zitierten Positionen wird deutlich, dass die SED demokratische und marktwirtschaftliche Einflüsse im eigenen Staat nicht dulden wird und daher eine harte **Abgrenzung** vom damaligen Westen betreibt. Gorbatschow hingegen spricht vom „„Eisernen Vorhang" als einer „veralteten Vorstellung" (M 1, Z. 75) und will die „gegenwärtige[ ] Konfrontation der Blöcke" überwinden (M 1, Z. 74 f.), was faktisch nur möglich ist, wenn er kommunistisch-ideologische Grundsätze aufgibt und sich in Politik, Gesellschaft und Wirtschaft dem westlichen Lebensstil zumindest **annähert**. Dogmatische SED-Funktionäre betrachteten das als Verrat am Kommunismus.

3. *Nach einer Überleitung, die zum Problem der Teilaufgabe hinführt, müssen zur Lösung historische Kenntnisse des Zusammenbruchs des DDR-Regimes im Jahr 1989 eingebracht werden.*
Der Operator „analysieren" verlangt, Materialien und historische Sachverhalte kriterienorientiert bzw. aspektgeleitet zu erschließen. Das heißt hier konkret, dass Sie Schlussfolgerungen darüber ziehen, inwiefern die historischen Entwicklungen durch die Glasnost-und Perestroika-Politik einerseits und durch die starre, doktrinäre Haltung des SED-Regimes andererseits beschleunigt wurden (AFB II).

Unterschiedliche Positionen zwischen Gorbatschow und der SED-Führung führten zu einer **Verunsicherung** des DDR-Regimes und zu einer **Ermutigung** der regimekritischen Teile der DDR-Bevölkerung, die eine demokratische Öffnung, individuelle Freiheit und insbesondere Reisefreiheit forderten. Beides **beschleunigte** die revolutionäre Entwicklung in der DDR im Jahre 1989, was schließlich erheblich zum Zusammenbruch dieses Staates beitrug.

Bereits zu Beginn des Jahres 1989 war das **Vertrauen** größerer Teile der DDR-Bevölkerung in ihre politische Führung **erschüttert:** Viele DDR-Bürger erfuhren in ihrem Alltag Versorgungsmängel, fehlende Freiheiten und Partizipationsmöglichkeiten, offensichtliche wirtschaftliche Rückständigkeit etc. Dies wurde durch die **Reformunwilligkeit der Partei** verstärkt, die Gorbatschows Neuerungen offensichtlich nicht nachvollziehen oder gar umsetzen wollte. Vielen war zumindest teilweise bewusst, dass Gorbatschow die Krise der Sowjetunion offen eingestand und anstrebte, deren Gründe zu überwinden, während die SED-Kader die Schwächen in der DDR weiter bemäntelten oder beschönigten. Vielen Menschen in der DDR war klar, dass Gorbatschows Kritik (siehe M 1, Z. 4 ff.) auch auf ihren Staat übertragen werden konnte.

Die vielen Neinstimmen gegen die Einheitslisten stellten bei den DDR-**Kommunalwahlen im Mai 1989** die „führende[ ] Rolle" der SED (M 2, Z. 18) offensichtlich derart infrage, dass die Partei keine andere Lösung sah, als die Ergebnisse zu fälschen. Weil oppositionelle Gruppierungen diese **Wahlfälschungen** nachwiesen und in der Öffentlichkeit bekannt machten, sanken das Vertrauen in die politische Führung und der Glaube an deren Integrität weiter.

Zur gleichen Zeit ließ die Regierung Ungarns ihre Befestigungen an der Grenze zu Österreich abbauen. Dies entsprach Gorbatschows Politik, den „**Eisernen Vorhang**" (M 1, Z. 75) **einzureißen** und jedem Ostblockstaat zu gestatten, seine Zukunft selbst zu gestalten (vgl. M 1, Z. 65 ff.). Tausende DDR-Bürger nutzten diese faktisch offene Grenze zur **Flucht in den Westen**, woraufhin das DDR-Regime seinen Bürgern durch die Visapflicht Ungarnreisen verbot. Auch dieser Schritt brachte viele Menschen in der DDR gegen ihr Regime auf.

Viele Bürger flüchteten daraufhin in bundesrepublikanische Botschaften in Prag, Budapest und Warschau, was den Prestigeverlust der DDR-Führung im eigenen Land wie im Ausland weiter verstärkte. Auch hier griff – anders als es vor 1985 noch der Fall gewesen wäre – die Sowjetunion nicht ein: Gorbatschow hielt auch in dieser Krisensituation an seiner **neuen Außenpolitik** fest, den Staaten des Warschauer Paktes zuzugestehen, ihre Probleme selbstständig zu lösen.

Im September gründeten sich in der DDR **Oppositionsgruppen** wie „Demokratie Jetzt“ oder das „Neue Forum“. In vielen Städten begannen Demonstranten regelmäßig montags eine demokratische Erneuerung zu fordern, durchaus im Sinne von „Glasnost und Perestroika“. Die bekanntesten und größten **Demonstrationen**, an denen sich zuerst wenige tausend und später über hunderttausend Menschen beteiligten, fanden in Leipzig statt. Die Staatsmacht antwortete auf diese Entwicklungen nur mit unglaubwürdiger Propaganda und setzte die „Staatssicherheit“ ein, um durch Verhaftungen und Einschüchterungen der ausufernden Kritik Herr zu werden. Dieses Verhalten diskreditierte die DDR-Regierung weiter, weil sie keinerlei Dialogbereitschaft oder sonstige Flexibilität zeigte und kein Konzept hatte, um die Probleme und die sich zuspitzende Lage einzudämmen.

Am 6. und 7. Oktober feierte die SED- und Staatsführung den **40. Jahrestag der Gründung der DDR**. Daran nahm auch Gorbatschow in seiner Funktion als Vertreter der Sowjetunion, die diesen Staat aus der Taufe gehoben hatte, teil. Gorbatschow rief das DDR-Regime offen zu Reformen auf: „Wer zu spät kommt, den bestraft das Leben!“ Dieses **Auftreten Gorbatschows** ermunterte die Opposition in der DDR, ihren Kampf zu intensivieren, zumal die Vermutung nahelag, dass die Sowjetunion nicht mehr die Rolle einer Schutzmacht für das DDR-Regime, wie zum Beispiel am 17. Juni 1953, übernehmen würde. Auch wurde klar, wie breit die ideologische Kluft zwischen der KPdSU und der SED geworden war.

Auf das weitere Anwachsen der **Montagsdemonstrationen** und die weiter anschwellende Fluchtwelle aus der DDR, auf die Kritik aus Moskau und die offene Entfremdung zwischen den „Bruderparteien“, auf die schwierige wirtschaftliche Lage der DDR und deren hohe Verschuldung im Ausland reagierte das Sekretariat des Zentralkomitees der SED weiterhin ideen- und konzeptlos und verharrte in seiner **Erstarrung**. In dieser Krisensituation konnten sich in der SED-Spitze innerparteiliche Opponenten durchsetzen: **Honecker** wurde am 18. Oktober **abgesetzt** und durch **Egon Krenz** ersetzt. Dieser Wechsel im Amt des Generalsekretärs des ZK geschah ohne Moskauer Direktive, ein Novum in der Geschichte der DDR.

Aber auch diese neue Führung entwickelte keinen energischen Reformwillen im Sinne einer Glasnost- und Perestroika-Politik, sondern versuchte durch einige **halbherzige Zugeständnisse und Unterdrückungsmaßnahmen**, die verfahrene Lage unter Kontrolle zu bringen. Durch diese Haltung verspielte auch die neue Führung schnell ihren Kredit bei der Bevölkerung.

Auch der **Rücktritt der DDR-Regierung und des SED-Politbüros** am 7. und 8. November 1989 war eine Folge der Politik Gorbatschows und der Massenproteste in der DDR, die mit einer Kundgebung in Ostberlin mit ca. einer Million Teilnehmenden wenige Tage zuvor ihren stärksten Ausdruck gefunden hatte.

Die **Öffnung der Mauer** am 9. November 1989 war neben den oben genannten Krisen auch ein Ergebnis der Konfusion innerhalb der SED-Führung, die ihren Höhepunkt in der Pressekonferenz fand, in der Günter Schabowski die sofort geltende Ausreisefreiheit für DDR-Bürger verkündete. Die taktische Maßnahme, Ausreisemöglichkeiten zu eröffnen und dadurch den Druck auf das Regime zu verringern, führte innerhalb weniger Stunden zu einer Massenbewegung, die vom Staatsapparat nicht mehr kontrolliert oder eingedämmt werden konnte. Die Entwicklung hatte eine **Eigendynamik** entfaltet, die erst das DDR-Regime in den Abgrund riss und schließlich zum Beitritt der DDR zur Bundesrepublik Deutschland führte. – Auch die Maueröffnung war nur möglich, weil die Führung der KPdSU um Gorbatschow und seinen Außenminister Schewardnadse beschlossen hatte, den Menschen in der DDR im Sinne der Glasnost- und Perestroika-Politik das Recht zuzugestehen, ihr eigenes Schicksal selbst zu bestimmen.

4. *In der letzten Teilaufgabe erfolgt die Verknüpfung mit dem Themenschwerpunkt 3 „Wirtschafts- und Sozialgeschichte der USA von der Industrialisierung bis zum New Deal – Erfolge und Krisen einer Freien Marktwirtschaft". Zur Lösung müssen sowohl Kenntnisse über die marxistisch-leninistische Ideologie, wie sie das SED-Regime vertreten hat, als auch Kenntnisse über die Wirtschafts- und Sozialgeschichte der USA von der Industrialisierung bis zum New Deal eingebracht werden.*
Der Operator „entwickeln" fordert hier von Ihnen, dass Sie eine Gegenposition aus marxistisch-leninistischer Perspektive zur Freien Marktwirtschaft der Wirtschafts- und Sozialgeschichte der USA seit Beginn der Industrialisierung bis 1933 entwerfen, die sich auf einige wesentliche Faktoren gründet. Um den Bezugsrahmen Ihrer Ausführungen zu klären, sollten Sie einleitend kurz marxistisch-leninistische Grundpositionen skizzieren, die Sie dann in Ihren Ausführungen wieder aufgreifen.
Beachten Sie bitte: Die Aufgabenstellung verlangt nicht, dass Sie marxistisch-leninistische Positionen vertreten; Ihre Aufgabe besteht darin, deutlich zu machen, wie unmenschliche und sozial ungerechte ökonomische Entwicklungen in den USA den kommunistischen Dogmatikern in die Hände spielten (AFB III).

Das **kommunistische Regime der DDR** hat das **marktwirtschaftliche Wirtschaftssystem** als „**kapitalistisch**" scharf kritisiert, ebenso die **freiheitlich-demokratische Ordnung westlicher Gesellschaften**. Seit der Wende zum 20. Jahrhundert nahmen die **USA** zunehmend eine **Führungsposition** unter den **marktwirtschaftlich** und **demokratisch** orientierten Staaten ein. Bei allen Vorzügen dieses westlichen Systems, das sich im **Kalten Krieg** als überlegen erwiesen hat, stellt sich dennoch die Frage, inwiefern die wirtschaftliche und politische Ordnung der USA in der historischen Betrachtung deutliche **Schwächen** aufwies, die für die **kommunistische Propaganda** wie die des DDR-Regimes instrumentalisiert werden konnten.

Die **kommunistischen** bzw. **marxistisch-leninistischen Positionen des SED-Regimes** sind durch vier zentrale Dogmen gekennzeichnet: 1. Die Geschichte der Menschheit sei die Geschichte von „**Klassenkämpfen**", der Kampf der „Klasse" der Unterdrückten gegen die der Unterdrücker. 2. Die Grundlage des menschlichen Zusammenlebens werde durch die **materielle Produktion** geprägt; der Entwicklungsstand des wissenschaftlich-technischen Fortschritts bestimme die Art und Weise der Produktion, diese wiederum die Art des „Klassengegensatzes". 3. Das **Proletariat** werde im **Kapitalismus** fortschreitend verarmen (**Verelendungstheorie**), während die **Kapitalisten** den gesamten **gesellschaftlichen Reichtum** anhäufen würden. 4. In der Geschichte der Menschheit gebe es Entwicklungsstufen; das SED-Regime forderte, die Entwicklungsstufe des **Kapitalismus** durch eine **Revolution** zu überwinden, damit das „**Proletariat**" mit **diktatorischer Gewalt** seine **Herrschaft über das** „**Kapital**" errichte, um dieses auszuschalten („**Sozialismus**").

Aus kommunistischer Position bietet in der Geschichte der USA zum Beispiel der **Rassismus** die Möglichkeit zur Kritik. Die Nordstaaten proklamierten im **amerikanischen Bürgerkrieg** als wesentliches Kriegsziel die Befreiung der Sklaven, sie traten damit öffentlichkeitswirksam für allgemeine Menschenrechte und eine humane Gesellschaft ein: Präsident Lincolns Emanzipationsproklamation aus dem Jahr 1862 rechtfertigt die Position des Nordens im Krieg gegen die Südstaaten als **Kampf gegen die Sklaverei**. Tatsächlich standen hinter diesen Positionen massive **ökonomische Interessen**. In den Nordstaaten entwickelte sich die Industrie mit enormer Dynamik, damit gingen eine entsprechende **Kapitalkonzentration** und das **Interesse an Arbeitskräften und Absatzmärkten** einher. Die in den Südstaaten verbreitete **Plantagenwirtschaft** mit Sklaven als Massenarbeitskräften stand diesen Interessen entgegen, denn Sklaven fielen sowohl als **billige Lohnarbeiter** für die wachsende Industrie als auch – wegen fehlender Löhne – als **Käufer industrieller Produkte** aus; die Südstaatenwirtschaft bildete somit aus Sicht der Industrie des Nordens einen zu schwachen **Absatzmarkt**. Der Süden exportierte einen erheblichen Teil seiner Produkte, vor allem **Baumwolle**, nach **Europa**, insbesondere an **britische Unternehmen**; von diesem Handel konnte der Norden kaum profitieren.
Die kommunistische Kritik kann behaupten, dass die **Kriegspolitik der Unionsstaaten** tatsächlich die wirtschaftlichen Interessen des „**Big Business**" verfolgte und nur vordergründig auf die Verwirklichung von Menschenrechten zielte. Das „Kapital" habe sich **neue Absatzmärkte** erschließen wollen und habe **billige Lohnarbeiter** für die eigene **Expansion** gesucht. Lincolns Emanzipationsproklamation aus dem Herbst 1862 sei in diesem Sinne ein Schachzug gewesen, um die britische Politik daran zu hindern, die eigene Bevölkerung für eine Intervention zugunsten der Südstaaten zu motivieren. Die britische Industrie und die britische Regierung waren an einer solchen Intervention sehr interessiert, denn der Tausch von Südstaaten-**Baumwolle** gegen **englische Industrieprodukte** versprach der eigenen Wirtschaft große Gewinne, zumal die Nordstaatenregierung die eigene Industrie mithilfe einer massiven **Schutzzollpolitik** vor der englischen Konkurrenz

schützte. Eine Niederlage des Nordens wäre dem britischen „Kapital“ also sehr gelegen gekommen – und in diesem Zusammenhang war Lincolns Proklamation der Sklavenbefreiung eine wirksame propagandistische Maßnahme, um das eigene „Kapital“ vor einer wahrscheinlichen **britischen Intervention zugunsten der Südstaaten** zu schützen.
Dass die **Gleichberechtigung der Menschen** und die **Emanzipation der Bürger schwarzer Hautfarbe** kein primäres Ziel der Nordstaaten war, belegen beispielhaft die persönliche Haltung Lincolns, der selbst Sklaven als Diener besaß, sowie die **Grundsatzentscheidung** des **Obersten Gerichtshofes der USA** „Plessy v. Ferguson“ aus dem Jahr 1896, der zufolge **für Weiße separate Einrichtungen** (wie Zugabteile, Restaurants etc.) ausdrücklich gebilligt wurden. Der Oberste Gerichtshof hat somit die **Rassendiskriminierung** als **mit der US-Verfassung vereinbar** erklärt. Die **kommunistische Kritik** kann anhand dieses Beispiels behaupten, dass in der zweiten Hälfte des 19. Jahrhunderts und darüber hinaus die Auseinandersetzung mit dem **Rassismus** von den **Interessen des „US-Kapitals“** bzw. des „**Big Business**“ dominiert und entschieden wurde.

Seit den 60er-Jahren des 19. Jahrhunderts entwickelte sich in den **USA** eine **Freie Marktwirtschaft**, in der sich **Wachstum** und **Wettbewerb** ungezügelt entfalteten. Mit enormer Dynamik wurden **Aktiengesellschaften** in bis dahin nicht gekannter Größenordnung gegründet, die sehr oft rücksichtslos **monopolistische Marktpositionen** anstrebten, wie die Entstehung von **Kartellen**, **Trusts** und **Holdings** belegten. **Rockefellers „Standard Oil Company“** und **Carnegies Stahlimperium** sind Beispiele für Industrieunternehmen, die eine monopolistische Marktposition errangen. Mit diesen gigantischen Unternehmen entstand eine Schicht bzw. in der marxistischen Diktion eine „Klasse“ außerordentlich wohlhabender Unternehmer und Bankiers, die massiv Einfluss auf die Politik nahmen; der US-Senat wurde seinerzeit als „**Millionärsklub**“ bezeichnet. Dieser **Kapitalkonzentration**, verbunden mit der **Konzentration politischer Macht**, stand eine große **Masse von Armen** gegenüber: **Industriearbeiter**, **Landarbeiter**, aber auch viele **Farmer** und **Kleinunternehmer**, die der Marktmacht der großen Unternehmen zum Teil hilflos ausgeliefert waren. Die Massenarmut wurde durch den steten Zustrom von **Einwanderern** auf hohem Niveau gehalten. Aus Sicht der kommunistischen Doktrin lässt sich an diesem Beispiel die **Monopolisierungstendenz des Kapitals** veranschaulichen; diese Entwicklungen können auch als Beleg für den „**Klassenkampf**“ genutzt werden, weil der ungezügelte „**Kapitalismus**“ die **Ausbeutung** eines erheblichen Teils der Bevölkerung begünstigte, wodurch sich die ökonomischen und gesellschaftlichen Gegensätze zwischen Arm und Reich verschärften. **Wohlstand** und **Massenarmut** in den rasch wachsenden **Großstädten** sind Ausdruck dieser oftmals drastischen **sozialen Schieflage**.

Der **Börsencrash 1929** und die folgende **Weltwirtschaftskrise** sind ein weiteres Ereignis, an dem die „Kapitalismuskritik“ der kommunistischen Ideologie ansetzen kann. **Übersteigerte Gewinnerwartungen** hatten die **Börsennotierungen** der Aktien immer weiter in die Höhe getrieben, wobei viele Banken und Unternehmen wie auch private US-Bürger ihre Aktienkäufe mit Krediten finanzierten. Die Indus-

trieunternehmen produzierten oft mehr, als sie absetzen konnten. **Überproduktion** und mit Krediten finanzierte **Massenspekulation** führten zu einer Blase, die im Oktober 1929 platzte. Die Folgen waren **Unternehmenszusammenbrüche**, **Massenarbeitslosigkeit** und **Deflation**. 1932 lag die **Arbeitslosenquote** in den USA bei 25 Prozent, die Löhne der noch Erwerbstätigen fielen auf ca. die Hälfte des **Lohnniveaus** von 1928.
Aus kommunistischer Sicht lässt sich die Weltwirtschaftskrise propagandistisch instrumentalisieren, weil an diesem Beispiel die **ungezügelten Monopolisierungs- und Vermehrungstendenzen des Kapitals** dargestellt werden können. Besonders lohnabhängig Beschäftigte gerieten in große **existenzielle Not**, weil sie plötzlich entweder verarmten oder im Falle der Arbeitslosigkeit völlig mittellos wurden. Deutlich wurde, dass die **Wirtschaftsprozesse** eine **Eigendynamik** entwickelt hatten, die den Interessen der Gewinnsteigerung des Kapitals folgten und gegenüber Individuen, Gesellschaft und Staat **gewissen- und verantwortungslos** waren. Die kommunistische Ideologie stellte der Freien Marktwirtschaft bzw. dem Kapitalismus das **Modell der Planwirtschaft** und der **sozialen Sicherheit** der Erwerbstätigen gegenüber.

So vielfältig und groß die Schwächen der US-Gesellschaft und -Wirtschaft in der Zeit von der Industrialisierung bis zum New Deal auch waren, das **kommunistische System** mit seinem **dogmatisch-diktatorischen Selbstverständnis**, seinen **Menschenrechtsverletzungen**, seiner **Rücksichtslosigkeit** im Umgang mit politischen Gegnern und seiner **ökonomisch schwachen Produktivität** erwies sich nicht als Alternative. Aber es bleibt eine **historische Aufgabe**, der **Zügellosigkeit der Märkte** und der **wirtschaftlichen Interessenvertreter**, wie sie am Beispiel der USA deutlich geworden sind, **Grenzen** zu setzen sowie **Verhaltensregeln** einzuführen und deren Einhaltung durchzusetzen, um wirtschaftlichen und gesellschaftlichen Fehlentwicklungen vorzubeugen oder diese abzumildern.

Niedersachsen – Erhöhtes Anforderungsniveau Geschichte
Übungsaufgabe 5

Thematischer Schwerpunkt 2: Europa an der Schwelle zur Neuzeit

Thema: Legitimationsweisen für die spanische Expansion

Aufgabenstellung

1. Geben Sie nach einer kurzen Vorstellung der Quelle mögliche Argumente für und gegen die spanische Expansion nach Amerika wieder.
2. Erläutern Sie die Ausführungen Vitorias vor dem Hintergrund der spanischen Expansion in Amerika.
3. Überprüfen Sie anhand des Textes, ob Vitoria wegen seiner Vorlesungen von der staatlichen Obrigkeit kritisiert worden sein könnte.
4. Vergleichen Sie unter Einbezug der bisherigen Arbeitsergebnisse die Motive der Einwanderer spanischer Herkunft im 16. Jahrhundert mit denen der Einwanderer in die USA im 19. Jahrhundert.

M: Francisco de Vitoria: War die spanische Expansion gerechtfertigt?

Der spanische Dominikanermönch und Professor der Theologie Francisco de Vitoria (1483–1546) hielt an der spanischen Universität Salamanca 1538 Vorlesungen (gedruckt 1557) über den völkerrechtlichen Status der neu eroberten spanischen Gebiete (De indis recenter inventis et de jure belli hispanorum in barbaros relectiones). Er stellt den unbegründeten die begründeten Argumentationsweisen (= „Titel") für die Unterwerfung der amerikanischen Eingeborenen durch Spanien gegenüber.

Unbegründete Titel für die Unterwerfung der Eingeborenen der Neuen Welt durch Spanien:

[…] Es gibt sieben unbegründete und sieben oder acht begründete und rechtmäßige Titel, die man vorbringen könnte.

[…]

Als vierter Rechtstitel wird der Fall vorausgesetzt, dass die Eingeborenen den christlichen Glauben nicht annehmen wollen, selbst wenn er ihnen dargeboten wird und sie inständig ermahnt werden, ihn zu ergreifen. […]

(Antwort) 4. Wenn der christliche Glaube den Eingeborenen einleuchtend, d. h. mit überzeugenden und vernünftigen Gründen und in Verbindung mit einem sittenreinen und dem Naturgesetz entsprechenden Lebenswandel (der ein wichtiges Mittel zur Bekräftigung der Wahrheit darstellt) gepredigt wird, und das nicht nur einmal und geschäftsmäßig, sondern mit Sorgfalt und Hingabe, dann sind die Eingeborenen verpflichtet, den Glauben an Christus anzunehmen, oder sie verfallen der Strafe für Todsünden (d. h. der Verdammnis).

(Antwort) 5. Ich bin nicht hinreichend sicher, ob der christliche Glaube seither den Eingeborenen so vorgetragen und verkündet worden ist, daß sie bei der Sündenstrafe zum Glauben verpflichtet wären. [...] Ich habe jedenfalls nichts von Zeichen und Wundern oder von Beispielen so frommen Lebenswandels gehört, dagegen viel von Ärgernis, wüsten Taten und vielfacher Ruchlosigkeit. Es scheint mir danach nicht, als sei die christliche Religion den Eingeborenen angemessen und fromm genug gepredigt worden, daß sie sich ihr beugen müssten. [...]

(Antwort) 6. Selbst wenn der Glaube den Eingeborenen noch so oft mit einleuchtenden Gründen gepredigt wäre, und sie wollten ihn nicht annehmen, dürfte man sie doch nicht mit Krieg überziehen oder ihrer Güter berauben. [...] Das ist die allgemeine Ansicht der Lehrer des geistlichen und weltlichen Rechtes, und leuchtet auch ein, denn der Glaube ist freiwillig [...]. Furcht aber mindert das freie Wollen, und wer sich nur aus sklavischer Angst dem Kultus und den Sakramenten Christi zuwendet, begeht Gotteslästerung. [...]

So ist also auch dieser Rechtstitel nicht geeignet, ein Recht auf Besetzung der Länder der Eingeborenen zu begründen. [...]

Begründete Titel für die Unterwerfung der Eingeborenen durch Spanien:
Als erster Rechtstitel könnte genannt werden die natürliche Gemeinschaft und der Verkehr unter den Menschen. [...]

Wenn nun gar die Spanier mit Wort und Tat gewissenhaft dargetan hätten, daß sie die Eingeborenen friedlich und ohne Schaden leben lassen wollen, und diese trotzdem in ihrer Bosheit verharren und die Vernichtung der Spanier anstreben sollten, dann könnten sie sie nicht mehr als schuldlose, sondern als arglistige Feinde behandeln, alle Kriegsrechte gegen sie gebrauchen, sie ausplündern, in die Gefangenschaft abführen, ihre früheren Herren absetzen und neue einsetzen, doch immer mit Maß und im rechten Verhältnis zu dem begangenen Unrecht [...]. Denn ein Fürst, der einen gerechten Krieg führt, wird damit auch zum Richter über die Feinde, kann sie von Rechts wegen bestrafen und ihren Vergehen entsprechend verurteilen. Das alles wird noch dadurch bekräftigt, daß Gesandte nach Völkerrecht unverletzlich sind, die Spanier aber sind die Gesandten der Christen. Also müssen die Eingeborenen sie wenigstens gutwillig anhören und dürfen sie nicht abweisen. Dies ist der erste gültige Titel, auf Grund dessen die Spanier die Länder der Eingeborenen und die Herrschaft über sie in Besitz nehmen dürfen, wenn es dabei ohne Hintergedanken zugeht und nicht nur Vorwände zum Krieg dabei gesucht werden.

Ein zweiter Titel wäre [die] Ausbreitung des christlichen Glaubens. Dafür ließe sich anführen:

1. Die Christen haben das Recht, in den Ländern der Eingeborenen das Evangelium zu predigen und zu verkünden [...].
2. Das Recht ist zwar allgemein und kommt allen [Christen] zu, doch darf der Papst gleichwohl dieses Unternehmen den Spaniern übertragen und allen anderen untersagen.

3. Wenn die Eingeborenen die Spanier das Evangelium frei und ungehindert predigen lassen, ganz gleich, ob sie nun den Glauben annehmen oder nicht, so entfällt jeder Grund zum Kriege gegen sie […]
4. Wenn die Eingeborenen […] die freie Predigt des Evangeliums hindern, können die Spanier nach vorheriger Mahnung, das Ärgernis zu beseitigen, auch gegen deren Willen predigen, sich um die Bekehrung des Volkes bemühen und notfalls deshalb auch Krieg führen, bis man ihnen die Möglichkeit und Sicherheit gewährt, das Evangelium zu predigen […].

Bei alledem aber ist zu bedenken, was Paulus (1. Kor. 6, 12) sagt: „Mir ist alles erlaubt, aber nicht alles frommt." Alles bisher Gesagte ist an und für sich zu verstehen. Es könnte ja aber sein, daß durch solche Kriege, Gemetzel und Plünderungen die Bekehrung der Eingeborenen mehr gehindert als gefördert würde. In erster Linie aber hat man sich zu hüten, dem Evangelium ein Hindernis zu bereiten; geschähe das, so müßte man von dieser Art der Missionierung ablassen und eine andere suchen […].

Anmerkung:
1 frommt: dient der christlichen Frömmigkeit

(In: Fritz Dickmann, Renaissance. Glaubenskämpfe. Absolutismus. (Geschichte in Quellen III). München 1966, S. 80–85.)

Erläuterungen und Bearbeitungshinweise

Die Aufgabe bezieht sich auf den Thematischen Schwerpunkt 2: „Europa an der Schwelle zur Neuzeit" und dabei im Besonderen auf den Unterrichtsinhalt „Anfänge der europäischen Expansion" mit den Aspekten „Entdeckungsfahrten" und „Wirtschaftliche Bedeutung für Europa". Die letzte Aufgabe nimmt vergleichend den Thematischen Schwerpunkt 3 „Wirtschafts- und Sozialgeschichte der USA von der Industrialisierung bis zum New Deal – Erfolge und Krisen einer Freien Marktwirtschaft" in den Blick. Dabei stehen besonders die Voraussetzungen und Rahmenbedingungen der Industrialisierung mit den Teilthemen „Der *American Dream* als Grundlage des amerikanischen Selbstverständnisses" und „Die Einwanderer (Herkunft, Chancen, Bedeutung für die Gesellschaft, Immigrationsgesetzgebung)" im Mittelpunkt.

Mögliche Gewichtung der Teilaufgaben

Teilaufgabe	überwiegend Anforderungsbereich	Gewichtung in Prozent
1	I	20
2	II	25
3	III	30
4	II	25

Lösungsvorschläge

1. *Nach einer vorstellenden Einleitung, in der Sie die Quelle mit einer knappen historischen Einordnung, den Autor und die Hauptaussage bestimmen, fassen Sie die Argumente für und gegen eine Expansion zusammen. Es ist sinnvoll, dabei auf eine hohe Eigenständigkeit in der sprachlichen Wiedergabe der Argumente zu achten. Die Aufgabe hat einen vorwiegend reproduktiven Charakter (AFB I).*

Der spanische Dominikaner und Theologieprofessor Francisco de Vitoria stellt 1538 in dem Auszug aus seinen **Vorlesungen** über den Völkerrechtsstatus der neu eroberten Gebiete in Amerika die unbegründeten (vgl. Z. 1–31) den begründeten (vgl. Z. 32–70) Argumenten für eine spanische Expansion gegenüber. Dabei wird seine ausgewogene, aber dennoch eindeutige **Kritik an der spanischen Expansion**, die sich 1538 in ihrer Hochphase befand, deutlich.

Von den sieben unbegründeten „Rechtstiteln" geht der vierte auf die **christliche Mission** als Legitimation für die Expansion ein. Vitoria hält die Mission als Argument nicht für gerechtfertigt, weil wesentliche Voraussetzungen für eine legitime Mission fehlten. Er bezweifelt, dass die christliche Religion den Ureinwohnern derart vorgestellt wurde, dass diese zu einer Annahme des christlichen Glaubens verpflichtet werden könnten (vgl. Z. 16–22). Es habe an einer rationalen Vorstellung, einer ethisch vorbildlichen Vermittlung und an „Zeichen und Wundern" gemangelt, vielmehr habe im Gegenteil ethische Zügellosigkeit das Verhalten der Spanier bestimmt. Selbst wenn die Voraussetzungen für eine legitime Mission vorhanden gewesen wären, sei eine kriegerische Expansion mit Inbesitznahme der Güter dennoch nicht gerechtfertigt, da eine Verbreitung des christlichen Glaubens unter Zwang nicht zu dulden sei (vgl. Z. 23–29).

Von den sieben oder acht begründeten Rechtstiteln zeigen der erste und der zweite Artikel eine **naturrechtliche** und **völkerrechtliche** sowie eine **christliche Argumentationsweise**. Naturrechtlich weist Vitoria darauf hin, dass prinzipiell die **Spanier** dazu **berechtigt** seien, sich friedlich und ohne Gewalt auf den amerikanischen Kontinent zu begeben (vgl. Z. 33–36). Wehrten sich die Eingeborenen dagegen gewalttätig, so dürften die Spanier das Kriegsrecht gegen sie gebrauchen und sie unterwerfen, allerdings müsse dies immer im Verhältnis zu dem den Spaniern angetanen Unrecht der Ureinwohner erfolgen (vgl. Z. 36–41). Ferner seien die Spanier Gesandte der Christen und nach dem Völkerrecht daher unverletzlich (vgl. Z. 43 ff.).
Dieses Argument vertieft Vitoria mit der christlichen Argumentationsweise, dass die Spanier als **Beauftragte des Papstes** durchaus berechtigt seien, das Evangelium auf dem Neuen Kontinent zu predigen (vgl. Z. 52–56). Nur wenn die Spanier bei der freien Verkündigung des Evangeliums von den Ureinwohnern abgehalten würden, seien sie **als letzte Möglichkeit** zum **Krieg** gegen die Ureinwohner berechtigt (vgl. Z. 60–64). Abschließend bezweifelt er aber, dass kriegerische Mittel zur erfolgreichen Verbreitung des christlichen Glaubens geeignet seien.

2. *Die Erläuterung setzt umfassende Kenntnisse aus dem Zeitraum der Expansion der Spanier nach Amerika seit 1492 voraus. Dabei sollten wichtige Aspekte des Textes herausgegriffen, sinnvoll strukturiert und dann vor dem historischen Hintergrund erklärt werden, sodass der Leser durch zusätzliche Informationen den Kontext der Vorlesungen schlüssig vor Augen geführt bekommt. Diese textbezogene Anwendung und Verknüpfung von Wissen fällt in den AFB II.*

Die **nautisch-technische Revolution** leitete die **Europäisierung der Welt** ein, die am Ende des 15. Jahrhunderts vom Bedürfnis, die Handelswege zu erweitern, angetrieben worden war. Dabei standen **machtpolitische, missionarische und wirtschaftliche Ziele** nebeneinander. Die Portugiesen und die Spanier suchten Seewege nach Ostasien. Während es den **Portugiesen** gelang, die Südspitze Afrikas zu umsegeln (1487) und so die Westküste Indiens zu erreichen (1498), begann die überseeische Expansion der **Spanier** durch die Atlantiküberquerung des Genuesen Christoph Kolumbus (1492). Dieser Prozess führte zu einer Reihe von Eroberungen: Das Aztekenreich in Mexiko wurde durch Hernán Cortés (1519–1521) und das Inkareich in Peru durch Francisco Pizarro (1531–1535) für die Spanier eingenommen. Legitimiert wurde die Expansion mit der Verbreitung des Evangeliums (vgl. Z. 6–29 und Z. 50–70). Der Papst hatte 1486 bzw. 1508 den **Auftrag und das Recht zur Christianisierung** in den neuen Kolonien den spanischen Kronen zugesprochen (vgl. Z. 52 ff.), Portugal hatte dieses „Patronatsrecht“ schon 1455 erhalten. Die kolonialistischen Legitimationsmuster entstanden gewöhnlich in Kommunikationsprozessen, die durch Machtinteressen bestimmt waren. So zeugen die päpstlichen Bullen von 1493 an Portugal und Spanien, welche z. B. die spanischen „Entdecker“ zur Eroberung und Missionierung der „barbarischen Völker“ ermächtigten, von der Konkurrenzsituation der iberischen Mächte, die erst durch den Vertrag von Tordesillas (1494) wieder ausgeglichen wurde. Spanier und Portugiesen teilten in diesem Vertrag unter Vermittlung des Papstes die Herrschaftszonen in der Neuen Welt unter sich auf. Dass gerade der Papst zur Legitimation expansiven „christlichen“ Verhaltens tätig wurde, war gängige mittelalterliche Praxis, die auf dem nicht hinterfragten **christlichen Universalanspruch** auf alle Herrschaftsrechte der „Ungläubigen“ beruhte (vgl. Z. 50 ff.). Besonders deutlich wurde dies in einem Gutachten des spanischen Kronjuristen Palacios Rubios, dem sogenannten ‚**Requerimiento**‘ von 1513: Gott habe den Papst als Nachfolger des Apostels Petrus mit einer besonderen herrschaftlichen Vollmacht ausgestattet, die von allen Obrigkeiten auf Erden anerkannt würde. Alexander VI. habe die entdeckten Länder den spanischen Königen geschenkt. Nun müssten die Ureinwohner diese rechtmäßige Herrschaft anerkennen und das Christentum annehmen. Erfolge dies nicht, drohe der Urbevölkerung Krieg und Unterdrückung (vgl. Z. 9–15).
Vor allem **wirtschaftliche Motive** beeinflussten bei der Expansion sowohl die spanische Krone als auch die von ihr beauftragten **Konquistadoren**, die an den Gewinnen aus den Kolonien beteiligt waren.

So war schon Kolumbus von dem Bestreben angetrieben, Edelmetalle zu erlangen. Die Konquistadoren und später die spanischen Siedler in den neu eroberten Gebieten erhielten den **Schutzauftrag** über die Ureinwohner (**Encomienda**), ihnen wurde eine bestimmte Anzahl von Ureinwohnern für den Arbeitseinsatz zugewiesen (**Repartimiento**). Dabei kam es zu brutaler Ausnutzung der indianischen Arbeitskraft z. B. in Plantagen und Silberbergwerken (vgl. Z. 19 f.), anstatt die Ureinwohner in dem christlichen Glauben zu unterweisen (vgl. Z. 20 ff.). Allerdings setzte schon 1512 die **kirchliche Kritik** an dem Umgang der Konquistadoren mit den Ureinwohnern ein, die auch durch die Darstellung des Textes deutlich wird (Z. 23 ff.). Herausragendes Beispiel dafür ist die Kritik eines Ordensbruders von Vitoria, des Dominikaners **Bartolomé de Las Casas**, dem es gelang, durch seine hartnäckige Kritik die Unterdrückung der Indios zu mildern.

3. *Die Überprüfung stellt vom Text ausgehend fachlich fundierte Überlegungen an, ob Vitoria wegen seiner Vorlesungen von der staatlichen Obrigkeit kritisiert worden sein könnte. Hierbei muss der Text auf seine sachliche Richtigkeit und die innere Logik hin untersucht werden. Dabei ist die kontrastive Struktur des Textes, die Argumentation und die sprachliche Gestaltung zu berücksichtigen. Das führt zu einer Schlussfolgerung, die die These der möglichen Kritik an Vitoria nachvollziehbar beurteilt. Hier liegt eine Leistung vorwiegend aus dem AFB III vor.*
   Zur These: Tatsächlich verbat sich der Kaiser des Heiligen Römischen Reiches deutscher Nation und zugleich spanische König Karl V. in einem Brief vom 10. November 1539 an den Prior des Konvents der Dominikaner von San Esteban in Salamanca jede weitere öffentliche Äußerung Vitorias in dieser Angelegenheit und versuchte, die Verbreitung von Manuskripten und Vorlesungsmitschriften Vitorias zu verhindern.

Gegen die mögliche Kritik durch die staatliche Obrigkeit spricht die **ausgewogene Darstellung** Vitorias, da er unbegründete und begründete Titel in annähernd gleicher Anzahl (vgl. Z. 3 f.) und sogar die augenscheinlich stärker zu gewichtenden Argumente (die begründeten Titel für eine Expansion) als Zweites nennt. Diese bleiben daher dem Hörer mehr haften und scheinen auch mehr Gewicht zu beanspruchen. Auch die **gemäßigte Form**, in der sich Vitoria von Gewaltmaßnahmen im Zusammenhang mit der Missionierung distanziert (vgl. Z. 65–70), zeigt, dass es ihm nicht um eine Radikalkritik an der spanischen Expansion geht. Gerade die Krone hatte die kirchliche Kritik an der Expansion zur Kenntnis genommen und bis dato auch nicht mit Zensur darauf reagiert. Daher kann vermutet werden, dass die spanische Krone auch nun nicht gegen die Vorlesungen Vitorias einschritt.

Eine **Kritik** vonseiten der staatlichen Obrigkeit könnte die deutliche **Distanzierung** bzw. das Infragestellen der Legitimation der Expansion durch Vitoria ausgelöst haben, die dieser durch den Gebrauch des irrealen Konjunktivs in der Passage über das Verhalten der Spanier in Übersee zeigt (vgl. Z. 33–41). Diese Distanzierung könnte von der spanischen Krone so gedeutet werden, dass Vitoria selbst bei seiner Argumentation für die Expansion implizit diese infrage stellt. Dies wird durch seine Argumentation an anderer Stelle deutlich, wo er von „Ärgernis, wüsten Taten und Ruchlosigkeit" (Z. 20) als Tatsachen in Zusammenhang mit der Missionierung

spricht. Damit kritisiert Vitoria offen die Aussage, dass die Missionierung der Ureinwohner ethisch unbedenklich abgelaufen sei, und attackiert so die Schutzherren der „Neuen Welt“, die vom Papst diese Missionierung übertragen bekommen hatten (vgl. Z. 54 ff.), nämlich die spanischen Kronen. Die Missionierung habe, so Vitoria, gewaltfrei zu verlaufen (vgl. Z. 65–68), ansonsten habe man andere Wege der Mission zu suchen. Damit kritisiert er die Praxis der spanischen Expansion (vgl. Aufgabe 2).
Auch die schlüssige Argumentationskette des vierten Rechtstitels für die unbegründete Unterwerfung der Ureinwohner (vgl. Z. 9–29) zeigt die Überzeugungskraft der Worte Vitorias, der schließlich die Konsequenz, die Ureinwohner mit Krieg zu überziehen, wie es in vielen Fällen passierte (z. B. Cortés gegen die Azteken), als völlig illegitim ansieht (vgl. Z. 23–29). Dazu passt, dass er „Maß“ und ein „rechtes Verhältnis“ der gewählten kriegerischen Mittel gegen die Ureinwohner einfordert (vgl. Z. 40 f., vgl. auch Z. 67 f.). Dies war in vielen Fällen (z. B. Einnahme des Aztekenreiches durch Cortés) nicht gegeben. Indirekt spricht Vitoria durch seinen einschränkenden Konditionalsatz („wenn es dabei ohne Hintergedanken zugeht und nicht nur Vorwände zum Krieg dabei gesucht werden“, Z. 48 f.) aus, dass die Spanier „**Vorwände zum Krieg**“ vorschoben, im Grunde aber ganz andere Absichten als die genannten verfolgten.

Schlussfolgernd kann man urteilen, dass die **ausgewogene Darstellung** Vitorias **dennoch die deutliche Kritik** an der spanischen Expansion zeigt. Die Art der Darstellung sollte ihn sicherlich vor einer Kritik durch die spanische Obrigkeit wappnen, die aber wahrscheinlich doch einsetzte. Für diese Vermutung spricht, dass die Vorlesungen erst nach dem Tod Vitorias 1557 veröffentlicht wurden. Vitoria sah sich offensichtlich aus oben genannten Gründen nicht in der Lage, die Vorlesungen zu publizieren.

4. *Die vierte Aufgabe verlangt den Semesterübergriff zum Thematischen Schwerpunkt 3: „Wirtschafts- und Sozialgeschichte der USA von der Industrialisierung bis zum New Deal – Erfolge und Krisen einer Freien Marktwirtschaft“. Dabei stehen besonders die Voraussetzungen und Rahmenbedingungen der Industrialisierung mit den Teilthemen „Der ‚American Dream‘ als Grundlage des amerikanischen Selbstverständnisses“ und „Die Einwanderer (Herkunft, Chancen, Bedeutung für die Gesellschaft, Immigrationsgesetzgebung)“ im Mittelpunkt. Der Vergleich aus dem AFB II verlangt es, Zusammenhänge zwischen den Motiven zur Migration aspektgeleitet und kriterienorientiert herauszuarbeiten.*

Bei dem Vergleich ist die nur z. T. ähnliche Motivlage herauszuarbeiten: Während bei der spanischen Expansion **a) machtpolitische**, **b) missionarische und c) wirtschaftliche** Ziele nebeneinanderstanden (vgl. Aufgabe 2), so findet sich bei den Motiven für die Einwanderung in die USA ein Bündel von Aspekten, die eine ganz andere Grundlage hatten und unterschiedlich wichtig waren.

a) Die USA stellten im 19. Jahrhundert einen **modernen Einwanderungsstaat** dar. Die Voraussetzung für die Einwanderung bestand darin, in einen Staat zu immigrieren, der von einer modernen Verfassung mit der Garantie wesentlicher Menschenrechte (auch Glaubensfreiheit) geprägt war. Die machtpolitische Begründung entfällt daher, weil nicht wie im Falle Spaniens ein Staat die Erschließung einer neuen Kolonie vorantrieb, sondern Individuen in einen schon bestehenden Staat einwanderten.

b) und c)
Zudem spielte die christliche Missionierung eine weniger wichtige Rolle, vielmehr rückte die **kulturelle Zivilisierung** der neu erschlossenen Gebiete im Westen in den Vordergrund. Diese äußerte sich im 19. Jahrhundert in den USA im **Auserwähltseinsbewusstsein** („Manifest destiny") und Pioniergeist, die die Westexpansion immer weiter vorantrieben und dadurch die Grenzen der Zivilisation erweiterten („Spirit of the Frontier"). Es entwickelte sich das amerikanische Selbstverständnis, das sich im „**American Dream**" manifestieren sollte. Dieses besagte, dass jedes Individuum – gleich welcher sozialen Schicht – durch harte Arbeit und Willenskraft seine eigene Situation verbessern könne („Vom Tellerwäscher zum Millionär", „Selfmademan"). Die Immigranten in die USA hofften ebenso wie die spanischen Konquistadoren und später die spanischen Siedler, ihre **persönliche und wirtschaftliche Situation** im Vergleich zu derjenigen in ihrem Herkunftsland wesentlich zu verbessern. Dabei war die Sozialstruktur der Einwanderer in die USA im 19. Jahrhundert (besonders ab den 1840er-Jahren) schon aufgrund der Vielzahl der Herkunftsländer und der sozial ganz unterschiedlichen Grundsituation viel stärker ausdifferenziert. Während es sich bei den spanischen Konquistadoren vornehmlich um eine verarmte Schicht der Veteranen der Reconquista handelte, die ihr soziales und wirtschaftliches Prestige in der „Neuen Welt" verbessern wollten, waren die Immigranten in die USA im 19. Jahrhundert aus nur z. T. vergleichbaren Gründen in die USA aufgebrochen. Der „American Dream" nährte auch bei den Immigranten den Glauben, dass nur die eigene Leistung, nicht aber soziale Herkunft oder Prestige für den Erfolg verantwortlich sein könnten. Die Landerschließung und der industrielle Aufschwung erforderten eine immense Anzahl von **Arbeitskräften**, die in mehreren Einwanderungswellen im 19. Jahrhundert in die USA strömten. Neben den wirtschaftlichen Gründen war **religiöse oder auch politische Verfolgung** in vielen, vorwiegend europäischen Ländern ein mögliches Motiv für die Immigration.
Vergleichbar erscheinen insgesamt nur Aspekte von wirtschaftlichen Motiven für die Immigration. Die christlich missionarische und auch die machtpolitische Begründung hatten bei der Immigration in die USA einen geringeren bzw. anderen Stellenwert als bei der spanischen Expansion in die „Neue Welt".

Niedersachsen – Erhöhtes Anforderungsniveau Geschichte
Übungsaufgabe 6

Thematischer Schwerpunkt 3: Wirtschafts- und Sozialgeschichte der USA von der Industrialisierung bis zum New Deal – Erfolge und Krisen einer Freien Marktwirtschaft

Thema: Big Business

Aufgabenstellung

1. Fassen Sie aus M 1 die Kritikpunkte des Autors am Handeln der wirtschaftlichen Hauptakteure seiner Zeit zusammen.
2. Ordnen Sie die hier vorgetragene Kritik in den Zusammenhang des „Big Business“ und des Sherman Antitrust Acts von 1890 ein.
3. Vergleichen Sie Lloyds Kritik von 1884 (M 1) am wirtschaftlichen Handeln frühkapitalistischer Handelsgesellschaften mit der des anonymen Autors von 1439 (M 2).
4. Franklin D. Roosevelt sagte bei einer Wahlrede am 23. September 1932: „Sollte die Gruppe [die Häupter von Finanz und Industrie] je ihre kollektive Macht entgegen der öffentlichen Wohlfahrt gebrauchen, muss die Regierung schleunig einschreiten und das öffentliche Interesse schützen.“
   Nehmen Sie vor dem Hintergrund Ihrer bisherigen Arbeitsergebnisse und ihrer Kenntnisse über die Weltwirtschaftskrise zu den Erfolgsaussichten einer solchen Intervention Stellung.

M 1: Henry Demarest Lloyd, Die Fürsten der Industrie („The Lords of Industry"), in: *North American Review* 331, Juni 1884.

Lloyd (1847–1903) war ein prominenter Kritiker der „Robber Barons". Das waren einflussreiche Kapitalisten wie Carnegie, Rockefeller und Vanderbilt, die nach 1865 die Infrastruktur, das Kommunikationswesen und die Industrie dominierten. Lloyd schrieb v. a. für die den Republikanern nahestehende Chicago Tribune.

Als der Präsident der Reading Eisenbahngesellschaft Gowen seine Gesellschaft 1875 vor einem Komitee des Parlamentes von Pennsylvania verteidigte, weil sie an Absprachen der Kohleförderer teilgenommen hatte mit dem Ziel, das Übel von „zu viel Kohle" durch Heraufsetzen des Preises und Verminderung des Angebots zu verhindern, führte er zur Verteidigung an, es gebe fünfzig Gewerbezweige, in denen genau dasselbe geschehe. Er hatte eine Liste dabei, die er dem Komitee zeigen konnte. [...]
Adam Smith sagte 1776: „Menschen desselben Gewerbes treffen sich nicht einmal zur Fröhlichkeit und Entspannung, ohne dass ihre Unterhaltung mit einer Verschwörung gegen die Allgemeinheit endet, oder in einer Absprache zur Erhöhung der Preise."
Die sich ausdehnende Energie der „Neuen Industrie", die mit neuen wissenschaftlichen Entwicklungen, neuem Land und den neuen Freiheiten unseres Zeitalters einhergeht, hat diese „Verschwörungen" durchbrochen und wir haben seit hundert Jahren nichts mehr davon gehört; aber das Rennen darum, andere zu übertreffen, wird nun abgelöst von dem Wettkampf des Aufteilens, und daher erscheinen überall neue Bündnisse. Das kann jeder aus den Berichten über die Verhandlungen von Treffen und Zusammenkünften unzähliger Vereinigungen von Fabrikanten und Händlern und sogar Herstellern sehen, die eigentlich andauernd abgehalten werden. Sie alle tun etwas zur Erhöhung der Preise, oder dazu, dass sie so hoch bleiben wie sie sind, und sie enden mit Festbanketts, für die wir bezahlen. [...]
Im letzten Juli trafen sich die Herren Vanderbilt, Sloan und ein oder zwei andere von den einigen hundert Eigentümern von Kohlegruben und kohlebefördernden Eisenbahnlinien im angenehm schattigen Saratoga, um eine „bindende Absprache für die Kontrolle des Kohlemarktes" zu treffen. „Bindende Absprache" fanden die empfindsamen Kohlemagnaten besser als „Kartell". [...] Man einigte sich darauf, die Preise festzusetzen und eine zu hohe Produktion dieses Rohstoffs für Wärme zu verhindern, indem man die Förderung einschränkte. Als Vorgriff auf die Kältewelle aus Manitoba wurde von ihren Salons in New York aus eine Kältewelle durch die ganzen Vereinigten Staaten geschickt, indem man den Kohlebergleuten für die ersten drei Monate dieses Jahres nur die halbe Arbeitszeit verordnete und die Preise erhöhte. So hält dieses Kartell die Löhne niedrig, den Preis für die Arbeit, und hält den Kohlepreis hoch, den Lohn des Kapitals. [...] Die Unternehmen, die an dem Kartell teilnehmen, fördern, transportieren und verkaufen ihre eigene Kohle. Damit verdrängen sie andere Minenbesitzer und Zwischenhändler. [...] Die großen Unternehmer lassen den kleinen Leuten nicht zu viel übrig. [...]
Einer der Anblicke, die diese Kohlenindustrie unserer Zivilisation zu bieten hat, sind die Herden von kleinen Kindern aller Altersgruppen, von sechs Jahren an aufwärts, die die Kohle brechen, die sich abmühen im Schmutz, die Luft dick vom Kohlenstaub, jeden Tag von Sonnenaufgang bis Sonnenuntergang, jeden Tag in der Woche

außer Sonntag. Dieses Kohlenbrechen ist die einzige Schule, die sie kennen. […] „Es gibt immer Unruhe unter den Bergleuten“, sagte ein Offizieller einer Gesellschaft aus New York, „wenn sie auf halbe Arbeitszeit gesetzt werden.“ Die letzten Nachrichten aus der Region des Kohlekartells besagen, dass die Bergleute so unzufrieden mit ihren Lebensbedingungen sind, durch die Reduzierung der Arbeitszeit und den Import von Massen von konkurrierenden Arbeitern aus Ungarn, dass sie nun ihrerseits eine Absprache treffen, und zwar durch die Wiederbelebung der alten Bergleute- und Arbeitergewerkschaft, die durch die Arbeiterunruhen 1874 und 1875 zerbrochen war.

[…] Das Erscheinen Mr. Vanderbilts im Clearfield District von Pennsylvania letztes Jahr im Dezember, an der Spitze eines Konzerns, der $ 5.000.000 Kapital hatte, brachte zum ersten Mal den Geist der Großstadt in dieses Gebiet. Mr. Vanderbilts Rolle soll die des Produzenten, Transporteurs, Händlers und Verbrauchers sein, alles in einem. Ehe er kam, war das Gebiet geprägt von einer Anzahl kleiner Unternehmer, wie es früher üblich war. Aber der Mann, der selbst mit seinen Söhnen zusammen in einer kleinen Mine arbeitet und am Tag 20 bis 40 Tonnen fördert, kann beim Kommen eines Kapitalisten aus Manhattan nicht erwarten zu überleben. […] „Wenn der Kleinunternehmer scheitert,“ so einer der Vertreter des großen Mannes, „ist das sein Pech, nicht unsere Schuld.“ […]

Jeder kennt die Dreißig-Millionen-Dollar Stahl-Absprache, die aber nicht verhindert hat, dass der Preis für Bahnschienen von $ 166 pro Tonne im Jahr 1867 auf $ 32 pro Tonne 1884 gefallen ist, aber bei diesem Rückgang hat sie den Preis für Schienen, das heißt den Preis für Transport, das heißt den Preis für alles in diesem Land höher gehalten als überall sonst. Der Vorsitzende des *Committee of Ways and Means* Morrison ist Zeuge dafür, dass die Schornsteine der *Vulcan Mill* in St. Louis jahrelang ohne Rauch blieben, während ihre Eigentümer nach Berichten $ 400.000 pro Jahr von den anderen Unternehmen dafür bekamen, dass sie keine Schienen produzierten, wobei ihre Arbeiter nichts bekamen, da sie ja nicht arbeiteten. […]

Der Mensch, das einzige Tier, das vergisst, hat in ein oder zwei Jahrhunderten vergessen, dass die Freiheit, die Unabhängigkeit seiner Gruppe, des Staates und sogar der Familie, die er für kurze Zeit genießen konnte, die meiste Zeit der Menschheitsgeschichte nicht bekannt war. […]

[…] Freier Wettbewerb könnte nur in einem Gemeinwesen funktionieren, in dem jeder gelernt hat zu sagen: „Der Staat bin ich“. Wir haben ein Zeitalter materieller Erfindungen. Wir brauchen nun eine Wiedergeburt moralischer Erfindungen, Einrichtungen, um die breiten Strömungen des moralischen Magnetismus anzuzapfen, der unkontrolliert auf der Oberfläche unserer Gesellschaft fließt. Moral und Werte steigen und sinken zusammen. Wenn unsere Absprachen und Kartelle keine Moral haben, können sie keinen Wert haben. Wenn der Drang zu Absprachen unwiderstehlich ist, muss eine Kontrolle stattfinden. […]

(Zit. nach: Internet Modern History Sourcebook, halsall@murray.fordham.edu, übers. U. Richter-Uhlig).

M 2: Aus der „Reformatio Sigismundi" von 1439 unter der Überschrift „Von mancherlei Gewerbe"

Die Flugschrift war eine Kritik an den Verhältnissen im Heiligen Römischen Reich Deutscher Nation und wurde von einem anonymen Autor auf dem Konzil von Basel verfasst. Sie berief sich zu Unrecht auf den deutschen Kaiser Sigmund (gest. 1437).

[...] Es sind auch entstanden große Gesellschaften, die sich zusammen tun und Handel treiben; es gehe ihnen wohl oder übel – sie schieben danach, dass sie nichts verlieren; sie verlieren nichts; sie treiben allerlei List und Betrug, der Städten und Ländern übel bekommt. Man soll dagegen sein, dass irgendwo solche Gesellschaften gefunden werden, weder von Edlen noch von Bürgern; wo sie aber gefunden werden, sie oder ihre Boten, so gebieten wir bei des Reiches Huld und geben jedermann die Erlaubnis, sie nieder zu werfen und sie mit voller Erlaubnis zu berauben, ihnen das ihrige zu nehmen, was man ergreifen kann, bis sie zerstört sind; man soll sich davor in acht nehmen, denn sie tun allen Ländern weh. Wer sein Gewerbe führen will, der nehme sich eines vor und lasse die andern alle fallen; so kann sich jedermann ernähren, das ist auch fromm.

(Zit. nach: E. Döll, Städte und Bürger im Mittelalter, Stuttgart 1990, S. 120 f.).

Erläuterungen und Bearbeitungshinweise

Die Aufgabenstellung bezieht sich auf den thematischen Schwerpunkt 3 „Wirtschafts- und Sozialgeschichte der USA von der Industrialisierung bis zum New Deal – Erfolge und Krisen einer Freien Marktwirtschaft" und greift den verbindlichen Unterrichtsinhalt „Der Freie Markt und seine Folgen" mit den Aspekten „Kapital und Arbeit im ‚langen' 19. Jahrhundert", „*Big Business*, Trusts und andere Formen der Monopolbildung", „Die Lage der arbeitenden Bevölkerung" und „Politische und gesellschaftliche Reformbemühungen (*Progressive Movement*, Anti-Trust-Gesetzgebung, gewerkschaftliche Aktivitäten) mit vergleichendem Blick auf Europa" auf.
In der dritten Teilaufgabe erfolgt der Semesterübergriff zum Themenschwerpunkt 2 „Europa an der Schwelle zur Neuzeit". Dabei wird besonders der Unterrichtsinhalt „Wirtschaftliche und gesellschaftliche Veränderungen in Oberitalien" mit dem Aspekt „Frühkapitalismus (Bankwesen, Handel, Gewerbe)" berücksichtigt.
Leitproblem der Aufgabe ist „Mensch und Gesellschaft". Im Vordergrund steht die wirtschafts- und sozialgeschichtliche Dimension historischen Forschens.

Mögliche Gewichtung der Teilaufgaben

Teilaufgabe	überwiegend Anforderungsbereich	Gewichtung in Prozent
1	I	20
2	II	20
3	II (und III)	30
4	III	30

Lösungsvorschläge

1. *Nach einer kurzen Quellenvorstellung von M 1 sollen die Hauptpunkte der Kritik des Autors in eigenen Worten zusammengefasst werden. Dabei ist zu beachten, dass Lloyd nicht nur das „Big Business", sondern auch die erneute Formierung von Arbeitergewerkschaften kritisiert. Wichtig sind die Wahrung des Textbezuges und die Verwendung des Konjunktivs bzw. die Wahrung der sprachlichen Distanz zu den Formulierungen des Autors durch angemessene sprachliche Mittel.*

Der vorliegende Text ist ein Auszug aus dem Artikel „Die Fürsten der Industrie" von dem amerikanischen Journalisten Henry D. Lloyd, der im Juni 1884 in der North American Review erschienen ist. Es handelt sich um eine **zeitgenössische Kritik an den damals vorherrschenden Wirtschaftsverhältnissen in den USA**, somit um eine **Primärquelle**. Lloyd richtet sich an die wirtschaftlich interessierte amerikanische Öffentlichkeit und appelliert zum Schluss an die politischen Entscheidungsträger. Der journalistische Text ist oft ironisch bzw. sarkastisch, wodurch der Autor seine Kritik unterstreicht.

Lloyds Kritik richtet sich primär **gegen die Kartelle und Preisabsprachen**, die nach seiner Darstellung die amerikanische Wirtschaft seiner Zeit zunehmend prägen (vgl. Z. 3 ff.) und zu gleichbleibend hohen Preisen gerade für Produkte des Grundbedarfs führen (vgl. Z. 15–19). Er sieht das als **Verstoß gegen die Grundsätze des Wirtschaftsliberalismus**, wie sie Adam Smith formuliert hat (vgl. Z. 7–15).
Als ein besonders markantes Beispiel dafür beschreibt er die **Preisabsprachen** auf dem **Kohlemarkt**, wo sich die großen Unternehmer nicht nur von der Förderung bis zum Vertrieb in einem Trust zusammengeschlossen hätten, sondern auch noch durch künstliche Verknappung ein hohes Preisniveau garantierten. Dies gehe nicht nur auf Kosten der Endverbraucher, sondern auch auf die der Kohlebergleute, die auf Kurzarbeit gesetzt worden seien, um die Fördermenge zu begrenzen. Außerdem würden so kleine Unternehmer, insbesondere Familienbetriebe, aus dem Markt verdrängt (Z. 32 ff., Z. 47–56).
Anschließend beklagt Lloyd die **verheerenden Arbeitsbedingungen** im Kohlebergbau, wie die **Kinderarbeit** im großen Stil (vgl. Z. 35–39). Zudem hätten die Großunternehmer billige Immigranten aus Ungarn als Konkurrenz zu den einheimischen Arbeitern eingesetzt. Dies habe zu einem Wiederaufleben der von Lloyd ebenfalls abgelehnten **Gewerkschaften** geführt (vgl. Z. 41–46).
Auch im **Stahlbereich** sei es zu entsprechenden Absprachen gekommen, die den Stahlpreis künstlich hochgehalten hätten (vgl. Z. 57–65).
Abschließend hebt Lloyd seine Kritik auf eine moralische und philosophische Ebene, indem er beklagt, dass so die **Freiheit und Unabhängigkeit im Wirtschaftsleben wie allgemein verloren gegangen** seien. Der freie Wettbewerb sei das Opfer der gegenwärtigen Wirtschaftsordnung. Deren Absprachen seien ohne Moral und daher ohne Wert. Deshalb **fordert** Lloyd abschließend eine – offenbar staatliche – **Kontrolle** (vgl. Z. 76 f.).

2. *In der zweiten Aufgabe muss der historische Kontext der vorliegenden Kritik von den 1860er-Jahren bis in die Zeit des Ersten Weltkrieges umrissen und dabei soll konkret auf den Sherman Antitrust Act von 1890 eingegangen werden. Dabei muss deutlich werden, dass die am Ende des Textes M 1 eingeforderte staatliche Kontrolle auch durch die Progressives nicht durchgesetzt wurde.*

Die vorliegende Kritik ist typisch für die **Lage der US-Wirtschaft in den 80er-Jahren des 19. Jahrhunderts**. Mit der rasanten Industrialisierung der USA nach dem Bürgerkrieg war auf eine ungezügelte Wachstums- und Wettbewerbsphase des **Laissez-faire** die **Bildung von Konzernen auf der Basis von Kartellen, Trusts und Holdings** gefolgt, die dem großen Kapitalbedarf gerecht werden und den neuen riesigen **Binnenmarkt unter sich aufteilen** konnten. Typisch war die Beherrschung ganzer Produktionszweige, z. B. durch John D. Rockefellers **Standard Oil Company** (ab 1879), aber auch, wie im Text M 1 dargestellt, im Stahl- und Kohlebereich (Andrew Carnegie). Diese extrem kapitalkräftigen Unternehmer und Bankiers – **„Big business“ – beherrschten auch die politische Szene**, v. a. den Senat, der um 1880 als „Millionärsklub“ galt. Auch der Oberste Gerichtshof urteilte im Sinne dieser Wirtschaftselite und lehnte jegliche Einschränkung unternehmerischer Freiheit ab, selbst Kinderarbeit wurde deshalb zunächst nicht verboten (vgl. Z. 35–39).
Trotzdem kam es auf Betreiben des Kongresses **1890** zum **Sherman Antitrust Act**, in dem Monopole und Kartellabsprachen wie die im Text M 1 geschilderten verboten wurden. Da aber die Bildung von Holdings nicht verboten wurde, **konnten Unternehmer das Gesetz leicht umgehen**. Als weitere Reaktion auf die Kapitalkonzentration in den Händen einer kleinen Gruppe aber bildeten sich unter Farmern die **Populist Party** und unter der städtischen Mittelschicht die **Progressives**, die ähnlich der vorliegenden Kritik die individuelle Freiheit und dem Selbstverständnis der USA entsprechende Werte wie die Demokratie in den Mittelpunkt ihres Programms stellten. In diesem Sinne sollte auch die Regierung regulierend eingreifen. Das politisch-wirtschaftliche System als solches stellten sie aber nicht infrage. **Theodore Roosevelt** setzte dieses Programm während seiner Präsidentschaft teilweise um (1901–1909) und schränkte die Macht der Monopole ein. Sein Nachfolger **Wilson** betonte zwar mehr die Rolle des freien Wettbewerbs und lehnte eine Regulierung der Monopolkonzerne ab, verhielt sich aber de facto nicht viel anders als sein Vorgänger.
Ein anderer Faktor, der in M 1 erwähnt wird, ist die **Lage der Arbeiter und die Rolle der Gewerkschaften**. Hier herrschte in den USA die Auffassung vom freien Spiel der wirtschaftlichen Kräfte, das außer bei Arbeiterunruhen kein Eingreifen der Regierung erforderte. Gewerkschaften im europäischen Sinn entstanden aufgrund der **Einwanderungssituation** nicht: Wie auch im Text M 1, Z. 43 f. geschildert, kamen immer neue Gruppen von Einwanderern ins Land, die zunächst bereit waren, auch für geringste Löhne zu arbeiten. Das verhinderte ein Solidaritätsgefühl. So gab es bestenfalls genossenschaftliche Selbsthilfe auf regionaler, religiöser oder Herkunftsbasis, sozialistische oder marxistische Ziele spielten keine wichtige Rolle. Die 1886 gegründete **American Federation of Labor** (AFL) war dement-

sprechend zunächst eine Organisation weißer Facharbeiter, die nur gewerkschaftliche Ziele verfolgte. Sie war die einzige beständige Organisation dieser Art, die bis in die Zeit der Weltwirtschaftskrise Bestand hatte.

3. *In der dritten Aufgabe erfolgt der Semesterübergriff zu „Europa an der Schwelle zur Neuzeit", hier auf wirtschaftliche Entwicklungen des Frühkapitalismus. Zunächst muss die sprachlich etwas altertümliche Quelle vorgestellt und ausgewertet werden. Dabei muss man erkennen, dass hier Kritik an den damals auch im Deutschen Reich aufkommenden, aus Italien stammenden Handelsgesellschaften geübt wird. Auch sind Parallelen zur Kritik von M 1 an den Trusts und Kartellen des „Big business" erkennbar. Abschließend kann man M 1 und M 2 als Kritik an zwei Entwicklungsphasen des Kapitalismus deuten.*

Die Quelle M 2 ist ebenfalls eine **Primärquelle**, da es sich hier um eine zeitgenössische **Kritik am Wirtschaftsverhalten von Handelsgesellschaften im Deutschen Reich des späten Mittelalters** handelt, die ein anonymer Autor auf dem Konzil von Basel formuliert und dem Kaiser Sigmund in den Mund gelegt hat. Die **Flugschrift** ist für ein breites Lesepublikum, zumindest für alle Lesekundigen bestimmt, da sie auf deutsch verfasst ist.
Die Hauptkritik richtet sich gegen die das Wohl der Mehrheit der Bevölkerung gefährdenden Aktivitäten der großen Handelsgesellschaften: Diese ordneten alles ihrer **Gewinnmaximierung** unter (Z. 1 ff.). Deshalb fordert der Autor deren **Verbot bzw. Zerschlagung** (Z. 6 ff.). Besonders kritisiert er, dass diese Gesellschaften mehrere Gewerbezweige unter dem Dach einer Handelsgesellschaft vereinigen und so unter Umgehung der Zunftbeschränkungen das Auskommen des einzelnen Handwerkers gefährden würden (Z. 9 ff.). Der Autor möchte also **zurück zum Zunfthandwerk**.

Bei dieser Kritik des späten Mittelalters aus dem Südwesten des Deutschen Reiches kann man durchaus **Parallelen** zur Kritik des späten 19. Jahrhunderts in den USA erkennen. **Beide Autoren wenden sich gegen neue Entwicklungen in kapitalistischen Wirtschaftssystemen**, die auf eine **Marktbeherrschung durch einzelne Unternehmen** abzielen. Außerdem kritisieren beide Quellen aus ihrer Sicht **Verstöße gegen die bestehende Wirtschaftsordnung**. Der Autor von M 2 bezieht sich auf die Sicherheiten für den einzelnen Handwerksmeister im Zunftsystem, das durch die Strukturen des Verlagswesens gefährdet wurde. Dieses ließ überwiegend auf dem Land und zu niedrigeren Kosten produzieren und war in große Handelshäuser eingebunden. Diese Handelshäuser versorgten einen überregionalen Markt und verfügten häufig über Monopole, die sie von Herrschern als Gegenleistung für Kredite erhalten hatten (z. B. auf Metalle oder Alaunsalze). Denn diese Unternehmer, z. B. Jakob Fugger (1459–1525), waren gleichzeitig als Bankiers tätig. Das gab ihnen auf die Dauer **auch politischen Einfluss:** Fugger finanzierte den Kaisern Maximilian und Karl V. die Kaiserwahl und forderte dafür wirtschaftliche Zugeständnisse, die seine Position noch weiter stärkten.

Der Autor von M 1 beklagt dagegen das Abweichen von den Grundregeln des Wirtschaftsliberalismus mit der Durchbrechung des freien Spiels der Kräfte von Angebot und Nachfrage auf dem US-Binnenmarkt zugunsten von Kartellabsprachen und Trustbildungen, die ganze Wirtschaftszweige von der Rohstoffgewinnung über Transport, die Produktion bis hin zum Vertrieb beherrschten.

In beiden Fällen wird die **Bereicherung der Unternehmer als unmoralisch gewertet** (M 1, Z. 74 ff., M 2, Z. 3 f.). Der jeweilige **Staat wird aufgefordert**, durch Eingriffe **diese Aktivitäten zu beenden** (M 1, Z. 76 f., M 2, Z. 6 ff.).
Natürlich ist der Umfang der Marktbeherrschung und die Art des staatlichen Eingreifens aufgrund des unterschiedlichen wirtschaftlichen und staatlichen Entwicklungsstandes jeweils verschieden: Während man vom spätmittelalterlichen Kaiser ein Verbot und eine Zerschlagung der Handelsgesellschaften erwartet, wird im späten 19. Jahrhundert eine gesetzliche Regelung und Regulierung des Marktes durch die Parlamente der US-Bundesstaaten, durch den Kongress und die amerikanische Zentralregierung verlangt.
In beiden Fällen besteht allerdings **wenig Aussicht auf Erfolg der Kritik:** Der Kaiser des Heiligen Römischen Reiches Deutscher Nation konnte ein reichsweites Verbot von Handelsgesellschaften durchsetzen, die sich von Italien ausgehend in Süddeutschland, den Niederlanden, Frankreich und England immer mehr ausbreiteten, denn er hatte dazu gar keine Machtmittel und hing finanziell von ihnen ab. Mit der reinen Kapitalbeteiligung weiterer Bevölkerungsschichten entwickelten sie sich Anfang des 17. Jahrhunderts zu den interkontinental operierenden Handelskompanien weiter (sog. Finanzkapitalismus). Man konnte aber auch nicht bei der politisch beherrschenden Stellung der „Robber Barons“ erwarten, dass sie selbst zu einer Beschränkung ihrer Gewinne durch die politischen Entscheidungsträger beitragen würden, da sie den Senat und den **Supreme Court** erfolgreich an jeder Art von gegen sie gerichteter Gesetzgebung bzw. Rechtsprechung hindern konnten.
In beiden Fällen wird eine Stufe der Entwicklung des Kapitalismus kritisiert: In M 2 die erste Stufe, der Frühkapitalismus, in dem sich erste Unternehmerpersönlichkeiten herausbildeten, die Kapitalakkumulation betrieben, in verschiedenen Wirtschaftszweigen (dem Handel und dem sich gerade entwickelnden Bankwesen) wirtschaftlich aktiv waren und für einen überregionalen Markt produzierten, wobei zum ersten Mal Kapital (Unternehmer) und Arbeit (ländlicher Heimarbeiter) im Verlagswesen getrennt wurden. In M 1 geht es um den klassischen Kapitalismus des 19. Jahrhunderts, der sich in den USA nach dem Bürgerkrieg entfaltete und in den 80er-Jahren von der relativ freien *Laissez-faire*-Phase zur Kartellbildung überging, die sich dann später auch in Europa im frühen 20. Jahrhundert fortsetzte und mit dem Imperialismus weltweit verbunden war. Als deren Nachfolger kann man die heutigen den Weltmarkt beherrschenden **global players** verstehen.

4. *Die letzte Aufgabe verlangt eine Stellungnahme, d. h. eine Beurteilung der Realitätsnähe der von Roosevelt geäußerten Forderung mit einem begründeten eigenen Werturteil. Dabei kann die jüngste Entwicklung der weltweiten Finanzkrise seit 2008 und das damit einhergehende bisherige Verhalten der amerikanischen Regierung mit einbezogen werden.*

Die Aussage Roosevelts lässt sich bereits in die **Zeit der Weltwirtschaftskrise** einordnen, die 1932 noch in Gang ist: Der **Wahlkampf 1932**, der ihn zum Präsidenten machte, stand ganz im Zeichen dieser wirtschaftlichen wie sozialen Katastrophe und der Notwendigkeit, geeignete Maßnahmen zu finden, die Roosevelt dann ab 1933 mit seinem **New Deal** ergriff.
Die **Weltwirtschaftskrise**, die mit dem „Schwarzen Donnerstag" vom 24. Oktober bzw. „Schwarzen Dienstag" vom 29. Oktober 1929 ihren Anfang nahm, war eine der klassischen Überproduktionskrisen der kapitalistischen Wirtschaftsform, kombiniert mit Börsenspekulationen und massenpsychologischen Elementen, die eine Panik auslösten und damit die Krise verschärften.
Die von hohen Schutzzöllen seit dem späten 19. Jahrhundert geschützte US-Wirtschaft erlebte als Hauptgläubigerland nach dem Ersten Weltkrieg eine vorher nie da gewesene wirtschaftliche Blüte, die „Roaring Twenties". Eine **Massenkonsumgesellschaft**, deren Bedarf durch Fließbandproduktion schnell befriedigt werden konnte, finanzierte ihren neuen Lebensstandard mit Auto und Kühlschrank überwiegend auf **Kredit**. Eine Ausnahme bildete hier nur die Landwirtschaft, die mit Überproduktion und Preisverfall zu kämpfen hatte. Die Löhne stiegen, allerdings mehr noch die Gewinne der prosperierenden Wirtschaftszweige und damit die Dividenden der **Aktien**. Deshalb erwarb fast jeder vierte Amerikaner Aktien und spekulierte damit auf höchstmöglichen Gewinn. Dabei folgte man teilweise auch unlauteren Versprechungen im Glauben an unbegrenztes Wachstum. Die staatliche Aufsicht über den Aktienmarkt war sehr lax, sodass Aktien ausgegeben wurden, die nichts mit dem Wert des Unternehmens zu tun hatten. Die Aktienpreise hatten so allgemein bald nicht mehr viel mit ihrem wirklichen Wert zu tun. Der **Federal Reserve Board**, der über die Festlegung der Zinssätze für die Währungsstabilität zuständig war, agierte viel zu zurückhaltend. Mit zunehmender **Sättigung der Märkte** stagnierte der Absatz langlebiger Konsumgüter, die wegen der **Kriegsschuldenpolitik** und des vergleichsweise teuren Dollars auch nur bedingt exportiert werden konnten. Bereits im Juni 1929 kam es zu ersten **Entlassungen von Arbeitern**, um die Produktion zu drosseln. Deren Kaufkraft fehlte nun aber dem Binnenmarkt, sodass der Absatz weiter zurückging. Somit wurden weitere Arbeiter entlassen und den Übrigen wurden Löhne gekürzt. Damit kam eine **Abwärtsspirale** in Gang, die erst 1933 ihren Tiefpunkt erreichte. Die **Aktienmärkte brachen ab Oktober 1929 zusammen**, das Bruttosozialprodukt halbierte sich bis 1933, die **Arbeitslosigkeit** nahm rapide zu, viele Amerikaner lebten am Existenzminimum. Über den **Rückruf der Anleihen und Kredite aus dem Ausland**, gerade aus Europa, weitete sich die Krise zur **Weltwirtschaftskrise** aus.
1932 kämpfte der Demokrat **F.D. Roosevelt** im **Wahlkampf** gegen den Amtsinhaber und Republikaner **Herbert Hoover**, der eine zweite Amtszeit anstrebte. Er

musste deutlich machen, dass er ein wirksameres Konzept gegen die allgegenwärtige Krise hatte als Hoover. Während dieser für Wirtschaftsliberalismus plädierte und eine staatliche Lenkung der Wirtschaft ablehnte, betonte **Roosevelt** im Wahlkampf die **Notwendigkeit staatlicher Eingriffe** und die **Verantwortung der Wirtschaftsführer für die Allgemeinheit**. In diesen Zusammenhang gehört das vorliegende Zitat. Allerdings sah auch Roosevelt das **staatliche Eingreifen nur als Notfallmaßnahme** an und wertete die Privatinitiative als wesentlicher.
Entsprechend gestaltete er dann **nach seinem Wahlsieg die New Deal-Politik:** Gleich nach seinem Amtsantritt Anfang 1933 regulierte Roosevelt das Bank- und Aktienwesen und leitete eine Inflationspolitik des Staates ein, um die Deflation zu bekämpfen. Für die Masse der Arbeitslosen gab es Fürsorgezahlungen und ein großangelegtes Arbeitsbeschaffungsprogramm, das bis zum Zweiten Weltkrieg andauerte. Rosevelt betrieb also **Deficit spending**, ganz im Sinne von Keynes. Auch der notleidenden Landwirtschaft half er. Gesetze sollten Produktion und Preise regeln und damit den „ruinösen" durch einen „fairen" Wettbewerb ersetzen. Dabei hoffte Roosevelt auf die Eigenverantwortung der wirtschaftlich Handelnden. Kinderarbeit wurde verboten, Mindestlöhne wurden festgelegt und den Arbeitern wurden Tarifverhandlungen und überbetriebliche Organisation zugestanden. 1935 wurden als Ansätze eines Sozialstaates Arbeitslosenversicherung und Altersrente eingeführt. Der Boom des Zweiten Weltkriegs, v. a. im Bereich der Rüstung, überdeckte die Wirkungen des **New Deal**.
Der **American Dream** blieb aber bestehen und damit die Vorstellung, dass jeder reich werde könne, wenn er sich nur genug bemühe, und dass jeder dafür selbst verantwortlich sei. Deshalb wurde der Ausbau des Sozialstaates kaum fortgesetzt. Gleichzeitig stieg aber die **Akzeptanz staatlicher Eingriffe in die Wirtschaft** zum Ausgleich sozialer und wirtschaftlicher Nachteile und Krisen. Die **Rolle der führenden Wirtschaftsunternehmen** aber wollte auch Roosevelt nicht wirklich schmälern: Sie behielten ihre führende Stellung.
Auch wurde der **Aktienmarkt weiterhin nicht streng überwacht**, sodass am 15. September 2008 mit dem „Schwarzen Montag" eine weitere Weltwirtschaftskrise in den USA ihren Ausgang nehmen konnte, diesmal aufgrund von faulen Immobilienkrediten, Immobilienspekulationen und Spekulationen von Hedgefonds.
Somit ist die **Aussage Roosevelts eher Ausdruck einer bis heute in den USA und weltweit bestehenden Hoffnung**. Das wirtschaftliche Handeln wird immer nach Gewinnmaximierung des Einzelnen streben. Soziale Verantwortung steht meist erst an zweiter Stelle. Deshalb ist auch die Erfolgsaussicht von Regierungen relativ gering, wenn sie gegen Wirtschaftsinteressen vorgehen wollen, zumal sich nationale Regierungen nur schwer oder gar nicht gegen global agierende Unternehmen durchsetzen können. Somit besteht hier genauso wie im 15. Jahrhundert im Deutschen Reich oder in den USA der 1880er-Jahre kaum eine Aussicht auf Erfolg, wenn die Handelnden nicht kooperieren wollen.

Abiturprüfung Niedersachsen 2009 – Geschichte
Grundlegendes Anforderungsniveau – Aufgabe I

Thema: Die Stadt im späten Mittelalter

Aufgabenstellung

1. Geben Sie – nach einer Einführung in die Quellen – mit eigenen Worten den Sachverhalt wieder, wie er sich aus M 1 und M 2 ergibt.
2. Ordnen Sie diesen Sachverhalt unter Berücksichtigung von M 3 in den historischen Kontext ein.
3. Der englische Historiker A. R. Myers urteilte 1963, die Macht der Hanse sei gegen Ausgang des 14. Jahrhunderts sichtbar gewachsen, so dass sie auch gegenüber den Mächten Dänemark, Norwegen und Schweden mit Erfolg als selbstständige Macht aufgetreten sei.
   Diskutieren Sie ausgehend von dieser Aussage unter Berücksichtigung aller Materialien die Frage, ob man der Hanse imperialistische Tendenzen unterstellen kann.

M 1: Brief des Lübecker Rates an die Stadt Stralsund aus dem Jahr 1387

Den ehrenwerten und gescheiten Männern, unseren geliebten Freunden, den Herren Ratsleuten in Stralsund, soll dieser Brief gegeben werden.

Die Ratsherren der Stadt Lübeck, unermüdlich bereit zu Dienst und Ehre, an die ehrenwerten und gescheiten Männer, die Herren Ratsleute von Stralsund, unsere geliebten Freunde. Weil, wie Eurem rühmenswerten Wissen nicht verborgen sein wird, großer Zwiespalt und der Samen für Neid und Hass zwischen den ehrenwerten und gescheiten Männern, unseren Freunden, den Herren Ratsleuten in Anklam[1], und der niedrigen Gemeinde dort kürzlich ausgebrochen ist, bitten wir Euer Ehren inständigst: dass Ihr fleißig darauf achtet, dass die genannten Ratsherren in ihre alte Würde und ihr Recht wieder eingesetzt werden, und ihr gewissenhaft einen heilsamen Plan entwickelt und ihn, soweit es euch möglich ist, tatkräftig umsetzt, da aus dieser Angelegenheit eine große und sehr schlimme Gefahr und ein Beispiel für viele Städte entstehen können, wenn man nicht beschließt, es durch ein geeignetes Mittel zu verhindern. Das wollen wir Euch aufs Höchste vergelten. Gegeben unter unserem geheimen Siegel. Euch zu Diensten.

Erläuterung:

1 Stadt in Vorpommern südöstlich von Stralsund. Anklam war seit Ende des 13. Jh. Mitglied der Hanse.

M 2: Ausschnitt aus einem Beschluss der Hanse vom 24. Juni 1418

Im Namen der heiligen und unteilbaren Dreifaltigkeit Amen. Es sei kund und zu wissen, dass die ehrbaren Abgesandten der Räte der Mitgliedsstädte der Deutschen Hanse, die im Jahre unseres Herren Jesu Christi 1418 am Tag des heiligen Johannes des Täufers in Lübeck zum Hansetag zusammengekommen sind, und der ehrliche Rat der kaiserlichen Stadt Lübeck sich eindringlich mit den Problemen beschäftigt haben, die den Mitgliedsstädten und den Kaufleuten seit vielen Jahren ein besonderes Anliegen gewesen sind und die sie auch oftmals zur Kenntnis genommen haben; und sie haben zum Besten aller, Gott zum Lobe und dem heiligen römischen Reich zu Ehren und zur Verbesserung und Stärkung der Städte und des guten hansischen Kaufmanns einträchtig ins Auge gefasst und festgesetzt, […] dass man sich von diesem Tag an in jeder Weise streng an das halten soll, was im Folgenden geschrieben steht:

1. So ist jeglicher Mann oder sind mehrere Männer gefangen zu nehmen, wenn sie Aufruhr schüren, gefährliche Versammlungen durchführen oder Bündnisse ins Werk setzen in irgendeiner Stadt gegen den Rat und des Rates Macht, Stellung und Würde, auf dass man ihnen den Prozess machen kann. Wenn sie aber daraufhin flüchtig geworden sind, soll man sie in keiner Hansestadt aufnehmen und dulden, vielmehr soll man sie richten […]. Und das soll man genauso halten mit denjenigen, die von oben genanntem Aufruhr und gefährlichen Versammlungen wussten und diese nicht meldeten.

Im Falle, dass eine Stadt, die nicht zum Bund der Hanse gehört, alsdann Leute, gemeinsam oder einzeln, gegen den Willen der Hansestädte in Haus und Hof aufnimmt, so soll keine Stadt der Hanse mit dieser Stadt irgendeine Gemeinschaft haben oder Handel treiben, gerade aus dem Grunde, weil diese solche Leute, einen oder mehr, in ihrer Stadt dulden. […]

M 3: Der hansische Seeverkehr um 1375

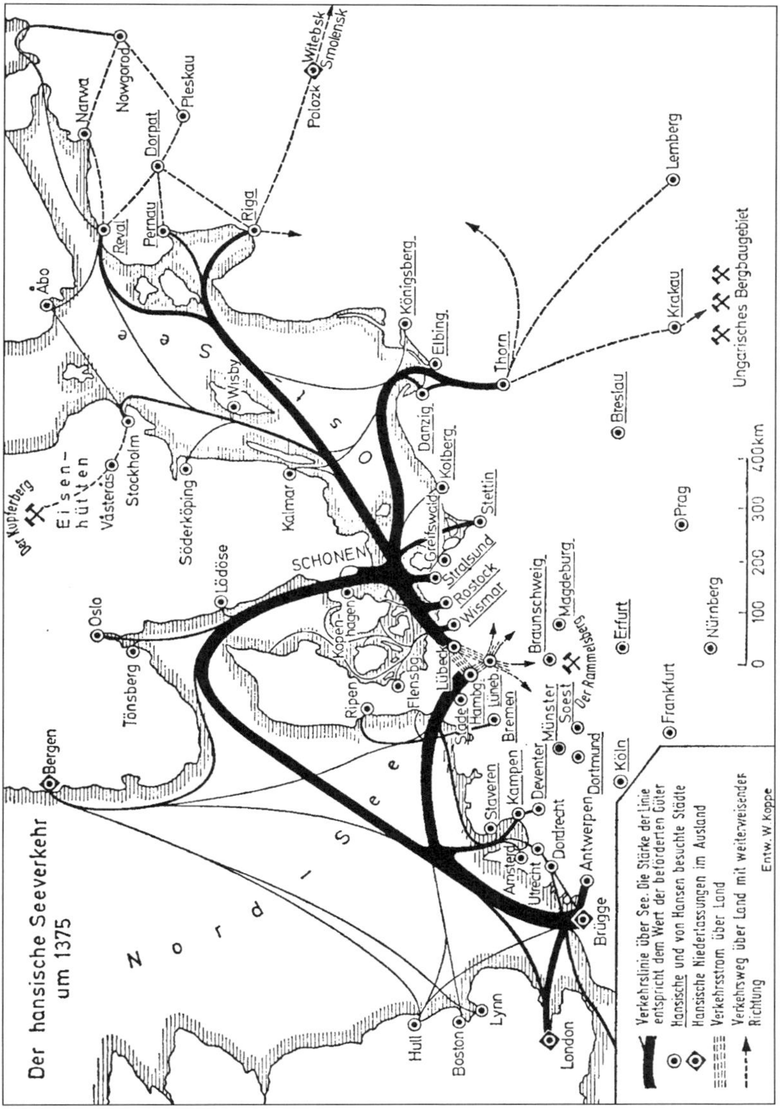

Hilfsmittel
Keine

Erläuterungen und Bearbeitungshinweise

Die Prüfungsaufgabe bezieht sich auf den thematischen Schwerpunkt 2 (Europa im Spätmittelalter) und verknüpft ihn in Aufgabe 3 mit dem thematischen Schwerpunkt 1 (Imperialismus). Zentral ist der verbindliche Unterrichtsinhalt 1 „Die Stadt im späten Mittelalter", dabei besonders der Aspekt „Das Europa der Kaufleute: Der italienische und der hanseatische Kaufmann", „Die Auflösung der Hanse" und „Die städtische Gesellschaft am Ausgang des Mittelalters; Innerstädtische Unruhen und Aufstände". Aber auch der verbindliche Unterrichtsinhalt 3 „Der Schwarze Tod und die Folgen" muss berücksichtigt werden, wobei besonders der Aspekt „Wirtschaftliche und soziale Folgen" eine Rolle spielt.
Zunächst soll an zwei Primärquellen (M 1 und M 2) aus dem Bereich der Hanse gezeigt werden, wie sich soziale Umwälzungen innerhalb von Hansestädten Ende des 14./Anfang des 15. Jahrhunderts auf die gesamte Hanse auswirkten (Aufgaben 1 und 2). Dann erfolgt in Aufgabe 3 anhand eines Historikerzitates über das Machtstreben der Hanse am Ende des 14. Jahrhunderts der – ziemlich problematische – Semesterübergriff zum Thema Imperialismus, in den man überdies noch M 3, eine Karte zum Handelsraum der Hanse Ende des 14. Jahrhunderts einbeziehen muss.
Unter dem Leitproblem „Herrschaft und Freiheit" steht als historische Dimension die „Wirtschafts- und Sozialgeschichte" im Mittelpunkt.

Verbindliche Gewichtung der Teilaufgaben

Teilaufgabe	überwiegend Anforderungsbereich	Gewichtung in Prozent
1	I	25
2	II	45
3	III	30

Lösungsvorschläge

1. *In Aufgabe 1 geht es, nach einer kurzen quellenkritischen Einführung, um die Wiedergabe des konkreten Problems, das sich für die Hansestädte damals ergab. Hierbei muss man aus den etwas unübersichtlichen, mit viel formelhafter Sprache (Anreden, Höflichkeitsformeln etc.) angefüllten Texten die relevanten Informationen herausfiltern und mit modernen, fachsprachlich korrekten Begriffen wiedergeben. Zur Verlässlichkeit der Materialien kann man nur begründete Vermutungen anstellen, da leider die Quellenangaben fehlen.*

   Die beiden vorliegenden **Quellen** stammen aus dem **Bereich der Hanse:** ein **Brief des Lübecker Rates** an die Stadt, genauer den Rat der Stadt, Stralsund aus dem Jahr 1387 (M 1) und ein Ausschnitt aus einem **Beschluss des Hansetages** vom 24. Juni 1418, ebenfalls in Lübeck (M 2). Beides sind also Primärquellen, in denen

zeitgenössische Probleme des ausgehenden 14. bzw. beginnenden 15. Jahrhunderts aus der Sicht der Hanse dargestellt werden. Das hier behandelte **Problem** ist das **städtischer Unruhen**, gegen die die Hanse rigoros vorgehen will.
1387 wendet sich der Rat der Stadt Lübeck an den Rat der Stadt Stralsund, damit dieser sich in die Belange einer Nachbarstadt einmischt: In der ebenfalls der Hanse angehörenden Stadt **Anklam** (siehe Anmerkung zu M 1) sei es kürzlich zu Unruhen gekommen, in deren Verlauf die einfachen Stadtbewohner (die „niedrige[…] Gemeinde", Z. 8) den **Rat stürzten**. Diesem solle nun der Stralsunder Rat **wieder zur Macht verhelfen** (Z. 9 ff.). In diesem Zusammenhang warnt der Lübecker Rat besonders vor der **Beispielwirkung eines solchen Umsturzes**, die es auf jeden Fall zu vermeiden gelte (Z. 12 ff.).
Trotz Gegenmaßnahmen kam es aber, wie man an M 2, dem Auszug aus dem Beschluss des Hansetages von 1418, ablesen kann, weiterhin zu Unruhen: Hier werden von den dort versammelten Vertretern der Hansestädte **Maßnahmen** beschlossen, mit denen **Aufrührer und potentielle Aufrührer in einer Stadt verfolgt werden sollen**, die eine Entmachtung des Rates planen oder versuchen (Z. 13 ff.): ihnen soll der Prozess gemacht werden (Z. 16 f.). Auch **Mitwisser** sollen so verfolgt werden (Z. 17 ff.). Wenn sie fliehen können, soll ihre Verfolgung auch über die Grenzen der Stadt und der Hanse hinaus fortgesetzt werden: Keine Hansestadt darf sie mehr aufnehmen (Z. 16 f.). Städte, die keine Mitglieder der Hanse sind und die solche Menschen aufnehmen und schützen, werden von der Hanse mit einem Handelsboykott belegt (Z. 20–24).

2. *In Aufgabe 2 geht es um den historischen Gesamtzusammenhang. Der Operator „einordnen" verlangt, den dargestellten Sachverhalt in den Kontext sowohl der Hanse als auch der allgemeinen sozialen und wirtschaftlichen Entwicklung der Städte in dieser Zeit zu stellen. Dabei muss besonders auf die Folgen der Pest eingegangen werden. Außerdem sollen Sie in dieser Teilaufgabe auch die Karte M 3 berücksichtigen, die ebenfalls quellenkritisch vorgestellt und deren Informationswert mit einbezogen werden muss. Deshalb ist es bei der Bearbeitung dieser Aufgabe günstig, wenn Sie sich vorab eine Struktur überlegen (z. B. anhand von Stichworten), damit Sie einen klar gegliederten Text produzieren können, der alle Aspekte und Materialien einbezieht.*

Aufstände gegen den Rat und soziale Umwälzungen waren ein allgemeines **Phänomen des späten 14. Jahrhunderts**. Sie waren auf **wirtschaftliche Entwicklungen** zurückzuführen, die **durch die Pest** besonders **befördert** wurden. Der Rat wurde in der Regel von der besonders reichen Gilde der Kaufleute geführt, die natürlich auch ein gesteigertes Interesse an der Hansemitgliedschaft hatten. Damit bedeutete ein Sturz des Rates auch immer einen Machtverlust für die Hanse, was das rigorose Vorgehen dagegen erklärt, das an M 1 und M 2 deutlich wird.
Die **Hanse** war, wie die **Karte M 3** zeigt, Ende des 14. Jahrhunderts **in Nord- und Mitteleuropa die führende Handelsmacht:** Die Karte zeigt die **Warenströme**, die sich zwischen **Nord- und Ostsee** bewegten, mit dem **Zentrum Lübeck-Ham-**

burg, das auch das Machtzentrum bildete (M 1 und M 2 haben nicht zufällig Lübeck als Entstehungsort). Von da ging Richtung Westen ein Haupthandelsstrom über die Niederlande und **Flandern** (Tuchproduktion mit englischer Wolle) nach England (**London** mit dem Stalhof). Richtung Osten ging die wichtigste Verbindung über das in M 1 erwähnte Stralsund nach **Thorn**, Riga und Reval und von da Richtung Russland und Balkan. Im Norden umfasste der Handelsraum auch **Südskandinavien** (Fisch, Erze). Was die Karte nur andeutet: Über die Messen der Champagne und die Nord-Süd-Verbindungen über die Alpen war dieser Handelsraum auch mit dem Atlantik- und dem Mittelmeerhandel verbunden.

Dadurch aber konnten sich auf ihren Handelswegen auch die Pesterreger erfolgreich verbreiten, denen **viele Kaufleute zum Opfer fielen**. Das **schwächte die städtischen Führungsschichten**, gleichzeitig konnten auch andere Stadtbewohner wie etwa Zunfthandwerker relativ viel Kapital anhäufen (z. B. durch Erbe) und so den Kaufleuten Konkurrenz machen. Der Schock der Pest führte sowieso zum **Verfall überkommener Machtstrukturen**, der durch die Umverteilung des Geldes auf wenige noch beschleunigt wurde. Die Gesellen verlangten mehr Lohn, da wegen des **Arbeitskräftemangels** (ca. $^1/_3$ der europäischen Bevölkerung fiel der Pest zum Opfer) ihre Arbeitskraft ein knappes Gut war. Die **aufstrebenden Zunfthandwerker** forderten weniger Beschränkungen, wobei das aufkommende Verlagswesen in einigen Gegenden die Zunftbeschränkungen sowieso schon untergrub.

In dieser explosiven Situation gab es in der 2. Hälfte des 14. Jahrhunderts in mehreren norddeutschen Städten **Unruhen**, in deren Verlauf der etablierte Rat bzw. die regierenden Familien gezwungen wurden, andere neu aufstrebende Familien aus den Zünften in ihre Reihen aufzunehmen. Am bekanntesten sind die sog. „Schichten" in Braunschweig. Daher war auch das **Vorgehen der Hanse gegen solche Unruhen auf die Dauer erfolglos**, wie sich in M 1 und M 2 schon andeutet.

Daneben kam es auch zu **Ausschreitungen und Pogromen gegen die jüdische Stadtbevölkerung**. Gegen sie richtete sich einerseits der Vorwurf der „Brunnenvergiftung", mit der die Juden die Pest ausgelöst hätten und der dazu benutzt wurde, die Juden zu „Sündenböcken" zu machen, zum anderen waren die Verfolgungen auch Mittel zum Zweck, durch das man sich der Schulden, die man bei jüdischen Bankiers hatte, entledigen konnte.

Die **Hanse** verteidigte nicht nur ihre Macht in den Mitgliedsstädten, sie war selbst ein **Machtfaktor in Nordeuropa** geworden, der sich mit Staaten wie Norwegen und Dänemark auseinandersetzte und versuchte, seinen Einfluss zu erhalten. Da sie aber trotz aller Konzentration von Macht im Lübecker Rat immer noch aus Einzelstädten mit unterschiedlichen Interessen bestand, die außerdem unterschiedlichen wirtschaftlichen Erfolg hatten und bei den damaligen Kommunikationswegen nicht leicht kontrolliert werden konnten, konnte sie sich **auf die Dauer nicht gegen die aufkommenden Territorialstaaten durchsetzen**. Dieses Problem klingt auch in M 1 und M 2 an. So verschwand die Hanse bis auf die heutige Bezeichnung „Hansestadt", die einige norddeutsche Städte noch im Namen tragen.

3. *In der dritten Aufgabe soll zum einen ein Urteil des englischen Historikers Myers zur Macht der Hanse im 14. Jahrhundert anhand der Materialien diskutiert werden, und dieses dann – als Semesterübergriff zum Thema „Imperialismus" – in den Gesamtzusammenhang der Frage gestellt werden, ob man der Hanse imperialistische Tendenzen unterstellen kann. Hier wird nahezu Unmögliches verlangt, denn man soll dies nicht als Vergleich auffassen, sondern als eine Suche nach möglichen Entsprechungen, was die Aufgabenstellung aber leider nicht wirklich sagt. Daher ist das Folgende eine mögliche Lösung, die sich nur in Ansätzen auf den Erwartungshorizont stützt. Jede andere Lösung, auch gerade eine, die die Fragwürdigkeit und mangelnde Sinnhaftigkeit eines Vergleiches thematisiert, wäre, wenn sie sinnvoll belegt ist, als gut zu bewerten.*

Das Bemühen der **Hanse**, die Kontrolle über ihre Mitglieder zu erhalten, wie es in M 1 und M 2 deutlich wird, zeigt, dass sie im 14. Jahrhundert über einen bloßen Bund von Kaufleuten hinausgewachsen war. M 3 zeigt die **große Wirtschaftsmacht** der Hanse, die sie nach und nach auf den von der Karte erfassten Raum ausgedehnt hatte. Hierbei konkurrierte sie mit den von Myers erwähnten Mächten Dänemark, Norwegen und Schweden. Allerdings kann man **bis auf den Aspekt der Handelsexpansion wenig Ähnlichkeiten** zwischen der Art und der Form der Hansemacht und den imperialistischen Bestrebungen des 19. Jahrhunderts finden. Denn der **Imperialismus** ist seinem Wesen nach eine **globale Expansion mit dem Ziel der Weltherrschaft**, **ideologisch** (Sozialdarwinismus) **und oft auch religiös** (Manifest Destiny) **untermauert** und mit dem Prinzip, dass es **überlegene und unterlegene Menschengruppen** gibt, und zwar auf Basis ihrer ethnischen Zugehörigkeit. Solches Denken ist dem **Mittelalter** weitgehend fremd, das den **Menschen als Teil einer sozialen und wirtschaftlichen Gruppe** und nicht auf der Basis ethnischer Zugehörigkeit definierte. Zwar wurde Religion auch schon als Mittel zur Herrschaft missbraucht, aber sie war mehr als nur ein Deckmantel für die Eroberung ganzer Kontinente. Auch kann man **„die Hanse" nicht mit modernen Staaten wie den europäischen Staaten des 19. Jahrhunderts vergleichen:** Sie war ein lockerer, nie definierter und oft uneiniger Zusammenschluss von Städten und, wie man an M 1 und M 2 sieht, v. a. städtischer Kaufleute, kein Flächenstaat mit Nationalbewusstsein und Industriemacht. Man kann Koggen nicht mit Kanonenbooten vergleichen. Und nur ein „Empire" kann auch Imperialismus betreiben.
Man kann allerdings sagen, dass der europäische Handelsraum dieser Zeit, sobald er sich im Zeitalter der Entdeckungen mit dem des Atlantiks und Asiens verband – was den Niedergang der Hanse besiegelte – mit die Voraussetzungen für den Imperialismus des 19. Jahrhunderts schuf.

Abiturprüfung Niedersachsen 2009 – Geschichte
Grundlegendes Anforderungsniveau – Aufgabe II

Thema: Anpassung und Widerstand in der NS-Zeit

Aufgabenstellung

1. Geben Sie – nach einer kurzen Einführung in die Quelle – die im Text deutlich werdenden Sichtweisen der Anklage und der Verteidigung mit eigenen Worten wieder.
2. Erläutern Sie ausgehend von M 1 und M 2 die Entwicklung der nationalsozialistischen Politik gegenüber der jüdischen Bevölkerung.
3. Nehmen Sie Stellung zu der in M 1 erkennbaren Haltung des Pfarrers Althaus vor dem Hintergrund kirchlicher Traditionen und Umbrüche im Spätmittelalter und der NS-Zeit.

M 1: Protokoll der Sitzung des Dienstgerichts für kirchliche Beamte[1]

Wolfenbüttel, den 17. Juli 1936

[…] Der Vorsitzende warf dem Angeklagten vor, gegen §§ 5 und 16 des Kirchengesetzes, die Rechtsverhältnisse der Geistlichen und anderer Kirchendiener der ev.-luth. Landeskirche betr. vom 27. 12. 1922[2], verstoßen zu haben, indem der Angeklagte den Broitzemer[3] Konfirmanden in einer Konfirmandenstunde verbot, sich 1. „an dem Geschrei gegen die Juden“ zu beteiligen, 2. sowie in einem Gebet hervorgehoben zu haben „Gott beschütze das arme gehetzte Volk der Juden“ und 3. entgegen den Anordnungen des Landeskirchenamtes den Kindern während des Konfirmandenunterrichts untersagt zu haben, den Hitler-Gruß anzuwenden.

Hierzu äußerte sich der Angeklagte wie folgt:

„Es trifft zu, dass ich für das gehetzte Volk der Juden gebetet habe, und bemerke hierzu, dass dieses Gebet ein rein religiöses Gebet gewesen ist. Ich habe bei meinem Gebet das Gemälde von Kaulbach „Das zerstörte Jerusalem“, das im Konfirmandensaal hängt, vor Augen geführt und aus dem Grunde das Wort „gehetzt“ gebraucht, weil der Jude Jesus abgelehnt und so den Fluch Gottes auf sich geladen und daher völkisch zusammengebrochen sei und nun als heimatlos in der Welt umherirre. Ich habe mich als Verkünder der Heiligen Schrift und des Evangeliums verpflichtet gefühlt, für den Juden zu beten, weil Gott will, dass allen Menschen geholfen werde, wie dies uns die Bibel lehrt. Als nun im Spätsommer des vergangenen Jahres Plakate in den Ortschaften angebracht wurden, die gegen die Juden gerichtet waren, habe ich aus den eben erwähnten Gründen den Konfirmanden geraten, sich nicht zum Geschrei gegen die Juden hinreißen zu lassen, sie also nicht direkt aufgefordert, sich nicht an dem Geschrei zu beteiligen. Nur in diesem Zusammenhange habe ich für die Juden gebetet und gebe dies offen zu. Ich habe es als Lehrer und Verkünder des Evangeliums für meine Pflicht gehalten, die Kinder von dem Geschrei zurückzuhalten und hätte mich in dieser Eigenschaft schuldig gemacht, wenn ich dies den Kindern nicht gesagt hätte. Sollte das Gericht anderer Meinung sein, bin ich bereit, alle Konsequenzen, die hieraus entstehen, zu tragen."

Bezüglich des Verbots des Hitler-Grußes in der Konfirmandenstunde erklärte der Angeklagte Folgendes:

„Ich weiß, dass das Landeskirchenamt verfügt hat, dass in der Konfirmandenstunde der Hitler-Gruß angewandt werden soll, und trotzdem habe ich die Kinder gebeten, sie möchten in der Konfirmandenstunde den Hitler-Gruß nicht anwenden, sondern sich still auf ihren Platz setzen und beten." Auf die Frage des Vorsitzenden, warum der Angeklagte sich bewusst über die Anordnungen des Landeskirchenamtes, der höchsten kirchlichen Stelle, hinweggesetzt hat, erwidert der Angeklagte, dass er nach der Confessio Augustana[4] verpflichtet sei zur Verkündigung des Evangeliums und zur Verwaltung der Heiligen Sakramente. „Die Augustana, Artikel 28, sagt ganz ausdrücklich, dass wir Pastoren von der kirchlichen Obrigkeit keinen Riten, keinen Zeremonien unterordnet werden dürfen, die die Gewissen belasten." […]

Hierauf nahm der Anklagevertreter das Wort und betonte, dass der Angeklagte gegen den § 5 des Kirchengesetzes vom 27. 12. 1922 aufs Schwerste verstoßen hat, indem sich der Angeklagte aufrichtig [vorsätzlich] über das Kirchengesetz hinweggesetzt habe. Er hat sich daher des Dienstvergehens strafbar gemacht. Der Angeklagte hat sich nach jeder Richtung hin in und außer dem Amt der Achtung und des Vertrauens, die sein Beruf erfordern, würdig zu erweisen. Die Aussagen, die der Angeklagte heute macht, geben zu überlegen, ob er heute noch als Pfarrer tätig sein kann. [Die] Aufforderung des Angeklagten, die Kinder sollen sich nicht an dem Geschrei gegen die Juden beteiligen, verstößt gegen die im vergangenen Jahre erlassenen Nürnberger Rassenschutzgesetze. […] Der Anklagevertreter bestand nicht auf Dienstentlassung, sondern auf einer Geldstrafe von 1.000 RM und einem Verweis. […]

Das Gericht zog sich hierauf (17 Uhr) zur Beratung zurück. Nach einer 3/4-stündigen Beratung verlas der Vorsitzende folgendes Urteil:

„Der Angeschuldigte Pastor Georg Althaus wird wegen eines Dienstvergehens mit einem Verweise bestraft. Er hat die Kosten des Verfahrens zu tragen."

Anmerkungen:

1 Pfarrer Althaus war zuvor vom Sondergericht Braunschweig aufgrund des Verstoßes gegen das „Heimtücke-Gesetz" zu einer Gefängnisstrafe von 6 Monaten ohne Bewährung verurteilt worden.

2 § 5 lautet in seiner Einleitung: „Der Geistliche hat alle Obliegenheiten seines Amtes gewissenhaft zu erfüllen und durch sein Verhalten in und außer dem Amte der Achtung und des Vertrauens, die sein Beruf erfordert, würdig zu erweisen." Als weitere Unterpunkte werden Predigtamt und kirchliche Jugenderziehung erwähnt. §§ 16 ff. benennen mögliche Strafen im Falle eines Dienstvergehens.

3 Broitzem ist ein Vorort von Braunschweig.

4 die theologische Grundlage der lutherischen Kirchen aus dem Jahr 1530

M 2: Ortseingang der Stadt Braunschweig (Foto aus dem Jahr 1935)

Auf dem Schild steht: **Juden** betreten diesen Ort auf eigene Gefahr

Hilfsmittel

Keine

Erläuterungen und Bearbeitungshinweise

Die Aufgabe bezieht sich auf den thematischen Schwerpunkt 3 „Ideologie und Herrschaft des Nationalsozialismus zwischen Verführung und Terror“ und greift den verbindlichen Unterrichtsinhalt „Anpassung – Widerstand – Verfolgung – Vernichtung“ mit der Schwerpunktsetzung „Erlebte Verfolgung: von der Entrechtung und Ausgrenzung der Juden bis zur Shoa“ auf. Aufgabe 3 erstreckt sich semesterübergreifend auf den thematischen Schwerpunkt 2 „Europa im Spätmittelalter“ und berücksichtigt in diesem Rahmen vor allem den Unterrichtsinhalt „Die Kirche zwischen Universalitätsanspruch und Spaltung“.
Leitprobleme der Aufgaben sind „Herrschaft und Freiheit“ und „Menschenbild und Weltdeutung“. Im Vordergrund steht die politik- und sozialgeschichtliche Dimension historischer Forschung.

Verbindliche Gewichtung der Teilaufgaben

Teilaufgabe	überwiegend Anforderungsbereich	Gewichtung in Prozent
1	I	30
2	II	40
3	III	30

Lösungsvorschläge

1. *Die Aufgabenstellung zielt darauf ab, die Ausführungen unter Beibehaltung des Sinnes auf Wesentliches zu reduzieren, um damit Textverständnis zu demonstrieren. Zunächst ist es erforderlich, die Quelle kurz vorzustellen. Neben den Basisdaten (Autor, Titel, Veröffentlichung, Thema) sollten Quellenart und der Charakter des Textes in den Blick genommen werden.*
   Die eigenständige Wiedergabe des Textes erfordert, dass der Textauszug nach zentralen Gesichtspunkten gegliedert wird. Die Positionen der Anklage und der Verteidigung sollten voneinander getrennt und jeweils einer logischen Struktur folgend dargelegt werden, z. B. Anklage(-vorwurf)/Sachverhalt – Strafmaßforderung (analog dazu die Entgegnungen der Verteidigung). Die Stellung einzelner Aussagen sollte durch entsprechende Sprachhandlungsverben (z. B. vorwerfen, begründen, einräumen etc.) und den Aussagemodus, z. B. durch Gebrauch des Konjunktivs, verdeutlicht werden. Zitiert werden nur Schlüsselwörter und -wendungen, bei denen es sich um ausgewiesene Fachbegriffe oder Formulierungen handelt, die mit eigenen Worten nur verfälschend dargelegt würden.

   Der vorliegende Auszug aus dem **Protokoll** der Sitzung des **Dienstgerichts für kirchliche Beamte** in Wolfenbüttel vom 17. Juli 1936 berichtet in sachlicher Sprache von der Verhandlung gegen den Broitzemer Pfarrer **Althaus**, der sich des **Verstoßes gegen §§5 und 16 des Kirchengesetzes** schuldig gemacht haben soll, d. h. hier einer **unwürdigen Amtsausübung** im Bereich des **Predigtamtes** und der **kirchlichen Jugenderziehung**.
   Die Anklagevertretung wirft Pfarrer Althaus unter **Berufung auf das Kirchengesetz vom 27. 12. 1922** und die Anordnungen des **Landeskirchenamtes** vor, sich eines Dienstvergehens strafbar gemacht zu haben, indem er für das jüdische Volk gebetet sowie seinen Konfirmanden untersagt habe, „sich […] an dem Geschrei gegen Juden“ (Z. 4 f.) zu beteiligen und während des Konfirmandenunterrichts den Hitler-Gruß anzuwenden. Seine Aufforderung, sich nicht an der Hetze gegen Juden zu beteiligen, sei zudem ein Verstoß gegen die **„Nürnberger Rassenschutzgesetze“** (Z. 48 f.). Als Strafmaß für diese Vergehen sieht die Anklagevertretung einen **Verweis** sowie eine **Geldstrafe von 1 000 Reichsmark** gerechtfertigt.
   Der angeklagte Pfarrer bestreitet nicht, für das jüdische Volk gebetet und um die Unterlassung des Hitler-Grußes während der Konfirmandenstunde gebeten zu haben. Die Aufforderung, sich nicht an der Hetze gegen Juden zu beteiligen, sei eher

ein **Ratschlag** gewesen. Althaus beruft sich in seiner Verteidigung auf die **Confessio Augustana**, die ihn verpflichte, das Evangelium zu verkündigen. Die Heilige Schrift lehre, allen Menschen zu helfen, somit auch den durch den „Fluch Gottes" (Z. 14) beladenen, „gehetzten" Juden. Hinsichtlich der Untersagung des Hitler-Grußes verweist Althaus ebenfalls auf die Confessio Augustana, die ausdrücklich festlege, dass „Pastoren von der kirchlichen Obrigkeit keinen Riten, keinen Zeremonien unterordnet werden dürfen, die die Gewissen belasten" (Z. 38 ff.).

Die Ausführungen machen deutlich, dass sich sowohl die Anklagevertretung als auch der Angeklagte im Wesentlichen auf **geltendes Kirchenrecht** berufen. Erkennbar wird der Konflikt zwischen der in der evangelischen Kirche festgelegten **Unabhängigkeit eines Amtsinhabers von Weisungen der Kirche** und der andererseits festgelegten **Sorgfaltspflicht der Kirche**, die dafür sorgen muss, dass die Interpretation des Evangeliums christliche Verkündigung nach dem Verständnis der Kirche ist. Sollten daran Zweifel bestehen, kann in einem Anhörungsverfahren über die Amtsbefugnis des Angeklagten entschieden werden (sog. Lehrbeanstandung).

2. *Die Aufgabenstellung erfordert, den in Aufgabe 1 angesprochenen Sachverhalt in den größeren historischen Zusammenhang zu stellen. Dabei gilt es, ausgehend von entsprechenden Textpassagen sowie dem beigefügten Bildmaterial M 2 die Entwicklung der antisemitischen NS-Politik an passenden Beispielen sachlich fundiert zu entfalten.*
Die Ausführungen verlangen vornehmlich eine Verknüpfung von Kenntnissen und die eigenständige Kennzeichnung von Sachverhalten. Eine begründete Beurteilung (AFB III) und Stellungnahme sind noch nicht erforderlich (vgl. Aufgabe 3). Gleichwohl sollten die Ausführungen herausstellen, dass die nationalsozialistische Politik gegenüber der jüdischen Bevölkerung – in ihrem ideologischen Kern bereits auf Vernichtung ausgelegt – verschiedene Phasen durchläuft, die in den Genozid münden.

Die Anklagevorwürfe gegen den Broitzemer Pfarrer Althaus spiegeln die zunehmende **Entrechtung**, **Diskriminierung** und **Verfolgung der Juden** wider. So beruft sich der Anklagevertreter bezüglich des Vorwurfs, den Konfirmanden Hetze gegen Juden verboten zu haben, auf die sogenannten „**Nürnberger Gesetze**" vom 15. September 1935, die als **pseudojuristische Grundlage** für die massive Entrechtung und Verfolgung der Juden herangezogen wurden. Dabei legte das „**Reichsbürgergesetz**" u. a. fest, dass die vollen politischen Rechte nur „der Reichsbürger" besitze, der wiederum „deutschen oder artverwandten Blutes" sein müsse. Das „Gesetz zum Schutz des deutschen Blutes und der deutschen Ehre" stellte als eine Verfügung die Heirat und den Geschlechtsverkehr zwischen Juden und „Staatsangehörigen deutschen oder artverwandten Blutes" unter Strafe. Diese Gesetze erhoben die **Rassenideologie** zur Grundlage staatlichen Handelns und **verstießen** dabei gegen elementare **rechtsstaatliche** Grundsätze, indem sie rückwirkend vorher nicht bestehende Tatbestände bestraften (vgl. „nulla poena sine lege").

Doch schon unmittelbar nach der **Machtergreifung 1933** war die jüdische Bevölkerung zahlreichen Willkür- und **Terrormaßnahmen** vor allem durch die SA ausgeliefert. Die nationalsozialistische Politik gegen die Juden, die sich aus der Ideologie des **Antisemitismus** herleitete, lässt sich dabei in verschiedene **Phasen** einteilen, die sich über die **Diskriminierung** hin zur **planmäßigen Ermordung** der Juden erstrecken. Anfangs dienten öffentliche antisemitische Kampagnen, die von Terror begleitet wurden, und **Boykottmaßnahmen** gegen jüdische Geschäfte wie die vom 1. April 1933 dazu, die jüdische Bevölkerung in der Öffentlichkeit zu diskreditieren. Durch das „**Gesetz zur Wiederherstellung des Berufsbeamtentums**" vom 7. April 1933, das Beamte dazu zwang, den Nachweis arischer Abstammung zu führen, verloren viele nichtarische Beamte ihre Stellung. Seit 1933 gab es zudem Zugangsbeschränkungen für jüdische Studenten.
Bis 1939 wurden zahlreiche Bestimmungen erlassen, die die Juden nicht nur schikanierten, sondern auch ihre **Existenzgrundlage zerstörten** und ihren **Lebens- und Freiheitsraum** zunehmend **systematisch beschnitten** (z. B. das **Berufsverbot** für jüdische Ärzte und Rechtsanwälte, die Einführung spezieller **Pässe mit einem „J" für „Jude"**, die Pflicht zur Führung der **Vornamen Israel bzw. Sara** oder **Besitzverbote** von z. B. Autos). Juden durften z. B. keine Zeitungen oder Zeitschriften beziehen, mussten um 20 Uhr zuhause sein und es war ihnen untersagt, kulturelle Veranstaltungen zu besuchen. Durch die am 12. November 1938 erlassene „**Verordnung zur Ausschaltung der Juden aus dem Wirtschaftsleben**", die die bereits ab 1933 betriebene wirtschaftliche „**Arisierung**", die Teilkonfiskation bzw. später **Zwangsenteignung** jüdischen Besitzes, systematisch fortsetzte, zwang man die Juden u. a., Gewerbebetriebe, Grundvermögen, Wertpapiere u. Ä. abzuwickeln. Der gesamte Besitz der ermordeten deutschen Juden fiel schließlich mit Verordnungen zum „Reichsbürgergesetz" von 1941 bzw. 1943 in die Hände des Reiches.

Wie sehr sich diese Maßnahmen auf die **Haltung der Bevölkerung** gegenüber Juden auswirkten, verdeutlicht das Ortseingangsschild der Stadt Braunschweig (vgl. M 2), das bereits 1935 mit der Aufschrift „Juden betreten diesen Ort auf eigene Gefahr" in unverhohlener Warn-, wenn nicht Drohgebärde, **Rechtssicherheit für Juden ausschloss**.
Einen Höhepunkt dieser Entwicklungen bilden die von Goebbels inszenierten – in der NS-Amtssprache verharmlosend als „**Reichskristallnacht**" bezeichneten – **Pogrome** gegen Juden in der Nacht vom 8. auf den 9. November 1938 und darüber hinaus, für die das Attentat des 17-jährigen Juden Herschel Grynszpan auf den deutschen Botschaftssekretär Ernst vom Rath in Paris am 7. 11. 1938 den willkommenen Anlass bot. Jüdische **Geschäfte wurden zerstört** und geplündert, **Synagogen in Brand gesteckt**, Hunderte **Juden ermordet**, Tausende verletzt und über 20 000 in **Konzentrationslager** eingeliefert.
Vor dem Hintergrund des am 1. September 1939 begonnenen **Angriffskrieges** gegen Polen sowie im Zuge des seit dem 22. Juni 1941 geführten **Vernichtungskrieges** gegen die **Sowjetunion** erhielt das Vorgehen gegen Juden eine neue Dimension. Die **Ghettoisierung** und **Deportation** der Juden in Konzentrationslager

sowie **Massenerschießungen** in den besetzten Gebieten wurden systematisch vorangetrieben. Unter Leitung **Heinrich Himmlers** (seit 1929 „Reichsführer SS“, ab 1933 verantwortlich für das System der Konzentrationslager), der seit 1939 als „Reichskommissar für die Festigung des deutschen Volkstums“ im Zusammenhang mit dem sogenannten „**Generalplan Ost**“ die nationalsozialistische „**Germanisierungspolitik**“ forcierte, begann die systematische physische Vernichtung der Juden (zynisch und beschönigend als „**Endlösung**“ bezeichnet). Auf der **Wannseekonferenz** vom 20. 1. 1942 wurde unter der Leitung **Reinhard Heydrichs**, des Chefs der Sicherheitspolizei und des Sicherheitsdienstes, die Ermordung aller europäischen Juden organisiert, die bereits Mitte 1941 beschlossen worden war. Alle Juden sollten in die Vernichtungslager nach Osten gebracht und dort, nach der „natürlichen Verminderung“ (!) durch Arbeitseinsatz, vergast werden. Diesem **Genozid** fielen etwa 6 Millionen Juden zum Opfer.

3. *Mit der dritten Teilaufgabe erfolgt der Semesterübergriff auf den thematischen Schwerpunkt „Die Kirche zwischen Universalitätsanspruch und Spaltung“, wobei der Aspekt des Widerstandsrechts hier vor allem auf den Schwerpunkt „Zwischen Reform und Revolution: Jan Hus“ abzielt. Der Operator „Stellung nehmen“ verlangt, den Stellenwert historischer Sachverhalte zu bestimmen, zu einem begründeten Sachurteil und zu einem auf den Wertvorstellungen des Grundgesetzes basierenden Werturteil zu gelangen. Im Kern geht es bei der vorliegenden Aufgabe darum, das Auftreten Althaus' als Widerstandshaltung im Spannungsfeld zwischen eigener Gewissensentscheidung und Haltung der Amtskirche und staatlicher Gesetzgebung bzw. herrschender Ideologie zu reflektieren.*
Es bietet sich an, nach einer knappen Definition des Begriffs „Widerstand“ von der spezifischen Konfliktsituation auszugehen, in der sich Pfarrer Althaus befindet, und diese vor dem Hintergrund der Spaltung der evangelischen Kirche im Dritten Reich in „Deutsche Christen“ und „Bekennende Kirche“ näher zu beleuchten.
Althaus Berufung auf die Confessio Augustana und damit auf seine Gewisseninstanz lässt sich in die Frage nach kirchlichen Widerstandstraditionen einbetten. Als Beispiel kann hier unter Berücksichtigung der Krisen- und Umbruchsituation der Kirche im Spätmittelalter der Widerstand Johannes Hus' reflektiert werden.
Die Bearbeitung verlangt vor allem das planmäßige Verarbeiten komplexer Sachverhalte, das zu eigenständigen Beurteilungen führen muss (AFB III).

Die Anklagevorwürfe gegen den Broitzemer Pfarrer Althaus legen dessen Versuche offen, im Rahmen seiner Möglichkeiten unter Berufung auf sein **Gewissen Widerstand gegen menschenverachtende Gesetze** zu leisten. Allgemein gefasst bedeutet Widerstand Auflehnung gegen ein Regime, dessen Herrschaftsanspruch und Herrschaftsausübung als unrechtmäßig bzw. diktatorisch oder menschenrechtsfeindlich gesehen wird. Als Widerstand kann Verhalten gewertet werden, das der Wirkung nach politisch ist, indem es sich dem **ideologischen Geltungsanspruch** entzieht und wie in dem Fall Althaus andere Werte und Normen zu bewahren versucht. Dass diese Form des Widerstands durchaus Gefahr für Leib und

Leben bedeutet und somit persönlichen Mut erfordert, verdeutlicht zum einen Althaus' **Verurteilung durch das Dienstgericht für kirchliche Beamte** und zum anderen seine schon vorher erfolgte Verurteilung zu einer **Gefängnisstrafe** von sechs Monaten ohne Bewährung durch das **Sondergericht Braunschweig**. Althaus stand mit seinem Verhalten sowohl im **Widerspruch zur Haltung seiner Amtskirche** als auch **zur staatlichen Gesetzgebung und herrschenden Ideologie** (vgl. Ausführungen zur 2. Aufgabe).
In der **evangelischen Kirche** hatte die Auseinandersetzung mit dem Nationalsozialismus zur **innerkirchlichen Spaltung** geführt. Bereits im Mai 1932 hatte ein Teil der evangelischen Pfarrer, der in einem 10-Punkte-Programm u. a. zum „artgemäßen Christusglauben" und zur „Rassenreinheit" aufrief, die Glaubensbewegung „**Deutsche Christen**" gegründet. Mit Unterstützung der SA und der NSDAP-Ortsgruppen gewann diese Bewegung bei den **Synodalwahlen 1933** fast in allen Landeskirchen die Mehrheit. In Opposition gegen diese Haltung gründete Pastor **Martin Niemöller** zusammen mit **Karl Barth** und **Dietrich Bonhoeffer 1933** den **Pfarrernotbund**, aus dem 1934 die „**Bekennende Kirche**" hervorging. Diese lehnte nicht nur die Thesen der „Deutschen Christen" auf der **Barmer Bekenntnissynode (Barmer Theologische Erklärung)** vom 31. Mai 1934 ab, sondern verurteilte auch in einer an Hitler gerichteten Denkschrift 1936 u. a. den Antisemitismus und die Vernichtung der Rechtsstaatlichkeit.

Althaus beruft sich in seiner Entgegnung auf den Vorwurf, er habe sich über die Anordnungen des Landeskirchenamtes hinweggesetzt, auf den Artikel 28 der Confessio Augustana, nach dem von kirchlichen Amtsinhabern keine das Gewissen belastenden Handlungen verlangt werden dürfen. Indem er seine persönliche Gewissensentscheidung der höchsten kirchlichen und staatlichen Gewalt überordnet, stellt er sich deutlich in eine **reformatorische Tradition**, die für die **Autonomie des Gewissens** eintritt und die **Bibel als einzige Autorität in Glaubensfragen** ansieht. Bereits im 14. Jahrhundert hatte der englische Theologe und Philosoph **John Wyclif** jeglichen politischen Führungsanspruch des Papstes angegriffen und die **Lehre von der „Macht allein durch Gott"** vertreten. Das **Papsttum**, das seit dem 11. Jahrhundert mit einem **universalen Herrschaftsanspruch** auftrat, war zunehmend in die Kritik geraten. Die innerkirchliche Kritik wurde dabei z. B. im Aufkommen der **Armutsbewegung** und der **Bettelorden** deutlich. Der politische Widerstand äußerte sich in vielen Schriften, die die **Trennung von geistlicher und weltlicher Macht** forderten. Dabei versuchten vor allem die französischen Könige, die kirchlichen Sonderrechte einzudämmen, die der eigenen Machtzentralisierung entgegenstanden. Der Konflikt eskalierte, als **Papst Bonifaz VIII.** nicht nur in seinem berühmten Schreiben „Ausculta fili" Gehorsam von König Philipp IV. forderte, sondern auch mit der **Bulle „Unam Sanctam" 1302** den **geistlichen Führungsanspruch** erneut dokumentierte. Bonifaz wurde von dem französischen Kanzler Wilhelm von Nogaret 1303 verhaftet, was einer öffentlichen Demütigung gleichkam. Nach seinem Tod bedeutete die Verlegung des Sitzes der Kurie in das südfranzösische **Avignon** einen weiteren **Ansehensverlust des Papsttums**. Die Doppelwahl der Päpste Urban VI. und Clemens VII. markierte den Beginn des „**Großen Abendländischen Schismas**“ zwischen 1378 und 1417, das erst mit dem **Konzil von Konstanz** (1414–1418) beendet wurde. Zu einer umfassenden Kirchenreform kam es allerdings nicht, was eine Ursache für die **Reformation** darstellt. Vor das Konzil von Konstanz war auch der **tschechische Reformator Jan Hus** geladen, dessen Lehren als **ketzerisch** verurteilt wurden. Hus hatte 1413 in seinem Hauptwerk „De Ecclesia“ erklärt, dass die Kirche nur Christus als ihr Oberhaupt anerkennen dürfte. Vor dem Konzil verweigerte er den Widerruf seiner Thesen und wurde daraufhin **1415 zum Tode verurteilt**.

Hier berühren sich die Leben von Hus und Pfarrer Althaus. Auch Althaus nimmt Risiken in Kauf, indem er sich in diese **Traditionslinie christlichen Bibelverständnisses** stellt. Wenngleich Hus' Widerstand sich im „öffentlichen“ Raum vollzieht – allein durch seine Vorlesungen und Predigten sowie durch die päpstliche Bannbelegung –, ist sein Widerstand in erster Linie eine Auseinandersetzung mit Herrschaftsansprüchen der Kirche, während Althaus auch mit den Auswirkungen diktatorischer Staatsgewalt konfrontiert ist. Seine „Verweigerung“ bedeutete zwar keine Aufkündigung der staatsbürgerlichen Loyalität und hatte eher einen begrenzten Wirkungsgrad, zeugt aber von Standhaftigkeit und Mut. Vertreter der evangelischen wie auch der katholischen Kirche leisteten Widerstand, wie z. B. **Kardinal von Galen**, **Kardinal Faulhaber**, **Martin Niemöller** und **Dietrich Bonhoeffer**, indem sie mit zunehmendem Nachdruck ethische Prinzipien verkündeten, die im diametralen Gegensatz zur Staatsideologie standen. Viele andere mussten ihren Einsatz wie Bonhoeffer mit dem Leben bezahlen. Die Entstehung und Organisation der „**Bekennenden Kirche**“ mit eigenen Leitungsorganen, einer eigenen Finanzverwaltung und einem eigenen Ausbildungs- und Prüfungswesen brachte das ursprüngliche kirchenpolitische Konzept Hitlers ins Wanken: Den „Deutschen Christen“ gelang es nicht, eine in das nationalsozialistische Herrschaftssystem integrierte „**Einheitskirche**“ zu schaffen. Die „Bekennende Kirche“ hat sich damit – ohne der Absicht nach politischen Widerstand leisten zu wollen – in der Wirkung erfolgreich gegen die nationalsozialistische Gleichschaltungspolitik behaupten können. In begrenztem Maße hat auch Althaus sich gegen die menschenverachtende nationalsozialistische Politik gewehrt. Sein Eintreten gegen die Verfolgung der Juden ist daher durchaus als Beispiel für persönliche **Tapferkeit** zu werten. Gerade in dieser Frage macht der kirchliche Widerstand deutlich, dass es auf der einen Seite eine **mutige Opposition Einzelner** gab, andererseits **beide Kirchen als Institutionen sich der eindeutigen Parteinahme entzogen** haben.

Abiturprüfung Niedersachsen 2009 – Geschichte
Erhöhtes Anforderungsniveau – Aufgabe I

Thema: Die Rolle der Justiz im Nationalsozialismus

Aufgabenstellung

1. Geben Sie – nach einer kurzen Einführung – die in den Quellen M 1 und M 2 deutlich werdende juristische Argumentation im Fall Bukowski wieder.
2. Arbeiten Sie die beiden Texten zugrunde liegenden ideologischen Vorstellungen heraus.
3. Erläutern Sie ausgehend vom vorliegenden Fall die Rolle der Justiz im Nationalsozialismus.
4. Vergleichen Sie unter Rückgriff auf alle Materialien die Politik gegenüber „Gemeinschaftsfremden" im Nationalsozialismus mit dem Umgang mit der jüdischen Bevölkerung zur Zeit der Pest im Spätmittelalter. Kommen Sie abschließend zu einer Bewertung.

M 1: Urteil eines Sondergerichts beim Landgericht Hannover vom 16. 2. 1943 gegen Ceslau Bukowski

Im Namen des Deutschen Volkes!

[...] Der Angeklagte hat als landwirtschaftlicher Arbeiter seinen Arbeitgeber mit einem Spaten geschlagen; er wird deshalb als Volksschädling[1] nach der Polenstrafrechtsordnung[2] zum Tode verurteilt.[3]

Die Rechte aus den §§ 32 ff.[4] Strafgesetzbuch werden ihm aberkannt.

Die Kosten des Verfahrens fallen dem Angeklagten zur Last.

Gründe:

Der Angeklagte ist Pole. Er ist in Ozick, das damals noch zu Deutschland gehörte, geboren. Seine Eltern waren deutsche Staatsangehörige gewesen. Sein Vater, der von Beruf Zimmermann war, hat im deutschen Heer gedient und im Weltkrieg auf deutscher Seite gekämpft und ist im Lazarett in Thorn gestorben. Die Mutter, Marianne Koch, ist im Jahre 1917 bei Gelegenheit der Landung eines deutschen Flugzeugs zu Tode gekommen. Der Angeklagte ist alsdann von seiner Großmutter in Ozick, das nach dem Krieg polnisch wurde, und nach deren bald erfolgtem Tode von fremden Leuten aufgezogen [worden]. Er hat in der Folgezeit in Ozick als landwirtschaftlicher Gehilfe gearbeitet. In den Jahren 1937/38 hat der Angeklagte im polnischen Heer aktiv gedient. Seit dem 24. 8. 1939 erneut eingezogen, geriet er im Herbst 1939 in deutsche Kriegsgefangenschaft. Aus dieser entlassen, arbeitete er seit dem 17. 6. 1940 als polnischer Zwangsarbeiter in Deutschland. Er war bis zuletzt bei dem Landwirt B. in S. beschäftigt.

Ein Antrag auf Eintragung in die Deutsche Volksliste [Anerkennung als Deutscher] war seitens des Angeklagten bisher nicht gestellt worden. Im Laufe des Strafverfahrens ist ihm Gelegenheit gegeben worden, einen solchen Antrag zu stellen. Nach Mitteilung des Landrates des Kreises Pr[eußisch]. Stargard vom 19. Januar 1943 ist sein Antrag abgelehnt worden, da die Voraussetzung[en] für die Aufnahme in die Deutsche Volksliste nicht erfüllt sind. […]

Anmerkungen:

1 Auszug aus der „Volksschädlingsverordnung" vom 6. 9. 1939: „Wer vorsätzlich unter Ausnutzung der durch den Kriegszustand verursachten außergewöhnlichen Verhältnisse eine […] Straftat begeht, wird unter Überschreitung des regelmäßigen Strafrahmens mit Zuchthaus bis zu 15 Jahren, mit lebenslangem Zuchthaus oder mit dem Tode bestraft, wenn dies das gesunde Volksempfinden wegen der besonderen Verwerflichkeit der Straftat erfordert."

2 Die Verordnung enthält sowohl Straftatbestände als auch Regelungen zum Gerichtsverfahren und zum Standgerichtsverfahren, d. h. zur sofortigen Hinrichtung.

3 Zum Streit war es wegen der Aufforderung des Arbeitgebers gekommen, länger als normal zu arbeiten.

4 „Neben der Todesstrafe und der Zuchthausstrafe […] kann auf den Verlust der bürgerlichen Ehrenrechte erkannt werden, […]"

M 2: Brief der Anwälte C. Bukowskis vom 19. 6. 1943

An den Vorstand des Strafgefängnisses Wolfenbüttel

Betr. den Strafgefangenen Ceslau Bukowski

Ich nehme ergebenst Bezug auf Ihr Schreiben vom 19. Mai 1943. Ich hatte im Verlauf dieses Schreibens den Dominik Kloos in Pr. Stargard um Aufklärung gebeten und habe von ihm die beiden in der Anlage beigefügten Schreiben vom 26. Mai und 14. Juni erhalten. Ich bitte, den Inhalt dieser Schreiben dem Strafgefangenen Bukowski zu eröffnen und ihm mitzuteilen, dass ich bereit bin, ihn in dieser Angelegenheit weiter zu beraten. Sollte ihm ein Bescheid über Ablehnung seiner Eintragung in die Deutsche Volksliste zugehen, so muss ich nur die Bitte aussprechen, mir diesen Bescheid möglichst bald zur Kenntnis geben zu wollen.

Wenn das, was Dominik Kloos schreibt, richtig ist, dass nämlich die Aufnahme des Ceslau Bukowski in die Deutsche Volksliste abgelehnt wird wegen der Verurteilung desselben, aus der man schließt, dass es sich um einen der Aufnahme nicht würdigen asozialen Mann handelt, so habe ich den Eindruck, dass diese Erwägung anfechtbar ist. Gewiss wird man prima facie [*auf den ersten Blick*] sagen müssen, dass eine einstweilen nun einmal rechtskräftig zum Tode verurteilte Persönlichkeit als asozial anzusehen ist. Es ist andrerseits aber nicht zu übersehen, dass im vorliegenden Fall die Tat, wegen derer Bukowski zum Tode verurteilt ist, nur dann todeswürdig ist, wenn Bukowski polnischer Staatsangehöriger ist. Erfüllt er tatsächlich die Voraussetzungen der Aufnahme in die Deutsche Volksliste, so fallen alle diese Erwägungen, die ihn als Volksschädling und damit als asozialen Menschen erscheinen lassen, ohne Weiteres in sich zusammen. Die Tat, wegen derer er als polnischer Kriegsgefangener mit Recht zum Tode verurteilt ist, weil die Sicherheit der deutschen Bevölkerung und die Achtung der deutschen Autorität ein derartig rigoroses Urteil gegen polnische Gefangene erfordert, wird zu einer typischen Bagatellsache in dem Augenblick, in dem es feststehen würde, dass Bukowski kein Pole ist.

Es ist also meines Erachtens verfehlt, wenn bei der Prüfung der Aufnahme in die Deutsche Volksliste seine Verurteilung eine entscheidende Rolle gespielt haben sollte. Ich bin daher der Anschauung, dass es zu verantworten ist, wenn man mit Nachdruck sich weiter um die Aufnahme des Bukowski in die Deutsche Volksliste bemüht.

Heil Hitler!
Die Rechtsanwälte
Notar Paul P. & Dr. Hans S.

Quellen: M 1 und M 2 Archiv der JVA Gedenkstätte Wolfenbüttel

M 3:

Am 8. März 1940 wurde ein Sonderrecht in Kraft gesetzt; danach mussten polnische Zwangsarbeiter als Kennzeichen ein lila „P" auf gelbem Grund auf der Kleidung tragen.

Hilfsmittel
Keine

Erläuterungen und Bearbeitungshinweise

Der Aufgabenvorschlag wendet sich hauptsächlich dem thematischen Schwerpunkt 3 „Ideologie und Herrschaft des Nationalsozialismus zwischen Verführung und Terror" zu und hier vor allem den verbindlichen Unterrichtsinhalten „Ideologische Wurzeln" (Sozialdarwinismus) und „Herrschaft des Nationalsozialismus" („Volksgemeinschaft und Gemeinschaftsfremde", „Die Rolle der Justiz"). Der geforderte Semesterüber-

griff in Aufgabe 4 erfolgt zum thematischen Schwerpunkt 2 „Europa im Spätmittelalter". Hier geht es um den verbindlichen Unterrichtsinhalt „Der Schwarze Tod und die Folgen" und dabei um den Aspekt der Judenverfolgungen. Zugrunde liegende Leitprobleme sind „Herrschaft und Freiheit" sowie „Gleichheit und Ungleichheit". Der dimensionale Zugriff ist ein politik- und sozialgeschichtlicher.
Entsprechend der Zuordnung der Operatoren zu den Anforderungsbereichen fällt die (den Prüflingen in der Prüfungssituation nicht bekannte) Gewichtung der Aufgaben aus:

Verbindliche Gewichtung der Teilaufgaben

Teilaufgabe	überwiegend Anforderungsbereich	Gewichtung in Prozent
1	I	20
2	II	25
3	II	25
4	III	30

Lösungsvorschläge

1. *Die einleitende Aufgabe sieht die Wiedergabe des Inhalts der beiden Materialien 1 und 2 vor (AFB I). Voranzustellen ist ein kurzes, informierendes Eingehen auf die Eigenart der Materialien. Darauf, dass es sich um Quellen (und nicht um Sekundärliteratur) handelt, weist bereits die Formulierung der Aufgabenstellung hin. Zu ergänzen sind formale und sprachliche Besonderheiten, durch die die Materialien besonders gekennzeichnet sind. Die Beschränkung auf die juristische Argumentation führt dazu, dass einige im Text enthaltene Informationen (in M 1 die biographischen Details, in M 2 die Zeilen 1–10) nicht bis ins Einzelne ausgewertet werden müssen.*

   Bei den vorliegenden Materialien 1 und 2 handelt es sich um zwei **Quellen aus dem Bereich der Justiz aus dem Jahr 1943**. Beide befassen sich mit dem Fall des polnischen Zwangsarbeiters Ceslau Bukowski. Bei M 1 handelt es sich um den (gekürzten) Text des Todesurteils des Sondergerichts Hannover. Diese Quelle weist die für eine juristische Argumentation typischen formalen Merkmale auf: Im Anschluss an den Urteilsspruch wird das Urteil in einer nüchtern-sachlichen Sprache begründet. M 2, ein Schreiben der Anwälte Bukowskis an den Vorstand des Strafgefängnisses Wolfenbüttel, bedient sich demgegenüber einer von großer Zurückhaltung gekennzeichneten Sprache, die in Zusammenhang mit der dahinter stehenden Absicht seiner Verfasser gebracht werden kann.
   Das Sondergericht Hannover verurteilt den polnischen Zwangsarbeiter Bukowski „als Volksschädling" (Z. 3) zum Tode, weil er seinen Arbeitgeber mit einem Spaten

geschlagen habe, und legt ihm die Kosten des Verfahrens auf. Es begründet das Urteil auf der Grundlage der „Polenstrafrechtsordnung" (Z. 3 f.). Die Begründung widmet sich ausschließlich dem Nachweis, dass Bukowski als Pole unter diese fällt; der Tathergang wird hingegen nicht weiter gewürdigt. Bukowskis früh verstorbene Eltern seien deutsche Staatsangehörige gewesen, er selber jedoch in Polen aufgewachsen, als polnischer Soldat in deutsche Kriegsgefangenschaft geraten und habe im Anschluss daran als Zwangsarbeiter in Deutschland in der Landwirtschaft gearbeitet. Einen Antrag auf Aufnahme in die „Deutsche Volksliste" (Z. 21) habe Bukowski erst nach Einleitung des Strafverfahrens gestellt, dieser sei jedoch vom Landrat des Kreises Preußisch Stargard abgelehnt worden, da Bukowski nicht die Voraussetzungen dafür erfülle.
Auch die Anwälte Bukowskis thematisieren bei ihren Bemühungen, die Todesstrafe für Bukowski abzuwenden, ausschließlich die Frage nach seiner Volkszugehörigkeit. Sie verfügten über Informationen, nach denen die im Urteil angeführte Ablehnung von Bukowskis Antrag aufgrund des laufenden Verfahrens erfolgt sei (Z. 11). Sie räumen ein, dass ein rechtskräftig zum Tode Verurteilter als „asozial" anzusehen sei. Allerdings beruhe das verhängte Strafmaß allein auf Bukowskis polnischer Staatsangehörigkeit. Hätte er die Tat als Deutscher begangen, so handele es sich lediglich um eine „typische[...] Bagatellsache" (Z. 25) und „alle diese Erwägungen, die ihn als Volksschädling und damit als asozialen Menschen erscheinen lassen" (Z. 20 f.), fielen weg. Daher solle man sich weiterhin um die Aufnahme Bukowskis in die „Deutsche Volksliste" bemühen.

2. *Der Operator „herausarbeiten" geht über die paraphrasierende Wiedergabe hinaus (AFB II). Die im Material enthaltenen Informationen sollen in größere Zusammenhänge eingeordnet werden. Schwierigkeiten könnte einigen Schülern die Festlegung des Erstreckungsbereiches des Begriffs „ideologische Vorstellungen" bereiten. Hiermit sind die im Unterricht behandelten ideologischen Wurzeln des Nationalsozialismus gemeint. Außerdem ist es bei der Bearbeitung wichtig, ausgehend von den Materialien eine passende Auswahl der ideologischen Grundlagen zu treffen. Eine bloße Reproduktion gelernten Wissens kann hier leicht zur Abwertung führen, da etwa Antisemitismus oder Antibolschewismus im vorliegenden Fall keine Rolle spielen. Der Lösungsvorschlag stellt eine Überleitung voran, die zugleich die Befunde aus Aufgabe 1 einer interpretierenden Sichtung unterzieht. Dies sorgt für eine bessere Lesbarkeit Ihrer Arbeit und zeugt von Übersicht.*

Auf der Grundlage der beiden Materialien 1 und 2, die sich auf denselben juristischen Fall beziehen, lassen sich ideologische Vorstellungen des Nationalsozialismus bestimmen. M 1 gibt als Urteil die offizielle Lesart nach **NS-Recht** wieder; aber auch M 2 passt sich, wie gesehen, der nationalsozialistischen juristischen Argumentation so weit an, dass zwischen beiden Quellen diesbezüglich keine Differenzen auszumachen sind.
Entscheidend für die Betrachtung des Falles Bukowski ist also offenkundig das Vorhandensein **verschiedener Rechtskreise**. Das heißt: Das geltende Recht gilt

nicht für alle Menschen gleichermaßen, sondern es differenziert nach Volkszugehörigkeit, hier etwa in Form der „Polenstrafrechtsordnung“ (M 1, Z. 3 f.).
Die Grundlagen dieses Denkens haben sich, vor allem in Deutschland, seit dem 19. Jahrhundert herausgebildet. Zum einen handelt es sich um den **völkischen Nationalismus**, der seit langem unter den Deutschen zahlreiche Anhänger gefunden hatte und der zunächst lediglich die kulturellen Verschiedenheiten zwischen den Völkern betonte. In Deutschland fanden diese der **Romantik** entspringenden Gedanken deshalb einen verhältnismäßig großen Anklang, weil Deutschland im Gegensatz zu den meisten seiner Nachbarstaaten im 19. Jahrhundert zunächst nur als **Kulturnation** existierte, deren politische Einigung noch ausstand. Gegen Ende des 19. und vor allem zu Beginn des 20. Jahrhunderts unterlag dieses Denken radikalisierenden Einflüssen. Sie entsprangen zum einen der **Rassenlehre**, welche die Unterschiede zwischen den Völkern auf **biologische Gründe** zurückführte. Darüber hinaus schrieb man den einzelnen Rassen über körperliche Merkmale hinaus zugleich kennzeichnende **charakterlich-seelische Eigenschaften** zu. Die Umstellung von einer **kulturellen** auf eine **biologistische** Begründung vertiefte die Gegensätze bis hin zur Unüberwindlichkeit, verbunden mit einer klaren Wertung. In den Materialien findet dies seinen Ausdruck im kategorischen Bedürfnis, Bukowskis Zugehörigkeit zum Polentum zu fixieren bzw. klar mit Ja oder Nein zu beantworten. Diese Zugehörigkeit allein, nicht etwa Motive und Umstände der Tat, entscheiden über das zu verhängende Strafmaß.
Dass das nationalsozialistische Recht mit der „Polenstrafrechtsordnung“ Angehörige des polnischen Volkes offenkundig rechtlich deutlich schlechter stellte und strenger bestrafte, findet seinen Grund in einer weiteren ideologischen Vorstellung, die mit völkischem Denken und Rassenlehre verschmilzt: Der **Sozialdarwinismus** des späten 19. Jahrhunderts übertrug die auf die beiden Schlagworte vom „Kampf ums Dasein“ und „Überleben des Stärksten“ reduzierte und vereinfachte Evolutionstheorie Charles Darwins auf das Zusammenleben der Menschen. Die Nationalsozialisten wiederum fügten das sozialdarwinistische Denken in ihren rassistisch-völkischen Kosmos ein. Auf diese Weise entstand der Glauben an einen **Entscheidungskampf**, den die vermeintlich bedrohte **nordisch-germanische Rasse** unter anderem gegen die „minderwertige“ slawische Rasse zu führen habe. Der Erwerb von **Lebensraum** auf Kosten der osteuropäischen Völker wurde zur **Parteidoktrin** und bald darauf zur **Grundlage staatlichen Handelns**.
Aus diesen ideologischen Vorstellungen resultierte eine extreme rechtliche Ungleichheit, die auf der einen Seite das „**Herrenvolk**“ der Deutschen privilegierte, andererseits dem Angriffskrieg, der Versklavung – Bukowski ist „**Zwangsarbeiter**“ (M 1, Z. 19) – und bald auch dem Völkermord die Legitimationsgrundlage bot. Angehörige anderer Volksgruppen wurden in den Kategorien des „**Untermenschen**“ oder „**Volksschädlings**“ (vgl. M 1, Z. 3; M 2, Z. 21) angesprochen. Sie verfielen damit einer Sonderrechtsprechung, die im neuzeitlichen Rechtsverständnis ein krasses **Unrecht** in Gestalt einer vollständigen **Rechtswillkür** darstellt.

3. *Auch die dritte Aufgabe verlangt einen Materialbezug. Mit „erläutern" ist gemeint, dass ein Sachverhalt erklärt wird, darüber hinaus aber noch andere Aspekte, die über den konkreten Sachverhalt hinausgehen, herangezogen und eingearbeitet werden (AFB II). In dieser Aufgabe bedeutet es, dass man den Aufbau der NS-Rechtsprechung darstellt, um den vorliegenden Fall, d. h. vor allem die Institution des Sondergerichtes, darin zu verorten. Auch weitere, Ihnen bekannte Fallbeispiele können zu Belegzwecken herangezogen werden.*

Wenn von der **Willkür des NS-Rechts** die Rede ist, so muss dessen Funktionsweise näher beschrieben werden. Denn wie im vorliegenden Fall erkennbar, besteht diese Willkür eben nicht aus der Abwesenheit verbindlicher Rechtsnormen, sondern aus deren Vervielfältigung und – ggf. anlassgebundener – permanenter Neuschaffung. Die Forschung hat hierfür den Begriff des „**Maßnahmenstaates**" entwickelt, der, wenn überhaupt, durch einzelne, den Umständen und dem politischen Willen angepasste willkürliche Rechtsschöpfungen den „**Normenstaat**" ablöste. Auch das vorliegende Verfahren wird offenkundig auf der Grundlage einer Verordnung abgewickelt, die zusätzlich erlassen wurde und als solche nach dem üblichen Rechtsverständnis als Unrecht zu bezeichnen ist.
Der zur Macht gelangte Nationalsozialismus traf auf ein weitgehend funktionierendes Rechtssystem der Weimarer Republik. Dieses war lediglich dadurch eingeschränkt gewesen, dass die Richter überwiegend autoritär-konservativ gesinnt waren und bei politischen Prozessen in der Regel linke Gewalttaten härter bestraften als rechte. Der bereits bestehende Instanzenweg der Justiz wurde von den Nationalsozialisten im Wesentlichen nicht angetastet und funktionierte für die Mehrheit der Fälle weiter, auch wenn die Richter alsbald der **NS-Gleichschaltung** unterlagen und politisch und rassisch missliebige Personen aus dem Dienst entfernt wurden.
Erheblich stärker als durch die nationalsozialistische Infiltration in den Richterberuf wurde der Rechtsstaat jedoch durch neue, parallel zu den bestehenden entwickelte Gerichte ausgehebelt. Die sogenannten **Sondergerichte** waren für politische Straftatbestände aller Art zuständig. Bereits vom Zeitpunkt ihrer Einrichtung an war klar, dass sie dazu bestimmt waren, den politischen Willen der Nationalsozialisten rücksichtslos umzusetzen. Dazu waren die **Rechte der Verteidigung beschnitten**, ein **Instanzenweg nicht vorgesehen**.
Die Sondergerichte handelten auf der Grundlage zahlreicher neuer, ab Februar 1933 erlassener **Verordnungen** wie z. B. „Reichstagsbrand-" oder der „Heimtückeverordnung" von 1933, der „Volksschädlingsverordnung" oder – wie im vorliegenden Fall – der „Polenstrafrechtsordnung" von 1939. Gemeinsame Merkmale dieser parallel zum bestehenden Recht von der NS-Regierung erlassenen Rechtsverordnungen waren die drastische Verschärfung des Strafmaßes in Verbindung mit einer denkbar offenen Beschreibung der Straftatbestände. Häufig wurde etwa der Verweis auf das „**gesunde Volksempfinden**" (vgl. Anm. 1 zu M 1) als hinreichend zur Urteilsfindung angesehen. Es bereitete daher den (gleichgeschalteten) Richtern keine Probleme, selbst Bagatellen (vgl. M 2, Z. 25) zu todeswürdigen Verbrechen zu erklären und Todesurteile gegen missliebige Personen, seien es

politische Gegner, „Gemeinschaftsfremde“, „Wehrkraftzersetzer“ oder (wie im vorliegenden Fall) aufbegehrende Zwangsarbeiter, zu verhängen. In dieser Funktion waren die Sondergerichte dann erklärtermaßen Speerspitzen des politischen Willens der NSDAP. Charakteristisch für die Praxis der Sondergerichte sind die Prozesse des **Volksgerichtshofes**, der am ehesten als nationalsozialistisches Schautribunal angesehen werden kann, das sehr häufig den Zweck verfolgte, die Angeklagten vor ihrer Hinrichtung öffentlich zu erniedrigen und zu demütigen, um auf diese Weise zugleich eine kalkulierte Abschreckung zu entfalten. Auch die Praxis der **Kriegsgerichte**, die bis über die Kapitulation hinaus Todesurteile verhängten und vollstrecken ließen, kann in die Reihe der Institutionen des NS-Unrechts eingeordnet werden.
Hitler schreckte auch nicht davor zurück, begangenes Unrecht im Nachhinein legalisieren zu lassen und damit einen der ältesten abendländischen Rechtsgrundsätze auszuhebeln. Dies geschah etwa nach den **Röhm-Morden** im Juni/Juli 1934.
Insgesamt ordnete sich der NS-Staat auch die Justiz somit seinen Zwecken unter und **zerstörte die Judikative als dritte Gewalt**, wo es ihm zweckmäßig erschien.

4. *Die letzte Aufgabe dieses Aufgabenvorschlages enthält den Semesterübergriff zum Schwerpunktthema 2: Spätmittelalter. Zugleich ist sie durch den Operator „vergleichen“ als anspruchsvollste Aufgabe im AFB III ausgewiesen. „Vergleichen“ verlangt von Ihnen, historische Sachverhalte auf der Grundlage von Kriterien problembezogen gegenüberzustellen, um Gemeinsamkeiten, Unterschiede, Teil-Identitäten, Ähnlichkeiten, Abweichungen oder Gegensätze zu beurteilen. Es reicht also nicht aus, vordergründige Bezüge herzustellen. Stattdessen sollte eine Gliederung nach übergeordneten Kriterien nachweisbar sein; „problembezogen“ heißt, dass Sie über das bloße Faktenwissen hinaus die historische Relevanz einzelner Informationen und ihre Bedeutung korrekt darstellen können. Und schließlich soll der Vergleich im engeren Sinne in einem Sachurteil münden, zu dem in der vorliegenden Aufgabe zusätzlich ein (ausdrücklich gefordertes) Werturteil treten muss, in dem Sie Ihre persönliche Position sachlich begründet darlegen. Insofern erfordert die Bearbeitung dieser Aufgabe eine vorhergehende sorgfältige Disposition. Beachten Sie bitte, dass Sie in dieser Aufgabe auch M 3 berücksichtigen müssen.*
Einige der in Aufgabe 4 geforderten Aspekte sind durch die Aufgaben 1–3 bereits vorbereitet worden.

Unter dem Begriff der „**Gemeinschaftsfremden**“ fassten die Nationalsozialisten, wie gesehen, Angehörige verschiedener Gruppen aus ganz unterschiedlichen Motiven zusammen. Hierzu zählten rassische ebenso wie politische, religiöse oder gesundheitliche Gründe. Wen man dazu zählte, stand allzu oft im Belieben der NS-Willkürjustiz. War für die politischen Gegner (Sozialdemokraten, Kommunisten) aus rassenideologischer Sicht die Rückkehr in die „**Volksgemeinschaft**“ zumindest theoretisch möglich, so blieben, getreu dem völkischen Denken, „Fremdvölkische“ kategorisch ausgeschlossen und unter Sonderrecht gestellt. Ihre Ausgren-

zung wurde, wie das besondere Kennzeichen für polnische Zwangsarbeiter (M 3) beispielhaft zeigt, auch optisch markiert, indem man sie und andere „Gemeinschaftsfremde" auf der Kleidung für jedermann sichtbar als Angehörige einer bestimmten Minderheit – und das hieß zugleich: Menschen minderen Rechtes – auswies. In den **Konzentrationslagern** schlugen sich diese willkürlichen Unterschiede nationalsozialistischer Ideologie in einer **Lagerhierarchie** nieder.
In besonderem Maße betroffen von der Ausgrenzung „Gemeinschaftsfremder" und ihrer Stigmatisierung waren die Juden. Der ins Wahnhafte gesteigerte **Antisemitismus** bildete einen weiteren Eckpfeiler der NS-Ideologie und erhob die „jüdische Rasse" zum Hauptfeind Deutschlands. Die Verfolgung der Juden durch das NS-Regime begann in Deutschland bereits 1933 und eskalierte in den Jahren danach. Sie mündete ab 1942 in dem Plan ihrer **systematischen** Vernichtung in Europa, einem beispiellosen **Völkermord**.

Der Antisemitismus blickte in Europa auf eine lange Tradition zurück. Bereits im hohen und späten Mittelalter kam es immer wieder zu Verfolgungen und **Pogromen** gegen Juden. Die mittelalterliche Gesellschaft war stärker von Gruppenzugehörigkeiten geprägt als die moderne. Auf dem Land zeigte sich dies in einer spürbaren vertikalen **Ständeordnung**; in der Stadt entschieden die Zugehörigkeit zum Patriziat oder zu einer Zunft über den sozialen Status; anderenfalls verblieb man in der städtischen Unterschicht. Im Gegensatz zum neuzeitlichen war mittelalterliches Recht von vornherein überwiegend gruppengebundenes Recht. Einigendes spirituelles Band war einzig die **katholische Kirche**. Sie stiftete immerhin eine geistliche Grundlage an Gemeinschaft für alle Menschen, denen Vorstellungen moderner, zentralistischer Herrschafts- und Verwaltungspraxis insgesamt noch weitgehend unbekannt waren.
Ausgeschlossen blieben hiervon wiederum die Juden. Als einzige nichtchristliche religiöse Minderheit standen sie zwar seit dem frühen Mittelalter unter dem **Schutz des Königs**, dem sie hierfür Abgaben leisteten; insgesamt blieben sie, zumeist in den Städten angesiedelt, jedoch ein Fremdkörper im Gefüge der mittelalterlichen Sozialverfassungen. Eine spezielle **Judentracht** wies sie als Juden aus; aber das galt für alle sozialen Gruppen der Stadt. Die Unwissenheit über ihre religiösen Gebräuche ließ bisweilen das Gerücht aufkommen, Juden würden **Ritualmorde** an christlichen Kindern verüben. Auch ihre Rolle in der christlichen Überlieferung wies ihnen eine Außenseiterstellung zu: Als **Christusmörder** geschmäht, waren sie Ziel irrationaler Vorstellungen und Schuldzuweisungen im Zuge ausbrechender **Hysterie** anlässlich der vielfältigen **Krisenerscheinungen** der Zeit, vorzugsweise der **Pest** in der Mitte des 14. Jahrhunderts. Der **christliche Antijudaismus** des Mittelalters war insofern zunächst religiös begründet.
Hinzu traten **ökonomische Verfolgungsgründe**. Infolge von massiven **Berufsbeschränkungen** waren Juden zumeist auf Handel und Geldverleih angewiesen. Dies führte besonders in Krisenzeiten oft zu Übergriffen gegen die vermeintlich wohlhabende jüdische Minderheit. Ihre Vertreibung bzw. Ermordung, besonders im Spätmittelalter, als das Königtum nicht mehr imstande war, seine Autorität gel-

tend zu machen und Schutz zu gewähren, sanierte die Finanzen der städtischen Bürgerschaften, gelegentlich auch der Landesherren.

Zeigt sich in den Judenverfolgungen des Spätmittelalters insofern ein Grundmuster der Ausgrenzung, das dem im Nationalsozialismus ähnelt, so weist der Vergleich mit dem nationalsozialistischen Antisemitismus jedoch auch erhebliche **Unterschiede** auf. Kann man, verstärkt nach dem Ausbruch der **Weltwirtschaftskrise** 1929, eine Kontinuität hinsichtlich der ökonomischen Motive erkennen, so ist der religiös motivierte christliche Antijudaismus im Nationalsozialismus durch einen **rassistisch begründeten Antisemitismus** ersetzt worden. Dies bedeutete zugleich, dass es für die Juden kein Entrinnen gab; denn die Taufe als Mittel erzwungener Integration, um der Verfolgung zu entgehen, entfiel jetzt. Es blieb die **totale Exklusion** als „Gemeinschaftsfremde", welche auf ein Entweder – Oder zwischen „jüdischer Weltherrschaft" oder „deutschem Endsieg" hinauslief und in den Plan der totalen Vernichtung der Juden Europas münden sollte.

In der praktischen Durchführung waren die mittelalterlichen **Pogrome** zwar ebenfalls blutige Exzesse entfesselter Gewalt und sie forderten viele Tote. Im Gegensatz zur Judenverfolgung im Nationalsozialismus fehlten ihnen jedoch die Dimensionen der **zentralen Planung** und **Lenkung** sowie der **systematischen Durchführung**. Mittelalterliche Pogrome blieben zumeist lokal begrenzte Ereignisse von kurzer Dauer. Von der Obrigkeit wurden die Taten eines städtischen Mobs oft alsbald eingedämmt und untersagt. Der NS-Staat hingegen stellte den Verwaltungsapparat eines modernen Staates sowie das gesamte technische Potential einer modernen Industriekultur in den Dienst des Völkermords und schuf damit die Voraussetzungen für sein bekanntes Ausmaß: ca. sechs Millionen europäische Juden fielen ihm zum Opfer.

Die unfassbaren Dimensionen dieses Völkermordes verdecken leicht, dass es zahlreiche andere Gruppen gab, die ebenfalls vom Vernichtungsurteil der Nationalsozialisten betroffen waren. 1945, am Ende des **Zweiten Weltkrieges**, hatte die hochbrisante Verschmelzung verschiedener ideologischer Denkmuster ein Meer an Blut und Unrecht zurückgelassen. Europa lag in Trümmern, 55 Millionen Menschen waren gestorben. All dies hatte seine Ursache in einem verhängnisvollen, aus heutiger Sicht nicht nur juristisch abwegigen, sondern auch moralisch zutiefst verwerflichen Irrweg deutscher Politik und deutschen Rechts, der Jahrhunderte europäischer Rechtstradition kurzerhand beiseiteschob und der zum Glück auch keine Nachfolge im neuen Deutschland nach 1945 gefunden hat. Das **Grundgesetz** knüpfte an die westeuropäischen Traditionen des Humanismus und der Aufklärung an und hat in den 60 Jahren seiner Geltung seine Qualität eindrucksvoll unter Beweis gestellt.

Abiturprüfung Niedersachsen 2009 – Geschichte
Erhöhtes Anforderungsniveau – Aufgabe II

Thema: US-Imperialismus in Lateinamerika

Aufgabenstellung

1. Fassen Sie – nach einer quellenkritischen Einführung – Roosevelts Ausführungen (M 1) zusammen.
2. Stellen Sie die Sicht der Karikatur (M 3) auf den spanisch-amerikanischen Krieg derjenigen Roosevelts (M 1) gegenüber.
3. Arbeiten Sie heraus, inwieweit M 1 das US-amerikanische Selbstverständnis um die Wende zum 20. Jahrhundert widerspiegelt.
4. Diskutieren Sie unter Einbeziehung Ihrer bisherigen Erkenntnisse sowie des Textes M 2, ob bzw. inwieweit die Beeinflussung Roosevelts und seiner Politik durch den Sozialdarwinismus mit der Rezeption sozialdarwinistischer Gedanken durch den Nationalsozialismus vergleichbar ist.

M 1: Theodore Roosevelt: Eine Autobiographie (1913; Auszug)

Keine Nation kann Rechte beanspruchen, ohne die Pflichten anzuerkennen, die mit den Rechten einhergehen. Es ist für eine große Nation verwerflich, sich ihrer internationalen Handlungsfähigkeit zu berauben, sei es aus Feigheit oder Trägheit, sei es aus purer Unfähigkeit, in die Zukunft zu schauen. Es ist niederträchtig, wenn eine Nation anderen Unrecht zufügt [...]; und es ist fast genau so schlimm, Verantwortung zu übernehmen und ihr dann nicht nachzukommen. Während der siebeneinhalb Jahre meiner Präsidentschaft hat sich unsere Nation in internationalen Angelegenheiten anderen Nationen gegenüber exakt so verhalten, wie sich ein Ehrenmann seinen Mitmenschen gegenüber verhält. Wir haben keine Versprechen gegeben, die wir nicht einhalten konnten und eingehalten haben. Wir haben keine Drohung ausgesprochen, die wir nicht auch ausgeführt haben. Wir haben den Starken gegenüber nie versäumt, unsere Rechte durchzusetzen, und wir haben es nie versäumt, die Starken wie die Schwachen höflich und gerecht zu behandeln; und angesichts des Fehlverhaltens der Schwachen haben wir uns eher zurückgehalten, unsere Rechte durchzusetzen, als im Falle der Starken.

Der spanische Krieg hatte zur Folge, dass wir in besonderen Beziehungen zu den Philippinen, Kuba und Puerto Rico standen und unsere Interessen in Mittelamerika und der Karibik gewaltig vermehrt worden waren. [...] Wir hatten jedoch ausdrücklich versprochen, die Insel Kuba wieder zu verlassen, hatten Kuba ausdrücklich die Unabhängigkeit zugesichert. Schon bald nach meinem Amtsantritt haben wir dieses Versprechen eingelöst. [...]

Bald nachdem ich meine Arbeit als stellvertretender Marineminister [1897/98] aufgenommen hatte, entwickelte ich die Überzeugung, dass der Krieg kommen würde. Die Revolte in Kuba zog sich endlos hin, bis die Bedingungen so furchtbar geworden waren, dass sie für uns eine andauernde Schande bedeuteten und wir ihre Existenz nicht länger zulassen konnten. Es gibt vieles, was ich am spanischen Charakter ernsthaft bewundere; und es gibt wenige Menschen, denen gegenüber ich größeren Respekt empfinde, als gegenüber einigen mir bekannten Herren aus Spanien. Doch Spanien versuchte seine Kolonien nach archaischen Prinzipien zu regieren, die ihm eine Kontrolle über sie gaben, die mit dem Fortschritt der Menschheit unvereinbar und vor dem Gewissen der Menschheit unerträglich war. 1898 zog sich der sogenannte Krieg in Kuba schon seit Jahren hin, in kaum erträglicher Weise geprägt von Grauen, Erniedrigung und Elend. Es war eigentlich überhaupt kein „Krieg", sondern mörderische Unterdrückung. Kuba war zugrunde gerichtet.

Während jener Jahre wurden, während wir am „Frieden" festhielten, hundertmal so viele Leben – Leben von Männern, Frauen und Kindern – verloren wie während der drei Monate „Krieg", die diesem Hinschlachten ein Ende bereiteten und den Kubanern eine Zukunft friedlichen Fortschritts eröffneten. Doch es gab irregeleitete berufsmäßige Menschenfreunde, die sich so sehr um Begriffe statt um Fakten sorgten, dass sie einen „Frieden" andauernden Mordens einem „Krieg" vorzogen, der diesen Mord stoppte und wirklichen Frieden brachte. Die Erniedrigung Spaniens war sowieso sicher; sogar sicherer ohne Krieg als mit ihm, denn es konnte die Insel nicht auf Dauer halten, und es machte ihm mehr aus, sich den Kubanern zu ergeben als uns. Unser direktes Eigeninteresse war groß wegen des kubanischen Tabaks und Zuckers und insbesondere wegen Kubas Beziehung zu dem in Aussicht genommenen Isthmischen Kanal [Panama-Kanal]. Doch vom Standpunkt der Menschlichkeit aus waren unsere Interessen noch sehr viel größer. Kuba lag direkt vor unserer Haustür. Es war furchtbar für uns, uns entspannt zurückzulehnen und seinem Todeskampf zuzuschauen. Es war unsere Pflicht, mehr noch vom Standpunkt nationaler Ehre als vom Standpunkt nationalen Interesses, die Verwüstung und Zerstörung zu stoppen. Aus diesen Überlegungen heraus war ich für Krieg; und heute, wenn es im Rückblick einfacher ist, die Dinge klar zu sehen, gibt es nur wenige human denkende, ehrenwerte Menschen, die nicht glauben, dass der Krieg sowohl gerecht als auch notwendig war.

(Theodore Roosevelt: Aus meinem Leben, Leipzig: Brockhaus 1914; übersetzt von Max Kullnick.)

M 2: Janette Thomas Greenwood: Theodore Roosevelt und der Krieg

Roosevelt hatte [1898] bereits seit Jahren einen amerikanischen Krieg mit Freude erwartet, insbesondere einen, der die Weltmachtstellung des Landes ausbauen würde. Für Roosevelt und viele andere seiner Generation bedeutete Krieg die Erfüllung einer lange gehegten Hoffnung. Zutiefst beeinflusst vom Sozialdarwinismus und der sorgsamen Beobachtung der wachsenden Weltreiche Großbritanniens, Deutschlands und Japans, glaubten Roosevelt und viele seiner Landsleute, dass die Vereinigten Staaten ohne die Entschlossenheit, mit anderen Nationen um die Bildung eines Weltreichs zu konkurrieren und zu kämpfen, dem Niedergang geweiht seien. In den 1890er Jahren glaubten Roosevelt und viele andere Sozialkritiker zudem, dass die Amerikaner „weich“ und „überzivilisiert“ zu werden begannen und es mit ihrem Land bergab gehe. Sie hielten energische Aktivitäten für notwendig, diesem offenbaren Niedergang entgegenzuwirken. Roosevelt erklärte: „[…] wenn wir die kraftvollen, männlichen Qualitäten verlieren und zu einer Nation von bloßen Verkaufsfritzen herabsinken, die den Gewinn über alles stellen, nur um das Leben angenehm zu machen, dann werden wir tatsächlich einen Zustand erreichen, der schlechter ist als derjenige der antiken Zivilisationen in den Jahren ihres Verfalls.“ Ein Krieg mit Spanien wäre nicht allein ein Gegenmittel gegen einen Niedergang der USA, sondern würde auch die junge Nation fest als eine Weltmacht etablieren.

(Janette Thomas Greenwood: The Gilded Age, New York 2000, S. 153 f.)

Anmerkung zur Autorin von M 2:
Janette Thomas Greenwood ist Professorin für Geschichte an der Clark University in Worcester, Massachusetts (USA).

M 3: Karikatur aus der spanischen (katalanischen) Zeitung *La Campana de Gracia* (April 1898)

Erläuterungen der katalanischen bzw. spanischen Ausdrücke (in alphabetischer Reihenfolge):

dinamita	Dynamit
estats units	Vereinigte Staaten
guerra	Krieg
indemnizacion	Entschädigung
intervencion	Intervention
rhum	Rum
socorros	Hilfe(n)

Hilfsmittel
Keine

Erläuterungen und Bearbeitungshinweise

Dieser Aufgabenvorschlag bezieht sich zum größten Teil auf den thematischen Schwerpunkt 1 (Imperialismus – Expansion im Industriezeitalter) und wendet sich hier dem verbindlichen Unterrichtsaspekt „US-Imperialismus in Lateinamerika und im Pazifischen Raum: der spanisch-amerikanische Krieg; Ausbildung eines eigenen Selbstwert- und Überlegenheitsgefühls – auch gegenüber den europäischen Mächten" zu. Nur am Rande wird auch der Aspekt „Zeitgenössische Kritik am Imperialismus" gestreift. Der (inhaltlich sehr plausible) Semesterübergriff in Aufgabe 4 erfolgt zum thematischen Schwerpunkt 3 (Ideologie und Herrschaft des Nationalsozialismus zwischen Verführung und Terror) und bezieht sich hier auf den verbindlichen Unterrichtsinhalt „Ideologische Wurzeln des Nationalsozialismus unter besonderer Berücksichtigung des Aspekts Sozialdarwinismus". In dieser Aufgabenvorschlag geht es um die Leitprobleme „Krieg und Frieden" und „Herrschaft und Freiheit" sowie um die Dimensionen der Politik- und der Kulturgeschichte. Die Wertigkeit der Operatoren schlägt sich auch in der Gewichtung der Teilaufgaben nieder:

Verbindliche Gewichtung der Teilaufgaben

Teilaufgabe	überwiegend Anforderungsbereich	Gewichtung in Prozent
1	I	20
2	II	25
3	II	25
4	III	30

Lösungsvorschläge

1. *Der vorliegende Auszug aus Roosevelts Autobiographie hat es in sich. Wie bei Auszügen, die reich an Auslassungen sind, häufig anzutreffen, scheint der originale Argumentationsgang durchbrochen und dessen Rekonstruktion kaum möglich. Daher hat man es möglicherweise mit sehr unterschiedlichen Gedanken zu tun, die sich nicht ganz einfach zusammenfassen lassen. Alternativ zur textnahen Wiedergabe (Beispiel a)) ist auch eine eigenständigere (Beispiel b)) möglich. Einfacher ist die quellenkritische Einleitung, die möglichst prägnant darlegen sollte, welche Chancen, vor allem aber welche Einschränkungen, man bei der Interpretation des Textes in Rechnung stellen muss (AFB I).*

   Beim vorliegenden Text handelt es sich um einen Auszug aus der **Autobiographie** des ehemaligen US-Präsidenten Theodore Roosevelt. Dieser äußert sich aus einer Distanz von 15 Jahren über Beweggründe und Ereignisse rund um den spanisch-amerikanischen Krieg von 1898. Seine Ausführungen sind dabei in ihrem Erkenntniswert insofern begrenzt, als sie vollständig aus der Perspektive ihres Verfassers geschrieben, mit anderen Worten höchst **subjektiv** sind; im konkreten Falle dürfte angesichts des Themas ein handfester **Rechtfertigungsbedarf** aufseiten Roosevelts bestehen, auch wenn er 1898 noch nicht Präsident, sondern stellvertretender Marineminister war. Denn Roosevelt war in den Folgejahren **Hauptverantwortlicher** für die Hinwendung der US-Außenpolitik zum **Imperialismus**, dessen ersten Schritt er hier aus seiner Sicht darstellt und rechtfertigt.

a) Seinen Ausführungen zum Geschehen des Jahres 1898 stellt er die Prämisse voran, dass es die Pflicht einer großen Nation sei, ihre politische Handlungsfähigkeit in verantwortungsvoller Weise wahrzunehmen (Z. 1–6). Während der Zeit seiner Präsidentschaft hätten die USA sich dementsprechend ehrenhaft verhalten, indem sie Versprechen und Drohungen konsequent entsprechende Taten folgen ließen. Dabei sei man starken Nationen entschiedener gegenübergetreten als schwachen (Z. 6–15).
Infolge des spanisch-amerikanischen Krieges seien „besondere[…] Beziehungen" (Z. 16) zu den Philippinen, Kuba und Puerto Rico entstanden und die US-Interessen in Mittelamerika und der Karibik seien erheblich erweitert worden (Z. 16 ff.). Ihrem Versprechen gemäß hätten sich die USA jedoch umgehend wieder aus Kuba zurückgezogen und es in die Unabhängigkeit entlassen (Z. 18–21).
Er selber sei bereits vor Beginn des Krieges von dessen Notwendigkeit überzeugt gewesen, da es für die USA eine Schande gewesen wäre, die Zustände auf Kuba länger zuzulassen. Spanien habe seine Kolonien nach „archaischen Prinzipien" (Z. 29) regiert, wie sie mit dem „Fortschritt der Menschheit unvereinbar" und „vor dem Gewissen […] unerträglich" (Z. 30 f.) seien. Kuba sei durch den bereits längere Zeit andauernden Krieg längst zugrunde gerichtet gewesen (Z. 31–34). Während dieser Jahre hätten auf Kuba mehr Menschen ihr Leben verloren als während des eigentlichen Krieges. Obwohl die US-Intervention Kuba eine bessere Zukunft beschert habe, habe es dennoch Kriegsgegner gegeben (Z. 38–41). Für Spanien sei die unvermeidliche Niederlage gegen die USA leichter zu ertragen gewesen als gegen die Kubaner (Z. 41–43). Auch wenn es mit Hinblick auf kubanische Handelswaren sowie den Panama-Kanal durchaus eigene Interessen der USA gegeben habe, hätten die „vom Standpunkt der Menschlichkeit aus" formulierten Interessen überwogen (Z. 46). Den verheerenden Zuständen dort Einhalt zu gebieten, sei nationale Pflicht gewesen. Daher sei er, Roosevelt, für den Krieg eingetreten und auch zum gegenwärtigen Zeitpunkt noch ebenso wie die meisten ehrenwerten Menschen von der Richtigkeit dieser Entscheidung überzeugt (Z. 47–53).

b) Die argumentativ gewundenen Ausführungen Roosevelts führen zwei verschiedene Argumentationsgänge parallel und bemühen sich darum, sie als einen erscheinen zu lassen. Einerseits rechtfertigt Roosevelt den Kriegseintritt der USA, auch gegen die Fraktion der „irregeleitete[n]" (Z. 38) Kriegsgegner (Z. 38–41), als den einer Interventionsmacht im Namen von „Fortschritt" und „Menschlichkeit" (Z. 30, 46, vgl. auch Z. 38) gegen die nach „archaischen Prinzipien" (Z. 29) verfahrende spanische Herrschaft. Als solche hätten die USA die Pflicht gehabt, den durch die spanische Kolonialherrschaft unterdrückten Kubanern zur Hilfe zu eilen (Z. 31–34). Bald nach der Befreiung habe man Kuba infolgedessen auch wieder in die Unabhängigkeit entlassen (Z. 18–21). Mit dem Sieg über Spanien habe man lediglich eine historische Entwicklung befördert, die zwangsläufig eingetreten wäre (Z. 41–43). Im Zeichen konsequent verfolgter „nationaler Ehre" (Z. 49) sei er auch in der Rückschau von der Richtigkeit der Kriegsentscheidung überzeugt (Z. 50–53).

Auf der anderen Seite räumt Roosevelt ein, dass die USA auch aus ökonomischen Interessen gehandelt hätten und sich diese infolge des Krieges erheblich vergrößert hätten (Z. 43–46, 16–18). Gegenüber der humanitären Mission empfindet er die ökonomischen Interessen jedoch als nachrangig (Z. 46–50).

Roosevelt bettet das Vorgehen der USA in einen Kontext von Handlungsprinzipien ein, die seiner Auffassung nach für alle Staaten gälten: Jeder Staat müsse handlungsfähig bleiben und seiner Verantwortung nachkommen. Diesem Vorsatz seien die USA während seiner Präsidentschaft konsequent gefolgt. Sie hätten dabei die Schwachen stets mehr geschont als die Starken (Z. 1–15).

2. *Die Aufgabe beinhaltet einen Vergleich der Aussagen von M 1 und M 3. Wichtig ist hier wie generell eine genaue Kenntnis der Bedeutung des Operators: „Gegenüberstellen" geht nämlich über einen immanenten Vergleich hinaus (der ja wenig mehr leisten würde, als es bereits Aufgabe 1 getan hat), indem zusätzlich eine argumentierende Gewichtung verlangt wird. Hier sollen die beiden Aussagen im Hinblick auf ihre historische Tragfähigkeit verglichen werden: Was leisten die beiden Materialien, was leisten sie nicht? Welche Darstellung der Ereignisse von 1898 ist plausibler bzw. eher gerechtfertigt?*
Bei Aufgaben dieses Typs pflegen Schülerinnen und Schüler sich in der Regel unmittelbar dem neuen Material (hier: M 3) zuzuwenden. Im Sinne der Gesamtanlage der Klausur sollten Sie darüber nachdenken, ob es nicht sinnvoll ist, der vorangegangenen Inhaltsangabe zu M 1 jetzt eine kontextualisierende und zusammenfassende Interpretation folgen zu lassen und erst anschließend M 3 einzubeziehen. Eine solche behutsam überleitende Gliederung ist eleganter und zeugt von Übersicht (AFB II).

Die von Roosevelt in M 1 vertretene Position kann exemplarisch für die Legitimation des US-Imperialismus um die Jahrhundertwende gesehen werden. Die erkennbare Zweigleisigkeit aus handfesten, aber verhohlen formulierten **ökonomischen Interessen** nach der **Schließung der Frontier** um 1890 sowie der Suche nach Rohstofflieferanten und **Absatzgebieten** einerseits und dem vordergründig ins Feld geführten **humanitären Engagement** der USA unter Verweis auf die Werte ihrer Verfassung bildet jene eigentümliche Mischung, die den US-Imperialismus fortan kennzeichnen sollte.

Vertritt Roosevelt im vorliegenden Material die Mehrheitsposition der US-Außenpolitik dieser Jahre, so stellt die 1898 in der **spanischen Zeitung** „La Campana de

Gracia“ erschienene Karikatur die US-Außenpolitik aus Sicht des Kriegsgegners Spanien dar.
Zu sehen ist der an seinen typischen Attributen (Hut, gestreifte Hosen, Stiefel, Bart) erkennbare „**Uncle Sam**“ als Personifikation der USA, wie er, versehen mit allerlei Kriegsgerät (Kanonen, Dynamit, Säbel, Revolver), soeben das nordamerikanische Festland verlässt und ins Meer, mutmaßlich die Karibik, steigt. Er tut dies in Begleitung eines fetten Schweines, das mit US-Farben und -Fahne dekoriert ist, um dessen Hals eine Kette mit Dollar-Münzen hängt und aus dessen Maul Blut tropft. Ringsum schwimmen Papierschiffchen im Wasser. „Uncle Sams“ Mimik ist aggressiv-wutverzerrt. Sprechblasen, die wie Kanonenkugeln oder Bomben aus seinem Mund heraustreten, skizzieren die Motivation seines Ausgreifens über das Staatsgebiet der USA hinaus: Dabei kontrastiert ein vermeintlich selbstloser Begriff wie „Hilfe“ den klar formulierten Durchsetzungswillen eigener Interessen in Gestalt von „Entschädigung“ oder „Maine“, womit das US-Kriegsschiff gemeint ist, dessen Untergang im Hafen von Havanna im Februar 1898 den Anlass für die US-Intervention auf Kuba gegeben hatte. Die weiteren Begriffe karikieren die Rechtfertigung der USA für ihr Eingreifen: Interveniert wird anlässlich der vermeintlichen Versenkung der „Maine“. Gefordert wird ebenfalls eine Entschädigung für die Aufständischen, denen die USA mit dem Krieg Hilfe bringen wollen. Die Rumflasche am Gürtel dürfte eher auf die erwarteten Handelsvorteile als auf die physiologischen Bedürfnisse von „Uncle Sam“ verweisen. Gemeinsam mit dem Schwein, das als Allesfresser mutmaßlich die US-Ökonomie darstellen soll, und den zahlreichen Schiffen im Zeitalter des Navalismus deutet die Karikatur die amerikanische Intervention auf Kuba somit als aggressiven Akt, hinter dessen Vorwand der humanitären Intervention sich handfeste Eigeninteressen der USA verbergen. Im Schwein wiederum sind vermutlich die imperialistischen Interessengruppen symbolisiert, deren Lobby-Stakkato die US-Politik folgt.
M 3 demaskiert insofern den US-Imperialismus im Hinblick auf sein Hauptmotiv, die **ökonomische Prosperität** der Vereinigten Staaten. Für diese Lesart des Geschehens bot die weitere Entwicklung Anlass genug, denn in den von Spanien aufgegebenen Gebieten entwickelten die USA in der Tat eine Einflusszone, die in der Folgezeit indirekt beherrscht, zumindest aber in wirtschaftlicher Abhängigkeit gehalten wurde und für die sie ein **Interventionsrecht** beanspruchten. Die freiheitliche Motivation hingegen, die, wenn auch nicht vorrangig, angesichts des faktischen Unrechts und der prekären Zustände auf Kuba von der US-Seite als Argument angeführt wurde, wird in der Karikatur komplett unterschlagen.
Insofern betont die Karikatur exakt diejenigen Gründe für das Eingreifen der USA, die Roosevelt eher verschweigt, wenn er vor allem humanitäre Aspekte in den Vordergrund rückt und darüber hinaus die Grausamkeit der spanischen Herrschaft anprangert. Beide Materialien blenden daher bestimmte Aspekte der historischen Situation in dem Maße aus, in dem sie andere umso stärker hervorheben. Eine distanzierte Bewertung der Ereignisse des Jahres 1898 neigt indes eher der Lesart von M 3 zu, da der spanisch-amerikanische Krieg in der Tat als Beginn des systematischen imperialistischen Engagements der USA im südamerikanischen und pazifischen Raum gesehen wird.

3. *Abermals zeigt diese Aufgabe die Wichtigkeit guter Operatorenkenntnis. Denn der Operator „herausarbeiten“ ist dem AFB II zuzuordnen und geht über die bloße Reproduktion hinaus. Er sieht vor, „aus Materialien bestimmte historische Sachverhalte heraus[zu]finden, die nicht explizit genannt werden, und Zusammenhänge zwischen ihnen her[zu]stellen“ (EPA Geschichte). Konkret heißt dies, dass hier die M 1 zugrunde liegenden, aber nicht ausdrücklich ausgewiesenen historisch-politischen Hintergründe erläutert werden sollen. Es geht also darum, das im Unterricht erworbene Wissen in Bezug auf M 1 zu reorganisieren. Hierbei müssen Auswahlentscheidungen getroffen werden (z. B. empfiehlt es sich nicht unbedingt, hier stur mit Washingtons Isolationismus-Forderung von 1796 zu beginnen).*

Nach Jahrzehnten der Zurückhaltung vollzog sich um die Jahrhundertwende ein folgenschwerer Wandel in der US-Außenpolitik. Wie bereits in M 1 deutlich wird, reklamierte Roosevelt für die USA den Status einer **hegemonialen Großmacht**. Dies zeigt sich an der Bereitschaft, Verantwortung zu übernehmen (Z. 5 f.) ebenso wie an dem Selbstbewusstsein, mit dem er verkündet, Drohungen gegebenenfalls auch Taten folgen zu lassen (Z. 10 f.).
Mit dieser Haltung verabschiedeten sich die USA 1898 vom selbstgewählten **Isolationismus** des 19. Jahrhunderts, der bis dahin zu den kaum je hinterfragten Grundannahmen US-amerikanischer Außenpolitik gehört hatte. Zu einem offensiven außenpolitischen Engagement hatte zuvor wenig Anlass bestanden, solange der Landesausbau in Gestalt der **Westexpansion** noch nicht abgeschlossen war. Im unbesiedelten Westen fand die aufstrebende Nation während des 19. Jahrhunderts genug Raum, um ihre durch die fortgesetzte Einwanderung weiter wachsende Bevölkerung anzusiedeln und ihre Wirtschaftsgüter abzusetzen. Auf diese Bewegung und die damit verbundene Vorstellung von einer **Zivilisierungsmission** gegenüber den dort lebenden Indianern bezog sich auch der 1839 erstmals formulierte Gedanke vom **Manifest Destiny** des amerikanischen Volkes. Die USA, so lautete die Überzeugung, seien berufen, den primitiven Völkern die Segnungen ihrer Zivilisation (und Religion) zu vermitteln und sie aus ihrer kulturellen Befangenheit zu erlösen.
Mit der **Schließung der Frontier** zu Beginn der neunziger Jahre drohten diese Überzeugungen inhaltsleer zu werden. Wirtschaftlich strebten die einschlägigen Pressure Groups jetzt nach neuen **Absatzmärkten** für die eigenen Überschüsse. Die Politik folgte diesem Bedürfnis, indem sie das Manifest Destiny gewissermaßen über den nordamerikanischen Kontinent hinaus erweiterte und es auf andere Teile der Welt erstreckte. Hiermit wurde eine Legitimation für das Ausgreifen der USA geschaffen. Dass man sich in der Tat dieser Hilfskonstruktion bediente, zeigt Roosevelts Betonung des humanitären Charakters der Intervention auf Kuba in M 1.
Eine weitere Wurzel von Roosevelts Handeln findet sich in der **Monroe-Doktrin** von 1823. Darin hatte Präsident Monroe die USA zur **Schutzmacht der südamerikanischen Staaten** erklärt, als diese sich kurz nach dem Gewinn ihrer Unabhängigkeit spanischen Rekolonialisierungsbestrebungen gegenübersahen. War dies über Jahrzehnte hinweg zunächst ein theoretischer Anspruch geblieben, so gewann

dieses Dogma der US-Außenpolitik 1898 praktische Relevanz. Indes kann von Rekolonialisierung auf Kuba kaum die Rede sein, da es hier eine Kontinuität spanischer Herrschaft gab.
Der Eintritt in den spanisch-amerikanischen Krieg bedeutete darüber hinaus aber auch den Eintritt in die aktive **Weltpolitik**, d. h. in die bis dato vor allem von den europäischen Großmächten gestaltete imperialistische Aufteilung der Welt. Im Zuge dieser offensiven Auslegung der US-Interessen ergänzte Präsident Roosevelt die Monroe-Doktrin im Jahre 1904 um einen bezeichnenden Zusatz (**Roosevelt Corollary**), der die USA zur **internationalen Polizeigewalt** auf dem amerikanischen Kontinent und im Pazifik erklärte. Nur das Wohlverhalten der betroffenen Staaten – und das hieß: die Öffnung gegenüber amerikanischen Wirtschaftsinteressen – garantierte fortan die Nichtintervention der USA. Faktisch bedeutete dies allerdings eine Abhängigkeit der meisten Staaten von den USA. Der **Dollar-Imperialismus** verzichtete zumeist auf den direkten herrschaftlichen Zugriff, sorgte aber für ungleiche Wirtschaftsbeziehungen zum Vorteil der US-Konzerne. Dass die politische Lage auf dem amerikanischen Kontinent dem nicht im Wege stand, zeigt der Verlauf des spanisch-amerikanischen Krieges: Spanien wurde aus seinen letzten kolonialen Resten jenseits des Atlantiks vertrieben, die Kubaner selber waren aber viel zu schwach, um sich dem Einfluss der USA langfristig wieder zu entziehen. Roosevelt hatte insofern allen Grund, sein unverhohlenes Selbstbewusstsein zur Schau zu stellen. Vereinzelte Gegenstimmen wie die der **Anti-Imperialist-League**, die sich auf die Grund- und Freiheitsrechte der amerikanischen Verfassung beriefen, blieben in der Minderheit.

4. *Bei der letzten Aufgabe handelt es sich erwartungsgemäß um diejenige mit dem höchsten Schwierigkeitsgrad (AFB III). Inhaltlich enthält sie zunächst einen Semesterübergriff zwischen den Schwerpunktthemen 1 und 3 in Gestalt eines Vergleiches, der auf einer abermals erweiterten Materialgrundlage anzustellen ist: Die bisherigen Ergebnisse der Aufgaben 1–3 sind ebenso einzubeziehen wie – als zentrales, neues Material – M 2. Daher muss eine Inhaltsangabe von M 2 zwingend in die Bearbeitung eingebaut sein, auch wenn diese nicht ausdrücklich gefordert ist. Der Begriff des Sozialdarwinismus muss, falls noch nicht geschehen, spätestens hier pointiert aus M 1 erarbeitet werden. Schließlich erfordert diese komplexe Aufgabe den Aufbau einer eigenständigen Argumentation entsprechend der (vor allem im Fach Deutsch) erlernten Verfahren zur Abfassung einer Erörterung. Auch wenn es sich hier um eine Abiturarbeit handelt, zeigt die Erfahrung, dass die sinnhafte Erfassung des komplexen, dreieinhalbzeiligen Arbeitsauftrages viele Schülerinnen und Schüler vor große Herausforderungen stellt. Nehmen Sie sich daher bitte ausführlich Zeit, um ihn zu verstehen!*

Roosevelts Überlegungen waren ideologisch dem Gedankengut des 19. Jahrhunderts auf vielfältige Art und Weise verbunden. Eine wesentliche Grundlage stellte hier das Gedankengebäude des **Sozialdarwinismus** dar. In Anlehnung an die in der zweiten Jahrhunderthälfte veröffentlichte **Evolutionstheorie** von Charles Darwin

übertrug man deren Grundmerkmale vom „*survival of the fittest*“ und vom „*struggle for life*“ in trivialisierender, entstellender Weise auf das Zusammenleben der Menschen im Allgemeinen. Im Imperialismus wandte man sie sogar auf die Beziehungen der Staaten und Völker untereinander an. Außenpolitik, so lautete die logische Konsequenz, hatte zum Ziel, die Interessen der eigenen Nation im Daseinskampf mit den anderen Staaten erfolgreich zur Geltung zu bringen. Auch in M 1 lässt sich dieser Gedanke nachweisen. Das von Roosevelt eingeräumte ökonomische Interesse der USA an der Karibik (Z. 44 ff.) sollte nicht nur dazu dienen, sich die dortigen Staaten dienstbar zu machen. Es zielte zugleich auf die weltpolitische Bedeutung der USA im Verhältnis zu den europäischen Großmächten.
Darauf, dass der Sozialdarwinismus darüber hinaus im Falle Roosevelts noch eine andere Ausprägung gewann, hat die Historikerin Janette Thomas Greenwood hingewiesen (M 2). Greenwood arbeitet heraus, dass Roosevelt und viele seiner Zeitgenossen mit dem Glauben an die Notwendigkeit des Kampfes mit anderen Nationen zugleich die **Furcht vor dem Niedergang der amerikanischen Nation** im Falle einer Niederlage verbanden (Z. 4–8). Den Grund hierin habe man in der beginnenden „Verweichlichung“ und „Überzivilisierung“ der Amerikaner gesehen, denen es aktiv, unter anderem in Gestalt des Krieges gegen Spanien, entgegenzutreten gelte (Z. 8–12). Für Roosevelt und viele andere, dies legt Greenwood nahe, besaß der spanisch-amerikanische Krieg über die außenpolitische Bedeutung hinaus auch die Aufgabe der **physischen Stärkung der US-Nation**.

Zeigt bereits diese Position der sozialdarwinistischen Theorie deren große Variabilität und Anpassungsfähigkeit, so wird dies mit Blick auf den **Nationalsozialismus** vollends klar. Die Grundfigur der außenpolitischen Bedeutung des Darwinismus wurde hier in beispielloser Weise zugespitzt. In der NS-Ideologie waren es nicht mehr wie bei Roosevelt festgefügte politische Gebilde in Gestalt der Staaten bzw. Nationen, die miteinander konkurrierten und ggf. kämpften, sondern durch Abstammung und biologische Merkmale definierte Völker und Rassen. Konkret handelte es sich um den Kampf der nordischen Rasse gegen die angeblich niedere slawische, vor allem aber gegen die als „parasitär“ definierte jüdische Rasse. Hier ging der Sozialdarwinismus mit den ebenfalls dem 19. Jahrhundert entstammenden Ideologien des **völkischen Nationalismus** sowie der **Rassenlehre** eine höchst brisante Mischung ein und trat an Bedeutung klar hinter sie zurück. Diese Ideologie mündete in der Vorstellung eines anstehenden **Entscheidungskampfes**, der nur Triumph oder Vernichtung bedeuten konnte. Das zum Sieg führende Ziel der „**nordischen Rasse**“ sah man dabei konkret im Gewinn zusätzlichen „**Lebensraums**“ im Osten Europas. Darüber hinaus verlief der Rassenkampf tendenziell quer zu den Staatsgrenzen, wenn einerseits von „Volksdeutschen“ in Osteuropa die Rede war, die man „heim ins Reich“ holen wolle, andererseits aber die über Generationen hinweg assimilierten und integrierten jüdischen Deutschen fortan zunächst ausgegrenzt, ab 1942 dann planmäßig ermordet wurden.
Der Sozialdarwinismus nationalsozialistischer Prägung beinhaltete insofern von vornherein den Aspekt einer **qualitativen Stufung der Rassen bzw. Völker**. Aus

ihr bezog der Nationalsozialismus die Legitimation zum **Vernichtungskrieg**. Dies macht ihn bis heute beispiellos und in seinen verbrecherischen Auswirkungen singulär. Zugleich relativiert dieser Vergleich aber auch das historische Urteil über Roosevelts imperialistisches Denken. Zwar spricht aus seinen Ausführungen ein erhebliches kulturelles Selbstbewusstsein und Überlegenheitsgefühl gegenüber der (in der Tat verbrauchten) spanischen Kolonialmacht. Dieses vollzieht sich jedoch auf der Ebene eines rein zwischenstaatlichen Konfliktes. Den Spaniern begegnet Roosevelt im Grundsatz ausdrücklich mit „Bewunderung“ und „Respekt“ (vgl. M 1, Z. 26 ff.). Der zwischenstaatliche Konflikt, nicht die Rasse bleibt hier die Bezugsebene. Die Vorstellung ungleichwertiger Rassen spielt keine Rolle, und dies dürfte verhindert haben, dass es im Rahmen des US-Imperialismus zu staatlich legalisierten und legitimierten Gewalttaten ähnlichen Ausmaßes wie im Nationalsozialismus gekommen ist. Interessant ist immerhin, dass auch Roosevelt laut M 2 insgeheim Überzeugungen hegte, welche in die Richtung auf eine organische Stärkung des „Volkskörpers“ abzielten. Zur Staatsdoktrin sind diese jedoch im Gegensatz zum Nationalsozialismus in den USA nie erhoben worden und sie legen auch keine rassistische Ideologisierung nahe.

Sowohl die US-Außenpolitik um 1900 als auch die NS-Ideologie greifen also den Gedanken des Sozialdarwinismus auf, kombinieren und konkretisieren ihn jedoch ganz unterschiedlich. Im Ergebnis entstanden daraus zwei verschiedene politische Konzeptionen und Vorgehensweisen. Die Realpolitik der USA um 1900 und die Deutschlands nach 1933 unterscheiden sich nicht nur im Ausmaß ihrer Folgen, sondern auch in der Qualität und Begründung.

Thema: Herrschaft im Nationalsozialismus

Aufgabenstellung

1. Geben Sie nach einer kurzen Vorstellung des Textes die Eindrücke wieder, die Graf Sobański (M 1) bei seinem Besuch in Deutschland gewinnt.
2. Erläutern Sie den historischen Hintergrund der in M 1 dargestellten Beobachtungen.
3. Nehmen Sie unter Einbeziehung Ihrer bisherigen Arbeitsergebnisse Stellung zu der von Klemperer wiedergegebenen Sichtweise Kühns (M 2). Gehen Sie dabei insbesondere auf die Tragfähigkeit des Vergleiches der nationalsozialistischen Entwicklung mit der Französischen Revolution ein.

M 1

Im Auftrag der polnischen Zeitschrift „Literarische Nachrichten" bereist der polnische Reporter Antoni Graf Sobański (1898–1941) in den Jahren 1933 bis 1936 Deutschland und sendet regelmäßige Reportagen an die Redaktion. Der nachfolgende Auszug entstand Anfang Mai 1933 und wurde am 18. Juni veröffentlicht und liegt in deutscher Übersetzung vor.

An der Grenze bemerkte ich schon dieselbe Freundlichkeit; an allen Bahnstationen dieselben fröhlichen Gesichter wie immer. Wie früher taucht unter ihnen sporadisch das ernste Gesicht eines Preußen auf, das durch seinen mangelnden Sinn für Humor aber eher Lachen als Entsetzen hervorruft. Dieselben unattraktiven, aber sportlichen Mädchen mit ihrem wunderbaren Teint, um ihre Taillen die Arme junger, ungewohnt sportlich gekleideter Männer, die immer etwas jünger aussehen als ihre Frauen. Wo sind denn hier Anzeichen von Hitlerismus? Aber ja doch, ein wenig erkennt man sie. Eine Anstecknadel mit einem Hakenkreuz an der Krawatte des Passkontrolleurs in Frankfurt/Oder, an den Zäunen der Berliner Vororte ein „Heil Hitler!", in ordentlicher schöner Schrift, obwohl in Kreide geschrieben, und hin und wieder ein Hakenkreuz. Aber alles schon verwischt, nur noch blasse Spuren erkennbar, als würde man der Sache im Alltag bereits überdrüssig.

Und was schreibt die deutsche Presse? Noch in Warschau besorgte ich mir für die Fahrt die aktuelle Ausgabe der „Neuen Weltbühne", ein radikalliberales Wochenblatt, das in Berlin selbstverständlich nicht mehr erscheinen darf. Heute wird es, nach ein paar Ausgaben aus Wien, in Prag gedruckt. Über den Inhalt dieser Zeitung bin ich mehr als verwundert. Da wird in erster Linie trocken und fachbezogen gegen die Pläne und das Vorgehen Hitlers polemisiert, über Terror oder Antisemitismus erfährt man kaum etwas.

Vielleicht stand in meiner Ausgabe dieser Zeitschrift rein zufällig nichts über diese doch höchst aktuellen Themen; vielleicht aber hatten meine Bekannten, deutsche Sozialdemokraten, Recht, als sie mir später erklärten, dass es sich dabei nur um eine Taktik handelte, um in Deutschland wieder zugelassen zu werden, wenn sich die Lage wieder etwas entspannt hätte. Vor Neu-Bentschen[1] flog mein Exemplar der „Neuen Weltbühne“ dann aus dem Fenster, und der polnische Schaffner bat mich freundlich, ihm die polnischen Zeitschriften zu überlassen: „Sehr geehrter Herr, Sie werden dies sicherlich nicht mit nach Deutschland nehmen wollen.“

In Deutschland besorge ich mir die Berliner Tagespresse. Ich bin neugierig, was ich dort finden werde. Das Erste, was einem auffällt, ist, dass die Opposition keine Stimme mehr hat. Alle Zeitungen behaupten, eine Opposition existiere eigentlich nicht, selbst die Blätter, die sich bis zum 5. März für die Opposition stark gemacht hatten.

An exponierter Stelle finde ich eine Liste bedeutender Berlinbesucher aus dem Ausland. Sie soll wohl beweisen, dass hier alles ruhig und sicher ist. […] Man möchte glauben, dass sich auch jüdische Ausländer hier vor nichts zu fürchten brauchen.

Ich lese viele Mitteilungen über neu berufene Vorstands- und Aufsichtsratsmitglieder in Banken und Aktiengesellschaften. Nirgendwo steht, wen sie abgelöst haben. Dasselbe gilt für zahlreiche Berufungen von Oberärzten in verschiedenen Abteilungen der Berliner Krankenhäuser. Der Vorgänger konnte ein Jude sein, ein Kommunist, vielleicht sogar, oh Schande, ein Pazifist oder Sozialist. Und wo ist er jetzt? Lebt er noch? Vielleicht wieder ein „Selbstmord“, vielleicht ist er im Ausland, vielleicht bei der Armee, womöglich sogar im Gefängnis oder in einem der Konzentrationslager, die für „politisch falsch Orientierte“ eingerichtet wurden.

Weiter gibt es einen Bericht über eine Ausstellung zur Kolonialkunst mit vielen „Bildern aus unseren Kolonien, die den Wunsch nach Rückgewinnung dieser Territorien wieder wecken“. Ich lese außerdem über eine Messe mit dem Titel „Gesundheit, Sport und Hygiene“, die rein national sei. Also keine jüdischen Aussteller dabei, schließe ich.

Ich schaue in die Theaterspalte. Die Berliner Theater waren immer hervorragend, sie verstanden es, auf der Bühne beherzt selbst die heikelsten Themen zur Sprache zu bringen und gegen Vorurteile anzukämpfen. Wie ich sehe, ist das jetzt vorbei. Es müssen auch Schauspieler und Regisseure fehlen, am Theater waren doch immer viele Juden. […]

In der „Deutschen Illustrierten Zeitung“ finden sich 42 nationalsozialistische Fotos, davon allein 13 vom Führer. Dazu nur vier Fotos zu nicht deutschen, weder aktuellen noch ansatzweise wichtigen Themen. Später stelle ich fest, dass nicht alle Nummern dieser Zeitschrift so parteiloyal sind.

Anmerkungen:

1 Neu-Bentschen: deutscher Bahnhof an der polnischen Grenze, der nach dem Ersten Weltkrieg neu erbaut worden war.

M 2

Am 21. Februar 1934 notiert der jüdische Hochschullehrer Victor Klemperer über ein abendliches Gespräch im Freundeskreis in sein Tagebuch:

„Kühn[2] gibt nach wie vor dem Regime günstige Zeitprognose. Es [Kühn meint hier das nationalsozialistische Regime] werde sich vielleicht abändern, aber bleiben. Man müsse das auch hoffen, sonst breche das Chaos herein. Er verglich es [mit] den Jakobinern, der Herrschaft der ‚kleinen Leute'. Er sagte, in hundert Jahren, wenn all die ‚Verlogenheiten' und kleinen Übel vergessen sein würden, dürfte die Revolution vielleicht ‚typisch deutsch' genannt werden, weil sie im Vergleich zur französischen [...] ‚so unblutig' sei. Das hat mich schwer deprimiert, weil Kühn doch ein rechtlich empfindender, durchaus reiner Charakter und ein ernster Historiker ist."

(Victor Klemperer: Ich will Zeugnis ablegen bis zum letzten. Tagebücher 1933–1945. Band 1. Berlin: Aufbau Verlag 1995, S. 89.)

Anmerkungen:

2 Johannes Kühn (1887–1973) war Professor für Geschichte an der Universität Dresden, an der auch Victor Klemperer lehrte.

Hilfsmittel:

Keine

Erläuterungen und Bearbeitungshinweise

Bei diesem Aufgabenvorschlag steht der thematische Schwerpunkt 1 (Ideologie und Herrschaft des Nationalsozialismus zwischen Verführung und Terror) im Zentrum. Viele verbindliche Unterrichtsinhalte können aufgegriffen werden; vor allem geht es dabei um die Aspekte Machtergreifung und -sicherung im Rahmen des Komplexes „Herrschaft des Nationalsozialismus". In Aufgabe 3 erfolgt der Übergriff zum thematischen Schwerpunkt 3 (Die Französische Revolution) und dabei insbesondere auf die Jakobinerherrschaft.

Dominierende Leitprobleme sind ‚Herrschaft und Freiheit' sowie ‚Mensch und Gesellschaft'. Als Dimensionen historischer Forschung stehen Politik- und Kulturgeschichte im Vordergrund.

Im Gegensatz zum entsprechenden Aufgabenvorschlag des erhöhten Anforderungsniveaus handelt es sich hier um drei vergleichsweise problemlos zu bearbeitende Aufgaben, deren Anforderungsniveau für einen Grundkurs angemessen ist. Entsprechend der Vorgabe, wonach der Schwerpunkt der Anforderungen im Anforderungsbereich II liegen soll, wird die zweite Aufgabe höher gewichtet als die Aufgaben 1 und 3. Dies wird den Abiturientinnen und Abiturienten jedoch bei der Bearbeitung nicht bekannt gegeben.

Verbindliche Gewichtung der Teilaufgaben

Teilaufgabe	überwiegend Anforderungsbereich	Gewichtung in Prozent
1	I	30
2	II	40
3	III	30

Lösungsvorschläge

1. *Der wiederzugebende Text M 1 enthält keine hohen Verständnishürden. Die Aufgabenstellung verlangt von Ihnen, den leicht verständlichen Auszug aus einer Reportage angemessen wiederzugeben. Der verwendete Operator lässt Ihnen dabei einen gewissen Spielraum, da nicht die kürzende Straffung im Vordergrund steht, sondern die bloße Rekonstruktion des Inhalts in eigenen Worten (AFB I). Der Operator mag auch deshalb gewählt worden sein, weil der Text für eine deutlich kürzende Zusammenfassung, wie sie in argumentativen Texten angezeigt ist, weniger gut geeignet ist. Die „kurze Vorstellung des Textes" sollte neben den äußeren Daten auch Angaben zur Textsorte, d. h. konkret zur Gattung Reportage, und – ganz grob, vgl. Aufgabe 2 – zum historischen Kontext enthalten.*

   Das vorliegende Material M 1 ist ein Auszug aus einer **Reportage**, die der polnische Reporter Antoni Graf Sobanski Anfang Mai 1933 für seine **polnischen Leser** verfasste. Sie erschien mit mehrwöchiger Verzögerung am 18. 6. 1933. Sobanski schildert darin zeitnah die Eindrücke einer **Reise nach Deutschland**. Der Text ist in einem lockeren, bisweilen humoristischen **journalistischen Stil** verfasst. Anscheinend kennt der Reporter Deutschland bereits aus vorherigen Reisen und achtet daher sensibel auf Veränderungen, die sich mit der **Machtübernahme der Nationalsozialisten** im Januar 1933 vollzogen haben. Entsprechend den Merkmalen der Gattung Reportage sind seine Beobachtungen zwar vorgeblich **objektiv**, dennoch aus seinem persönlichen Erleben heraus **subjektiv eingefärbt**. Es ist dabei zu bedenken, dass er als Pole eine **Außenperspektive** einnimmt.

   Beim Grenzübertritt auf der Bahnreise entdeckt der Autor **zunächst Vertrautes** im Aussehen und Verhalten der jungen Deutschen, das er anhand originell ausgewählter **Einzelbeobachtungen** humorvoll skizziert. Nur vereinzelt, etwa in Form von Anstecknadeln oder gelegentlichen Parolen an den Wänden, findet er **Hinweise** auf die nationalsozialistische Herrschaft, sodass es ihm erscheint, als „würde man der Sache im Alltag bereits überdrüssig" (Z. 1–12, Zitat Z. 11 f.).
   Eine im Exil erscheinende liberale deutsche Zeitung, die „**Neue Weltbühne**", die er noch in Warschau gekauft hatte, wende sich sachlich und nüchtern gegen Hitlers Politik, schweige dabei aber über Terror und Antisemitismus (Z. 13–19). Sozial-

demokratische Bekannte in Deutschland deuteten dies als taktisches Verhalten, damit die Zeitung später in Deutschland wieder zugelassen werde (Z. 20–24). Die in Berlin erscheinenden **Zeitungen** hingegen seien völlig frei von oppositionellen Stimmen, auch solche, die vor Anfang März einen solchen Standpunkt eingenommen hätten (Z. 28–32). Stattdessen lese man über namhafte ausländische Besucher in Berlin, Mitteilungen über Wechsel in Unternehmensvorständen sowie Berufungen von Oberärzten in Berliner Krankenhäusern. Über die Gründe der vielen Neubesetzungen kann Sobanski nur spekulieren; er vermutet politische oder rassische Motive (Z. 37–43). Auch in den Ankündigungen von Kunstausstellungen und Theateraufführungen entdeckt er den **Einfluss des Regimes**, den er einerseits an der politisch einschlägigen Themenwahl, andererseits am Fehlen der vorherigen Vielfalt festmacht (Z. 44–53). Auch in der „Deutschen Illustrierten Zeitung" stellt er eine Konzentration auf **nationalsozialistische Inhalte**, insbesondere Fotografien, fest, entdeckt hier aber vereinzelt auch noch Abweichungen von der NS-Parteilinie (Z. 54–57).

2. *Diese klassische Erläuterungsaufgabe weist keine besonderen Klippen auf. Aus M 1 ergeben sich zahlreiche Anknüpfungspunkte, die dann durch zusätzliche Informationen in einen historischen Kontext eingeordnet, auf diese Weise erklärt und durch die Nennung weiterer Beispiele – vgl. die Definition des Operators – erklärt werden sollen (AFB II). Zu achten ist auf die richtige Begrenzung des zu diesem Zweck rekonstruierten Kontexts. Es empfiehlt sich hier, den Schwerpunkt auf die Maßnahmen des NS-Staates nach dem 30. Januar 1933 zu legen – denn nur von ihnen ist im Text die Rede. Das Faktum der Machtübernahme der Nationalsozialisten sollte daher knapp als Einstieg dienen; auf keinen Fall sollten Sie jedoch den Weg in den Nationalsozialismus detailliert darstellen. Sinnvolle Materialbezüge sollten eingearbeitet werden, damit nicht der Eindruck entsteht, dass hier lediglich Gelerntes abgespult wird.*

Wie Sobanskis Reportage zeigt, wurden die Folgen der Machtübernahme durch die Nationalsozialisten auch **im Ausland aufmerksam beobachtet** und stießen auf großes Interesse. Die Nationalsozialisten hatten vor 1933 kein Hehl daraus gemacht, dass sie nicht nur die Regierungsgewalt, sondern einen **völlig neuen Staat** anstrebten und dazu eine ganz andere Gesellschaft errichten wollten. Hitler hatte bereits in „Mein Kampf" vom Gewinn neuen **Lebensraumes im Osten** gesprochen, was in Polen noch über die traditionellen revisionistischen Forderungen aus der Weimarer Republik hinaus weitere Besorgnis erregen musste. Insofern spiegeln Sobanskis aufmerksame Beobachtungen die Vorbehalte wider, die man in Polen dem Nationalsozialismus – berechtigterweise, wie sich zeigen sollte – entgegenbrachte.
Unmittelbar nach der Machtübernahme am 30. Januar 1933 begannen die Nationalsozialisten mit dem **Ausbau und der Sicherung ihrer Herrschaft**. Der umfassenden Umgestaltung von Staat und Gesellschaft ging dabei die Auflösung der Weimarer Demokratie voraus. Dies geschah zunächst mithilfe der bereits seit 1930

geläufigen Praxis von **Notverordnungen** des Reichspräsidenten. Nachdem bereits Anfang Februar die Presse- und Versammlungsfreiheit eingeschränkt worden war, nahmen die Nationalsozialisten den Reichstagsbrand am 27. 2. zum Anlass, mit der sogenannten **Reichstagsbrandverordnung** am folgenden Tag die **Grundrechte weitgehend außer Kraft** zu setzen. Noch vor den letzten halbwegs freien **Reichstagswahlen vom 5. März** war damit der Weg Deutschlands in eine Diktatur vorgezeichnet. Das Ende der parlamentarischen Demokratie wurde dann am 23. 3. mit der Verabschiedung des sogenannten **Ermächtigungsgesetzes** vollzogen, mit dem der Reichstag die Legislative an die Reichsregierung übertrug. Binnen zweier Monate war damit die Weimarer Demokratie beseitigt worden. Erste Ausschreitungen gegen jüdische Geschäfte am 1. April sowie das „Gesetz zur Wiederherstellung des Berufsbeamtentums" vom 7. April 1933 bildeten den Auftakt zur **Verfolgung aus rassischen Gründen**; zusätzlich wurden auch politisch missliebige Beamte entfernt und durch regimetreue Funktionäre ersetzt. Bereits unmittelbar nach der Machtübernahme hatte die SA damit begonnen, ein **System von Konzentrationslagern** zu errichten, in denen zunächst politische Gegner inhaftiert wurden, bis in späteren Jahren auch aus rassischen Gründen verfolgte Minderheiten darin gefangengehalten wurden. Insofern war der Weg klar vorgezeichnet, als Sobanski im Mai 1933 nach Deutschland reiste, und dementsprechend sensibel suchte er nach möglichen Veränderungen in seinem Gastland.

Dass die Veränderungen nicht nur die staatliche, sondern auch die gesellschaftliche Ebene betrafen, scheint Sobanski ebenfalls bewusst gewesen zu sein, wenn sein Augenmerk zunächst den jungen Menschen gilt, die er allerdings scheinbar unverändert vorfindet. In der Tat vollzog sich die **Gleichschaltung** auf gesellschaftlichem Gebiet langsamer als die politische Machtsicherung; dennoch war es das Ziel der Nationalsozialisten, alle Deutschen von der Wiege bis zur Bahre in ihren **Organisationen** zu halten, um sie dort politisch zu indoktrinieren und auf den NS-Staat hin auszurichten. Auf dieser Ebene arbeitete der Nationalsozialismus aber weniger mit Gewalt, sondern setzte auf attraktive, scheinbar unpolitische Angebote (z. B. Zeltlager o. ä. der Hitlerjugend HJ).

Unmittelbar spürbar war jedoch das **Ende der Pressefreiheit**. Mit der Gründung des „**Reichsministeriums für Volksaufklärung und Propaganda**" am 13. März 1933 erhielt der Nationalsozialismus gewissermaßen das Sprachrohr, das an die Stelle demokratischer Meinungsvielfalt trat. Auf diese Weise wurde, wie Sobanski bereits erkannt hat, auch die Presse innerhalb der Reichsgrenzen gleichgeschaltet. Die **Bücherverbrennung** am 10. Mai 1933 war ein symbolischer Akt, der deutlich machte, dass sich die staatliche Zensur darüber hinaus auf das gesamte literarische, ja kulturelle Leben erstreckte.

Für Sobanski als Beobachter erschließt sich das Wechselspiel von Willkür und Gewalt des NS-„Maßnahmenstaates" zunächst nur unvollkommen. Er scheint aber immerhin zu ahnen, dass sich hinter den Veränderungen handfeste **Repressionen** verbergen. Dies vollzog sich jedoch noch weitgehend im Verborgenen, sodass auch Sobanski hiervon vermutlich keine direkte Kenntnis erhalten hat.

3. *Die abschließende Aufgabe gehört in den AFB III und fordert von Ihnen ein Sachurteil zu der von Victor Klemperer zitierten Position seines Kollegen Kühn. Hierzu sollten Sie diese zunächst einmal klären und am Anfang Ihrer Ausführungen referieren. Da sie den Semesterübergriff bereits enthält – Vergleich der NS-Herrschaft mit der der Jakobiner 1793/94 – geht es für Sie hier nur noch darum, einerseits auf der Grundlage der bisherigen Arbeitsergebnisse, andererseits mithilfe Ihrer Kenntnisse über die Französische Revolution Kühns Position zu überprüfen und Ihr Ergebnis prägnant in die Form einer Stellungnahme zu kleiden. Deutlich wird an dieser Aufgabenstellung, dass der gesamte Aufgabenvorschlag letztlich eine klare Linie besitzt und die Klausur insgesamt als ein Geschichtsaufsatz verstanden werden sollte. Für eine gute oder sehr gute Leistung sollten Sie dies stets im Hinterkopf haben und die einzelnen Aufgaben durch sinnvolle Überleitungen verknüpfen. Sie können auf diese Weise signalisieren, dass Ihnen der inhaltliche Zusammenhang der Teilaufgaben klar ist und Sie ihn überblicken. Die Schwierigkeit dieser Aufgabe besteht darin, dass der eigenständige Zugriff von Ihnen hier geradezu gefordert wird, da sich so viele mögliche Ansatzpunkte ergeben, dass Sie die Aufgabe innerhalb der Bearbeitungszeit unmöglich erschöpfend behandeln können.*

Nicht nur Sobanski blieb die von Beginn an **verbrecherische Tragweite** der NS-Herrschaft zu großen Teilen verborgen. Selbst deutsche Gelehrte brachten dem NS-Regime in der Anfangsphase offene **Zustimmung** entgegen. Einen solchen Fall referiert der jüdische Hochschullehrer Victor Klemperer in seinen Tagebüchern (M 2). Am 21. Februar 1934, also gut ein Jahr nach dem Beginn der NS-Herrschaft, notiert er die Äußerung des von ihm prinzipiell geschätzten (vgl. Z. 7 f.) Dresdner Historikers Johannes Kühn (1887–1973). Dieser vermute, dass sich das Regime womöglich ändern, aber bleiben werde. Letzteres hoffe er, da ansonsten das „Chaos" hereinbrechen werde (Z. 1–3). Kühn vergleicht den Nationalsozialismus in diesem Zusammenhang mit der Jakobinerherrschaft, die er als „Herrschaft der ‚kleinen Leute'" (Z. 4) charakterisiert. Mit größerem zeitlichen Abstand würden die „kleinen Übel" (Z. 5) des NS-Regimes vergessen sein und die Revolution „‚typisch deutsch'" (Z. 6) genannt werden, weil sie „unblutig" verlaufen sei (Z. 7). Kühn sieht im NS-Regime also einen Garanten der **Ordnung** und traut ihm eine **lange Dauer** zu.
Abseits aller vordergründigen moralischen Zweifel, die sich im Nachhinein zu dieser Position ergeben, ist Kühns Auffassung nur Ausdruck einer gerade in der Anfangsphase des Nationalsozialismus verbreiteten Auffassung. Die besonders in ihrer Endphase als chaotisch empfundene Weimarer Republik war von den Nationalsozialisten quasi handstreichartig beseitigt worden. Das öffentliche Leben kam scheinbar zur Ruhe. Dass dies um den Preis des Verlusts der Freiheitsrechte und auf Kosten politischer Gegner geschah, erschien vielen Zeitgenossen als notwendiges Opfer oder eben als ‚kleines Übel' (vgl. Z. 5).

Mit der **Analogie zur Jakobinerherrschaft** in Frankreich bezieht sich Kühn auf die Zeit von 1793/94, in der sich in der vielfältig bedrohten französischen Republik die Diktatur einer kleinen Gruppe von Konventsmitgliedern durchsetzte. Um die Gefahren, die von den Koalitionstruppen im Revolutionskrieg, von den Gegenrevolutionären in der Provinz und den hungernden Sansculotten auf der Pariser Straße ausgingen, beherrschen zu können, entschlossen sich die Jakobiner in der Tat zu Maßnahmen, die vordergründig denen der Nationalsozialisten ähneln: Die Konstitution von 1791 war bereits aufgehoben worden, die neu ausgearbeitete demokratische Verfassung von 1793 wurde vorläufig auf Eis gelegt. An die Stelle der Gewaltenteilung trat die **Diktatur der Exekutive**, des vom Konvent gewählten **Wohlfahrtsausschusses**. Ab 1793 erließen Konvent und Wohlfahrtsausschuss in Etappen immer massivere Restriktionen der in der ersten Phase verabschiedeten Menschen- und Bürgerrechte. Tatsächlich kam es über ein Jahr hinweg zu einer **Willkürherrschaft**, der nicht nur zahlreiche Kriminelle, sondern auch Gegner der Revolution zum Opfer fielen. Es gelang den Jakobinern mithilfe dieser drakonischen Maßnahmen, die instabile Lage des revolutionären Frankreich zu festigen und die **Krise zu überwinden**.

Die Jakobiner können indes nur bedingt als „kleine Leute" bezeichnet werden. Bei ihren führenden Köpfen handelte es sich um Angehörige des gebildeten Bürgertums, die über die gesamte Zeitdauer ihrer Herrschaft das revolutionäre Kleinbürgertum, die **Sansculotten**, politisch funktionalisierten, indem sie sich zum Sprachrohr ihrer Interessen machten; bei Bedarf konnten sie es aber auch mit aller Härte bekämpfen. Nicht von ungefähr gehörte ein Großteil der unter der Guillotine hingerichteten Franzosen der Gruppe der Sansculotten an.
Tatsächlich scheinen sich in vergleichender Perspektive einige Ähnlichkeiten zu zeigen: Hier wie dort regierten die Machthaber mithilfe des **Ausnahmezustandes**; sie suchten sich durch **sozialpolitische Maßnahmen** bei den „kleinen Leuten", den unteren Schichten der Bevölkerung, beliebt zu machen. Die Nationalsozialisten sprachen darüber hinaus von ihrer Machtübernahme als von einer „**nationalen Revolution**".

Dennoch hält der **Vergleich** Kühns einer genaueren Untersuchung kaum stand. Die Jakobinerherrschaft war das Ergebnis eines seit 1789 andauernden revolutionären Prozesses. In seinem Verlauf war die **Monarchie gestürzt** worden und die Werte der **Aufklärung –** Freiheit und Gleichheit gegen das Ancien Régime, vor allem aber die **politische Partizipation** des Bürgertums – durchgesetzt worden. Auch die **Jakobiner** fühlten sich diesen Zielen prinzipiell verpflichtet; von Anfang an waren sie am Geschehen beteiligt gewesen und hatten sich im Verlauf als radikaldemokratische Gruppierung gegen Monarchisten, Konstitutionalisten und Liberale durchgesetzt. Zur Erreichung ihrer Ziele setzten sie die Grundrechte nach ihrem Selbstverständnis vorübergehend außer Kraft, allerdings mit dem Ziel, ihnen eine dauerhafte Grundlage zu verschaffen, d. h., um den **Fortbestand der Revolution** zu sichern. Sie agierten insofern zwar radikaler und verschoben den Akzent von der Freiheit auf die Gleichheit, standen aber durchaus in einer **Kontinuität zu den Ideen von 1789**, auch wenn sie diese in die Gestalt einer blutigen Tugendideologie kleideten, die in der politischen Praxis dann eher das Gegenteil bedeutete.

Demgegenüber propagierten die Nationalsozialisten eine **radikale Zäsur** zur verhassten Weimarer Demokratie. Wenn sie von „nationaler Revolution“ sprachen, ging es ihnen um die Stilisierung des Machtwechsels zu einem Systemwechsel. Insofern ist der Schwerpunkt hier auf das Adjektiv „national“ zu legen, denn die dezidiert nationalsozialistische NS-Ideologie trat jetzt an die Stelle der universal gültigen Werte von 1789. Grundlage der NS-Herrschaft war eine „Weltanschauung“, die sich aus dem Ideenpool des 19. Jahrhunderts speiste und ihn in verhängnisvoller Weise amalgamierte: Rassenideologische Vorurteile ergänzten sich mit sozialdarwinistischen, antidemokratischen und antimodernistischen Auffassungen zu einer politischen Überzeugung, die nichts weniger zum Ziel hatte als die Beseitigung der Ideen von 1789 in einem völkischen **Führerstaat**, dessen Ordnung lediglich dadurch definiert war, dass er einem vermeintlich objektiven Interesse des deutschen Volkes entsprach.
In der Tat gelang es den Nationalsozialisten, in der Endphase der Weimarer Republik mit der **SA** eine **Massenorganisation** zu formen, die den politischen Kampf auf der Straße gewaltsam austrug. Allerdings sah sich die SA spätestens Ende Juni 1934 in ihren Erwartungen enttäuscht. Die Ermordung ihrer Führungsspitze im sogenannten Röhm-Putsch „enthauptete“ die Massenbewegung in dem Moment, in dem sie nicht mehr zum Zwecke der Herrschaftssicherung gebraucht wurde. Stattdessen setzte die nationalsozialistische Führung eher auf das **Bündnis mit den alten Eliten**, wie es auf dem **Tag von Potsdam** am 21. März 1933 beschworen worden war. Hitlers vorzügliche Kontakte zur Großindustrie widerlegen ebenfalls Kühns These von der „Herrschaft der ‚kleinen Leute‘“ (Z. 4). Auch deshalb muss infrage gestellt werden, dass die NS-Herrschaft einen revolutionären Charakter besaß.
Zweifellos falsch ist Kühns Urteil, wonach diese „Revolution“ „unblutig“ verlaufen sei. Vielmehr bedienten sich die Nationalsozialisten von Beginn an der **Gewalt**. Ähnlich wie Sobanski konnte auch Kühn die Maßnahmen des NS-Staates nicht vollständig übersehen. Tatsächlich hatte im Februar 1934 die Repressionsmaschinerie der Nationalsozialisten längst ihren Betrieb aufgenommen.
Weitsichtiger als sein Gesprächspartner war in diesem Fall der Autor Klemperer selbst. Wenn er sich angesichts der Äußerung Kühns „schwer deprimiert“ (Z. 7) zeigt, so wird daran deutlich, dass ihm die Tragweite der nationalsozialistischen Übergriffe, denen er als jüdischer Deutscher in steigendem Maße selber ausgesetzt war, anscheinend weit klarer vor Augen stand.

Abiturprüfung Niedersachsen 2010 – Geschichte
Grundlegendes Anforderungsniveau – Aufgabe II

Thema: Aufklärung und Französische Revolution

Aufgabenstellung

1. Fassen Sie nach einer kurzen Vorstellung des Textes dessen Aussagen zur Französischen Revolution und zu den Ursachen von Revolutionen zusammen.
2. Arbeiten Sie den Einfluss aufklärerischen Denkens im Text heraus.
3. Die Ereignisse in China um die Jahreswende 1911/1912 werden oft als Beginn der chinesischen Revolution bezeichnet. Überprüfen Sie an diesem Beispiel die Tragfähigkeit der im Text entwickelten Vorstellungen zum Ausbruch von Revolutionen.

Material: Adolph Freiherr von Knigge: Politisches Glaubensbekenntnis des Joseph von Wurmbrand

Adolph Freiherr von Knigge (1752–1796) war ein politischer Aufklärungsschriftsteller, der sich in seinen Werken für die Emanzipation der bürgerlichen Gesellschaft vom Absolutismus engagierte. Er war hannoverscher Oberhauptmann und Vorsteher der Domschule in Bremen. Im Januar 1792 veröffentlichte er seine politische Satire „Josephs von Wurmbrand […] politisches Glaubensbekenntnis, mit Hinsicht auf die französische Revolution und deren Folgen", für die er einen scharfen Verweis seines Landesherrn, des Kurfürsten von Hannover, bekam. Der folgende Auszug daraus ist in Rechtschreibung und Zeichensetzung modernisiert.

Die französische Revolution wurde unvermeidlich herbeigeführt durch eine Kettenreihe von Begebenheiten und durch die Fortschritte der Kultur und Aufklärung. […]

Untersuchen wir unparteiisch die Grundsätze, auf welchen die neue Konstitution [Frankreichs] beruht, so ist es unmöglich zu leugnen, dass sie den Stempel der gesundesten, reinsten Vernunft tragen. Was die hellsten Köpfe aller Zeitalter einzeln über Menschenrechte, Menschenverhältnisse und über die reinen Zwecke aller gesellschaftlichen Verträge gesagt haben, das findet man hier in der einfachsten, deutlichsten Ordnung dargestellt und zum Fundament einer Gesetzgebung hingelegt, wie es noch nie eine natürlichere, gerechtere in irgendeinem Lande der Welt gegeben hat. Ob sie in der Ausübung möglich oder ob die französische Nation dazu reif ist, das gehört zu den Dingen, worüber nur die Zeit aufklären kann; aber das behaupte ich, dass es keinen glücklicheren Menschen auf Erden geben könne als einen König, den ein nach diesen Grundsätzen regiertes, diesen Gesetzen gehorchendes, nach diesen Begriffen von Recht und Billigkeit handelndes Volk würdig gefunden hat, ihn freiwillig an die Spitze des Ganzen zu stellen. Der Erste von vierundzwanzig Millionen *freien* Menschen zu sein, die keinen andern Vorzug anerkennen, als [denjenigen,] den

Tugend, Weisheit und Fleiß gewähren; dabei die Ausübung alles Guten in Händen zu haben […] – Wer diesen Zustand gegen den eines nach Willkür herrschenden Gebieters sklavischer Menschen vertauschen möchte, der ist der tiefsten Verachtung wert, und zittere auch der halbe Erdboden, wenn er seinen eisernen Zepter schwingt. […]

Die Anzahl derer, die Ruhe und Gemächlichkeit lieben und ungern rasche Schritte tun, ist unendlich größer als die der unruhigen Köpfe voll rastloser Tätigkeit. Wenig Menschen setzen gern das gewisse Gute aufs Spiel gegen das Ungewisse, wonach man mit Gefahr ringen muss. Einzelne Aufwiegler machen wenig Eindruck auf Gemüter, in denen nicht schon der Samen der Unzufriedenheit keimt; und also sind im Ganzen nur gemisshandelte und gemissbrauchte[1] Menschen zum Aufruhre geneigt oder leicht dazu zu vermögen[2]. Jeder irgend verständige Mensch weiß, dass man in diesem Erdenleben eine gewisse Summe von Ungemächlichkeiten[3] und Lasten tragen muss. Von Jugend auf wird er an Aufopferungen gewöhnt, und Gewohnheit hat größere Gewalt über ihn wie alles Übrige; folglich muss zu dieser Last, seinem Gefühle nach, eine unerträgliche Zugabe kommen, wenn er bewogen werden soll, zu murren und das Gewöhnte unnatürlich zu finden. […]

Aus diesem allen ziehen wir theoretisch folgende Schlüsse: Dass Empörungen in keinem andern als in einem äußerst verderbten, in einem äußerst unglücklichen oder in einem äußerst inkonsequent regierten Staate zustande gebracht werden können. In dem ersteren, weil da der größere Teil der Menschen geneigt ist, ungerecht zu handeln; in dem zweiten, weil da die Menschen, es komme, wie es wolle, nichts zu verlieren haben; und in dem dritten, weil da die Menschen weniger Gefahr fürchten, wenn auch der Anschlag misslingen sollte.

Aber auch aus der Erfahrung lässt sich beweisen, dass nur in solchen Staaten Revolutionen auszubrechen pflegen, in welchen die Regierungen entweder ohne feste Grundsätze oder nach grausamen oder nach unmoralischen Grundsätzen gehandelt, folglich sich entweder Verachtung oder Abscheu zugezogen haben.

Anmerkungen:
1 heute: misshandelte und missbrauchte
2 heute: bringen
3 Unbequemlichkeiten

Hilfsmittel:

Keine

Erläuterungen und Bearbeitungshinweise

Die Aufgabe bezieht sich auf das Kurshalbjahr mit dem thematischen Schwerpunkt 3 „Die Französische Revolution" und dabei im Speziellen auf den verbindlichen Unterrichtsinhalt „Von der konstitutionellen Monarchie zur Jakobinerherrschaft" mit dem inhaltlichen Aspekt „Der Umbau von Staat und Gesellschaft bis zur Errichtung der Republik".
Die dritte Aufgabe bezieht sich übergreifend auf den thematischen Schwerpunkt 2 „Chinas Weg in die Moderne von der Mitte des 19. Jahrhunderts bis zur Staatsgründung 1949" und dabei insbesondere auf den verbindlichen Unterrichtsinhalt „Der Weg zur nationalen Einheit" mit den Unterrichtsthemen „China – vom Zerfall zum modernen Staatswesen" und „China – zwischen Erstarrung und Modernisierung". Die Abituraufgabe ist unter den Leitproblemen „Mensch und Gesellschaft" sowie „Herrschaft und Freiheit" konzipiert; von den Dimensionen historischer Forschung werden die Sozial- und die Politikgeschichte berücksichtigt.

Verbindliche Gewichtung der Teilaufgaben

Teilaufgabe	überwiegend Anforderungsbereich	Gewichtung in Prozent
1	I	30
2	II	35
3	II/III	35

Lösungsvorschläge

1. *Zuerst soll das vorgelegte Material bestimmt werden. Im Anschluss sollen die Aussagen des Textes zur Französischen Revolution und zu den Ursachen von Revolutionen allgemein zusammengefasst werden. Die Informationen gilt es auf das Wesentliche zu reduzieren, ohne sie zu kommentieren. Sinnvoll ist es, sich regelmäßig auf den Text zu beziehen (korrektes Zitat; Zeilenverweis). Die geforderte Zusammenfassung verlangt reproduktive Fähigkeiten (AFB I).*

   Bei der Quelle handelt es sich um einen Auszug aus einem **politischen Roman** des Aufklärers **Adolph Freiherr von Knigge** vom Januar 1792, in dem er sich mit der Französischen Revolution und deren Folgen auseinandersetzt. Zu dieser Zeit, am Beginn der Terrorherrschaft von Maximilien Robespierre und Georges Jacques Danton, befand sich das revolutionäre Frankreich im Krieg mit den europäischen Mächten. Im Land selbst herrschten politisches und wirtschaftliches Chaos sowie Angst und Schrecken. Die Thematik des literarischen Textes lässt die Vermutung zu, dass sie trotz ihres fiktionalen Charakters die tatsächliche **Auffassung ihres Autors widerspiegelt**. Adolf Freiherr von Knigge war ein Zeitzeuge der Französischen Revolution.

Laut Knigge sei die **Französische Revolution** eine unabdingbare **Folge** historischer Ereignisse sowie **des kulturellen Fortschritts und der Aufklärung** (Z. 1 f.). Die neue **Verfassung** Frankreichs sei durch und durch von **Vernunft** geprägt (Z. 3–5) und habe zudem das **natürlichste und gerechteste politische System der Welt** errichtet (Z. 8 f.). Inwieweit diese Verfassung jedoch in der Realität praktikabel sei und ob das französische Volk bereits reif dafür sei, das müsse sich erst noch zeigen (Z. 10 f.). Des Weiteren führt von Knigge aus, dass sich der französische **König** glücklich schätzen müsse, weil ihn sein Volk freiwillig an die Spitze des Staates gestellt habe (Z. 12–15).
Im zweiten Teil des Romans geht Freiherr von Knigge nun allgemein auf die **Natur der Menschen und** den Ausbruch von **Revolutionen** ein. Er stellt heraus, dass nur wenige Menschen sich von Natur aus gefährlichen und unberechenbaren Situationen aussetzen würden (Z. 22–24). Aus diesem Grunde bedürfe es für den Ausbruch einer Revolution unerträglicher Zustände, die die Menschen so schwer bedrückten, dass sie zur Gewalt schritten (Z. 25–28, Z. 31 ff.). Ein Staat, in dem eine Revolution ausbreche, müsse daher entweder sehr **korrupt**, sehr unglücklich oder sehr inkonsequent regiert sein, damit sich die Menschen gegen ihn empörten (Z. 34 ff.). Dies habe die Erfahrung ja bereits gezeigt (Z. 40–43).

2. *Der Operator „Arbeiten Sie heraus …“ erfordert von Ihnen, eigenes Wissen auf das Material hin einzusetzen und die Quelle damit vertiefend zu erläutern. Daher sollte hier erkennbar materialbezogen gearbeitet werden. Sie sollen herausarbeiten, an welchen Stellen im Text sich Gedanken der Aufklärung finden. Die wichtigsten Punkte sind sprachlich und gedanklich eigenständig wiederzugeben, wobei die entsprechenden Stellen mit Zitaten aus dem zugrunde liegenden Material belegt werden können und mit Zeilenangaben versehen werden sollten (AFB II).*

Das „politische Glaubensbekenntnis des Joseph von Wurmbrand“ ist stark vom **Geist der Aufklärung beeinflusst**, die eine allein auf dem Glauben an bestehende Autoritäten beruhende Denkweise kritisch hinterfragt. Bereits im ersten Satz gibt der Autor eine **positive Beurteilung der Französischen Revolution bis 1792** und beruft sich dabei direkt auf die Aufklärung, die er als eine Wegbereiterin der Revolution bezeichnet.
Im weiteren Verlauf des Textes finden sich grundlegende Merkmale aufklärerischen Denkens. So sieht der Autor in der **französischen Verfassung von 1791** eine **„natürliche[ ]“ Ordnung** (Z. 9). Er bescheinigt dieser Verfassung, dass sie auf „der gesundesten, reinsten **Vernunft**“ (Z. 4 f.) beruhe und stützt sich mit dem Begriff der „Vernunft“ auf eine der zentralen Ideen der Aufklärung. In der Epoche der Aufklärung wurde die Vernunft nämlich als das Wesen des Menschen angesehen. Für die Aufklärer war die Welt in ihrer Gesamtheit vernünftig angelegt und konnte von der menschlichen Vernunft erkannt werden. Ihrer Meinung nach war die Vernunft die einzige und letzte Instanz, die über wahr oder falsch einer Erkenntnis entscheidet.

Im Folgenden betont Freiherr von Knigge, dass sich in der Ordnung, die durch diese Verfassung geschaffen wurde, das wiederfindet, was von aufgeklärten Menschen über die „Zwecke aller gesellschaftlichen Verträge“ (Z. 6 f.) gesagt worden sei. Diese Aussage zeigt, dass der Freiherr ein Vertreter der Lehre vom **Gesellschaftsvertrag** ist, die u. a. von **Rousseau** entwickelt worden war. Danach ist das Volk sowohl der Träger als auch der Repräsentant des Staates. Es verkörpert auf der Grundlage des Gesellschaftsvertrages, dem sich alle freiwillig unterordnen, den Allgemeinwillen – den „**volonté générale**“. Dieser bildet die alleinige Grundlage legitimer politischer Macht. Er ist **absolut** und zielt immer auf das **Gemeinwohl aller** ab. Dieser Gedanke der **Volkssouveränität** findet seinen Widerhall in Knigges Hinweis, dass das französische Volk freiwillig den **König** für würdig befunden hat, an der Spitze des Staates zu stehen und somit „der Erste von vierundzwanzig Millionen *freien* Menschen zu sein“ (Z. 15 f.). Indem der Freiherr die Franzosen, die die Verfassung von 1791 geschaffen haben, als „**freie[ ] Menschen**“ (Z. 16) bezeichnet, greift er den Gedanken der **Freiheit des Individuums** als ein weiteres Grundkonzept der Aufklärung auf. Er zeigt sich somit als Repräsentant eines **Menschenbildes**, das dem **Ideal der Mündigkeit** und des vom Verstand geleiteten Denkens und Handelns verpflichtet ist. Der aufgeklärte Mensch soll sich seines **eigenen Verstandes bedienen** und sein **Leben und Denken selbst bestimmen**. Er soll nicht mehr an die Vorgaben der Herrscher oder die Zwänge, die von der Mode oder dem Zeitgeist ausgehen, gebunden sein. Er soll **frei sein**. Aus diesem Grunde verurteilt der Autor auch diejenigen Franzosen, die ihre durch die Verfassung von 1791 gewonnene Freiheit freiwillig gegen die Herrschaft „eines nach Willkür herrschenden Gebieters sklavischer Menschen vertauschen möchte[n]“ (Z. 18 f.).

Im **zweiten Teil des Textauszugs** geht der Autor auf die **Voraussetzungen** ein, die zum **Ausbruch einer Revolution** führen. Es wird dabei deutlich, dass das Denken des **Rationalismus** seine Ausführungen prägt. Freiherr von Knigge folgt bei seinen Ausführungen **dem Prinzip der kritischen Vernunft** und geht streng **logisch** vor. Bei seinen Überlegungen zum Ausbruch einer Revolution geht er davon aus, dass es einer ganz erheblichen und länger andauernden Unzufriedenheit in einem Lande bedürfe, bevor die dort lebenden Menschen zu einem Umsturz bereit seien. Er unterstreicht, dass im Großen und Ganzen **nur misshandelte und missbrauchte Menschen** zu einer **Revolution** bereit seien, „in denen […] schon der Samen der Unzufriedenheit keimt“ (Z. 25). Daraus zieht der Autor den Schluss, dass es **dreier Kriterien** bedürfe, um einen solchen **revolutionären Zustand herbeizuführen:** Verderbtheit, Unzufriedenheit mit einer Regierung bzw. die Inkonsequenz einer Regierung. Um seinen Ausführungen mehr Gewicht zu verleihen, versucht er zum Schluss noch seine Erkenntnisse „**aus der Erfahrung**“ (Z. 40) heraus zu beweisen. Der Autor hebt deshalb hervor, dass Regierungen, die Revolutionen provozierten, aus der Erfahrung heraus entweder „ohne feste Grundsätze“ (Z. 41 f.) bzw. „nach grausamen oder unmoralischen Grundsätzen“ (Z. 42) handelten.

Alles in allem lässt sich **zusammenfassend** festhalten, dass der Auszug aus Adolph Freiherr von Knigges politischem Roman **Gedanken und Ideen der Aufklärung** widerspiegelt und deshalb die Französische Revolution bis zum Jahre 1792 in einem positiven Licht erscheinen lässt.

3. *Die dritte Aufgabe bezieht sich auf das Halbjahr mit dem thematischen Schwerpunkt 2 „Chinas Weg in die Moderne von der Mitte des 19. Jahrhunderts bis zur Staatsgründung 1949" und dabei vor allem auf den verbindlichen Unterrichtsinhalt „Der Weg zur nationalen Einheit". Die Aufgabenstellung erfordert von Ihnen eine kritische Auseinandersetzung mit den im Text entwickelten Vorstellungen zum Ausbruch von Revolutionen in Bezug auf die Ereignisse in China um die Jahreswende 1911/12, wobei das Ergebnis offen ist. Es hängt davon ab, inwieweit Sie die im Text entwickelten Vorstellungen zum Ausbruch von Revolutionen verwirklicht sehen. Wesentlich sollen bei der Bewertung die Tiefe der gedanklichen Verarbeitung sowie die Strukturierung und Plausibilität der Argumentation sein. Bewertet werden sollen auch die innere Stimmigkeit und Schlüssigkeit der Synthese sowie die fachliche Kompetenz, mit der Sie Ihre Entscheidungskriterien darlegen und anwenden. Die unten skizzierte Lösung zeigt eine mögliche Richtung auf (überwiegend AFB III, aber auch II).*

Die **im zweiten Teil des Textes** entwickelten **Überlegungen zum Ausbruch einer Revolution** gehen davon aus, dass in einem Land über einen längeren Zeitraum große **Unzufriedenheit** herrschen muss, bevor die Menschen dort zu einem **Umsturz** bereit sind. Damit es zu einer Revolution kommen kann, müssen nach Meinung des Freiherrn von Knigge folgende drei **Kriterien** erfüllt sein: **Verderbtheit**, extrem hohe **Unzufriedenheit mit der Regierung** oder **Inkonsequenz der Regierung**. Des Weiteren führt er aus, dass Regierungen, die Revolutionen provozieren, entweder keine festen Grundsätze hätten bzw. sich von grausamen oder unmoralischen Vorstellungen leiten ließen, wie es die Erfahrungen aus der Vergangenheit belegten (Z. 40–43).

Die **innenpolitische Lage Chinas bis zur Jahreswende 1911/12** zeigt durchaus **Anzeichen** verschiedener von Knigge genannter Charakteristika **einer revolutionären Situation**. Darüber hinaus kommen weitere wichtige Faktoren zum Tragen, die Freiherr von Knigge ganz außer Acht lässt, wie z. B. der Druck der imperialistischen Mächte auf China sowie rassische Konflikte innerhalb des Landes.
Der **erste Opiumkrieg** (1840–1842) mit England zeigte bereits Mitte des 19. Jahrhunderts die **politische, wirtschaftliche und technologische Rückständigkeit** Chinas gegenüber den imperialistischen Mächten im Westen und zerstörte den Mythos vom Reich der Mitte als Mittelpunkt der Welt und zentraler Kulturnation der Menschheit. Die Niederlage in diesem Krieg leitete **Chinas Verfall** ein. Die Einfuhr des von den Briten in Indien angebauten Opiums nach China brachte den chinesischen **Staatshaushalt** immer mehr an den Rand des Ruins und führte zu großer **Unzufriedenheit** im Lande. Außerdem fingen die westlichen **Kolonialmächte** an, China unter sich aufzuteilen, weil die chinesische Regierung nicht in

der Lage war, dem Treiben der Fremden im eigenen Land Einhalt zu gebieten. So musste China in den folgenden Jahrzehnten in den sogenannten **ungleichen Verträgen** den imperialistischen Großmächten Großbritannien, Frankreich, Deutsches Reich, Japan und Russland immer mehr **Sonderrechte einräumen** und größere **Gebiete des eigenen Landes abtreten**. Diese Verträge degradierten **China** zu einer „**Halbkolonie**“ (Lenin). Sie ermöglichten das ungehinderte Eindringen ausländischer Waren auf den chinesischen Markt. Das untergrub das einheimische Handwerk und machte Hunderttausende chinesischer Handwerker arbeitslos, sodass „der Samen der Unzufriedenheit“ (Z. 25) keimen konnte, und die misshandelten und missbrauchten Menschen „zum Aufruhre geneigt“ (Z. 26) waren. Der von den imperialistischen Mächten ausgeübte direkte bzw. indirekte Druck trieb somit Chinas **wirtschaftlichen Niedergang** und **inneren Verfall** weiter voran und verstärkte den **Druck** auf die herrschende Kaiserfamilie, das **Land zu modernisieren** – ein Druck, dem die Führung des Landes letztendlich nicht Rechnung trug. Dies lässt sich an den verschiedenen, erfolglosen Umsturzversuchen vor 1911 wie z. B. dem Taiping-Aufstand oder dem Boxeraufstand, belegen.

Auf dem Lande sahen sich viele **Kleinbauern** gezwungen, den selbstständigen Ackerbau aufzugeben, da sich die Arbeit auf den immer kleiner werdenden Parzellen kaum noch rentierte. Dies führte zu einer Konzentration des Landbesitzes in den Händen einiger weniger **Großgrundbesitzer**, was das soziale Gleichgewicht auf dem Lande immer weiter zerstörte. Zudem beschleunigte die desolate Lage der Hoffinanzen die **Geldentwertung** und führte zu permanenten **Steuererhöhungen**. Dies betraf vor allem die ärmeren Schichten und verschärfte die Misere im und auf dem Lande. All dies sowie die weitverbreitete **Korruption**, die viele einfache Chinesen am Staat verzweifeln ließ und die das Banditenwesen förderte, können als Beleg für einen „äußerst verderbten“ Staat genannt werden. Die allgegenwärtige **Armut** sowie **Hoffnungslosigkeit** angesichts des wirtschaftlichen Niedergangs Chinas können als Zeichen eines „äußerst unglücklichen“ Staates angesehen werden. Der Unmut vieler verarmter chinesischer Bauern entlud sich in erfolglosen Bauernaufständen, von denen der **Taiping-Aufstand** (1851–1864) der bedeutendste war. Diesen konnte der chinesische Kaiserhof nur mithilfe ausländischer Mächte niederschlagen, was seine innenpolitische Schwäche einmal mehr deutlich machte.

Inkonsequentes Handeln kann man der chinesischen Regierung nicht attestieren. So waren **im Gegensatz zu Knigges Ausführungen**, dass Revolutionen in „solchen Staaten […] auszubrechen pflegen, in welchen die Regierungen entweder ohne feste Grundsätze oder nach unmoralischen Grundsätzen gehandelt“ (Z. 40 ff.) haben, eher die „festen Grundsätze“ und die tradierten moralischen Grundsätze der chinesischen Führung der Anlass für revolutionäre Aktionen im Land.

Das zeigt sich in der konsequenten **Reformunwilligkeit der Qing-Dynastie** unter der Kaiserinwitwe **Cixi**. Diese hielt strikt an den alten Traditionen fest. So bildete der **Konfuzianismus** als Staatsreligion bis zur Revolution von 1911 eine wesentliche Stütze des chinesischen Kaiser- und Staatskultes, obwohl er von vielen chinesischen Intellektuellen als Ursprung für Chinas Rückständigkeit während des 19. und frühen 20. Jahrhunderts angesehen wurde. Teile der chinesischen Bildungs-

elite versuchten deshalb zunächst, westliche Technologie mit konfuzianischer Ethik zu verbinden (sog. **Selbststärkung**). Da der gewünschte Erfolg ausblieb, verlangten immer mehr Intellektuelle die Abschaffung der traditionellen chinesischen Kultur, um so ihr Land erfolgreich reformieren und modernisieren zu können.
Als 1898 einige führende Beamte bei Hofe versuchten, den Kaiser zu einschneidenden **Reformen des politischen Systems** und einer **wirtschaftlich-technischen Modernisierung des Landes** zu bewegen, um so die Schwäche Chinas nach innen und außen überwinden zu können, **scheiterten** sie am Widerstand Cixis und der von ihr repräsentierten Beamtenschaft mit Großgrundbesitz (**gentry**).
Nach diesem Intermezzo der „**Hunderttage-Reform**" trieb **1900 der „Boxeraufstand**" das alte China endgültig in den Untergang. Die Boxer – vornehmlich landlose Bauern und Tagelöhner – richteten sich gegen die als landfremd empfundene Qing-Dynastie sowie gegen die Kolonialmächte und deren Missionare. Nachdem ein Heer aus Soldaten verschiedener europäischer Nationen den Aufstand blutig niedergeschlagen hatte, stimmte die Kaiserinwitwe vorsichtigen **Reformversuchen** zu, die jedoch weitgehend Makulatur blieben. Das Scheitern der Reformen und der weitere **Verfall der Kaiserdynastie** führten schließlich zur **Revolution von 1911**, die zur Gründung einer Republik unter der Führung von **Sun Yat-sen** führte.

Insgesamt gesehen kann man sagen, dass es **einige Übereinstimmungen** zwischen den vom Freiherr von Knigge angeführten Charakteristika einer revolutionären Situation und der Lage Chinas von der Mitte des 19. Jahrhunderts **bis zur Jahreswende 1911/12** gibt. Dabei darf jedoch nicht außer Acht gelassen werden, dass **von Knigge** alle **Faktoren**, **die von außen negativ auf einen Staat einwirken**, bei seinen Überlegungen überhaupt **nicht in Betracht** zieht, obwohl diese, wie das Beispiel China zeigt, für den Ausbruch revolutionärer Unruhen sehr wohl von Bedeutung sein können.

Abiturprüfung Niedersachsen 2010 – Geschichte
Erhöhtes Anforderungsniveau – Aufgabe I

Thema: Ursachen der Revolution in China

Aufgabenstellung

1. Geben Sie nach einer kurzen Vorstellung von M 1 den Inhalt des Textes wieder.
2. a) Erläutern Sie ausgehend von M 2 und M 3 die Lage der Landbevölkerung in Frankreich bis zum Jahr 1791.
   b) Stellen Sie Ihren Arbeitsergebnissen aus Aufgabe 2 a die Lage der Landbevölkerung in China bis zur Entstehungszeit (um 1920) von M 1 gegenüber.
3. Seit den 1920er Jahren versuchten die Guomindang (GMD) und die Kommunistische Partei Chinas (KPCh), Lösungen zur Verbesserung der Lage in China zu präsentieren. Überprüfen Sie, inwieweit die politische Programmatik und Praxis der beiden Parteien den Forderungen des Autors entsprach.

M 1: Aufruf eines Soldaten aus einer im August 1920 von chinesischen Militärbehörden konfiszierten Schrift

Brüder, als wir zur Armee gingen, um Soldaten zu werden, geschah dies aus Liebe zu unserem Vaterland oder um unseren Lebensunterhalt zu verdienen? Ich glaube, wir alle taten dies, um unseren Lebensunterhalt zu verdienen; niemand würde sagen, es geschah aus Liebe zum Vaterland. Was bedeutet das? Brüder, denkt nach: Wir alle haben Familien, aber wenn man beginnt vom „Vaterland" zu sprechen, welches Stück Land gehört uns armen Leuten? Welches spezielle Ereignis hat irgendetwas mit uns armen Leuten zu tun? Die Leute, die Marschälle oder hohe Offiziere sind, können über die Gebiete unter ihrer Kontrolle bestimmen; sie können den Menschen unter ihrer Kontrolle Steuern auferlegen, sie können Getreide und andere Vorräte requirieren. Sie können auch im Namen des „Vaterlandes" oder einer Provinz die Dinge, die die gewöhnlichen Leute produzieren, nehmen und davon leben, sie verpfänden oder sie an Fremde verkaufen, einiges Geld ansammeln und eine wilde Zeit mit jungen Herren, jungen und älteren Damen führen. Sie benutzen das Vaterland als ihren Geldbaum, als ihr Amulett, sie benutzen die Menschen des Vaterlandes als ihre Sklaven, ihre Hühner, ihre Hunde, ihre Kühe oder ihre Pferde. Wenn sie das Wort „Vaterland" nicht benutzen, können sie die Produkte der Menschen nicht verkaufen oder die Nahrungsmittel und Kleider der Leute nicht wegnehmen; so sind sie immer patriotisch, wenn sie den Mund öffnen, und patriotisch, wenn sie den Mund schließen.

Wir Brüder aber haben, wenn wir nicht zu Hause essen und kein Geld ausgeben müssen, für Essen und Kleidung zu bezahlen, wo auch immer wir hingehen und wen auch immer wir treffen. Wo ist unser „Vaterland"? Wären wir nicht in der Armee, wir würden noch unsere Familien haben, aber in der Armee haben wir noch nicht einmal unsere eigene Familie. Wenn wir als Soldaten in den Kampf ziehen, kann es sein, dass wir nicht einmal mehr unser Leben besitzen.

An der Front sah ich einmal eine Menge Leichen am Straßenrand herumliegen. Es gab niemanden, der sie beerdigte. Die Leichen waren von Kopf bis Fuß mit Blut bedeckt; der Gestank war furchtbar. Als ich auf ihre Abzeichen blickte, sah ich, dass sie alle Brüder waren.

[…] der Mut und die Kühnheit, die unsere Offiziere uns normalerweise erfolgreich einpflanzen, vergingen mir. Sie vergingen nicht nur, ich fühlte auch, dass die ganze Ausbildung, die wir im Regiment erhalten hatten, uns unterdrückt und betrogen hatte.

[…] Brüder! Von nun an dürfen wir den Befehlen unserer Offiziere nicht mehr gehorchen, wir dürfen unsere Gewehre nicht mehr benutzen, um einfache Leute zu töten, um unsere Brüder zu töten. Wir müssen unsere Gewehre benutzen, um den Arbeitern und Bauern bei der Revolution gegen die Beamten und die Finanz- und Kaufleute zu helfen. […]

Brüder! Seid mutig und tut es. Wenn die Revolution der einfachen Leute von uns Soldaten begonnen wird, wenn wir diese große Sache in unsere Hand nehmen und unter den Massen verbreiten, dann wird es, so denke ich, keinerlei Opposition gegen uns geben. […] Es gibt vier Prinzipien, die wir durchsetzen müssen:

1. Das Land, das die fünf Getreidearten und Baumwolle und alle wertvollen Dinge hervorbringt, soll im öffentlichen Besitz sein. Jedermann kann es nutzen. Es soll nicht im Privatbesitz der Grundherren sein.
2. Alle Nahrung, Kleidung und Wohnung soll im Austausch gegen Arbeit gewährt werden. Jeder, der arbeiten kann, soll arbeiten.
3. Alles wird durch die Kraft des Menschen der Vergangenheit und der Gegenwart produziert und jedermann soll es genießen.
4. Es soll Gleichberechtigung herrschen zwischen Männern und Männern, Frauen und Frauen, Frauen und Männern, Männern und Frauen. Niemand soll andere betrügen, Pacht einnehmen oder als Beamter fungieren. Alle Angelegenheiten sollen durch Diskussion geregelt werden.

M 2: Die Beschwerden der Gemeinden Douelle und Cessac, 1789

[…] Unter den augenblicklichen Umständen ist es uns sehr schmerzlich, dass wir gezwungen sind, Ihnen das traurige Bild unserer Armut zu zeigen. Dennoch, Sire, bei all unserem Elend treibt uns die Liebe zu Eurer Majestät dazu, das Wenige, das uns bleibt, mit Ihnen zu teilen, wenn Sie dies fordern.

Auflistung der königlichen Steuern:

Taille und Zugehöriges	3 953 Livres	7 221 L.	12 721 L.
Ländliche Zwanzigstel	1 388 Livres		
Kopfsteuer	1 880 Livres		
Renten und Zehnten	ca. 4 000 Livres	5 500 L.	
Saatgut aller Art	1 500 Livres		

Produktion an Wein und Getreide aller Art ohne Abzug der Anbaukosten: 30000 L.

Es folgt daraus nach allen Abzügen, dass für jede Person in der genannten Gemeinde nicht einmal die Summe von 30 Livres übrig bleibt, um das Allernotwendigste für die 600 Einwohner, Erwachsene wie Kinder, zu bestreiten.

M 3: Die Gemeinden Bears und Bouzies, 1789

[…] Die genannte Gemeinde stellt vor, dass es keinen unglücklicheren Menschen gibt als den Bauern und den Tagelöhner. Um diese Grundwahrheit zu beweisen, genügt es, zu betrachten, dass nach Abführung der königlichen Steuern und nach Bezahlung der Feudallasten sowie nach Abrechnung seiner Arbeit und des Saatgutes dem Bauern und Eigentümer nicht einmal ein Zehntel des Ertrags von seinem Boden bleibt, sodass er, um die genannten Lasten und Steuern bezahlen zu können, gezwungen ist, von ein wenig Hirsebrot oder Buchweizen sich zu nähren, was ihm oft genug auch noch fehlt. Er hat nichts als eine Suppe von Wasser und Salz, eine Nahrung, welche die Hunde besser gestellter Menschen verweigern würden; und doch ist dieser Arbeiter, der ständig schwerer Arbeit und der Härte aller Jahreszeiten ausgesetzt ist, nichtsdestoweniger ein Untertan des Staats, der nicht härter behandelt werden sollte als andere Menschen auch. Diese Klagen und Beschwerden sollen also der Ständeversammlung vorgelegt werden, damit Abhilfe gegen die Überlastung geschaffen werde, der der Bauer bislang ausgesetzt ist […]

M 2 und M 3 gehören zu den „cahiers de doléances“ von 1789 und stammen aus kleinen Gemeinden des französischen Südwestens. Zur Einordnung der Belastungen sollte beachtet werden, dass ein Tagelöhner etwa 1 Livre (L) pro Tag, ein einfacher Geistlicher etwa 1200 L im Jahr verdiente.

Hilfsmittel:

Keine

Erläuterungen und Bearbeitungshinweise

Die Prüfungsaufgabe bezieht sich auf den thematischen Schwerpunkt 2 (Chinas Weg in die Moderne von der Mitte des 19. Jahrhunderts bis zur Staatsgründung 1949) und verknüpft ihn in Aufgabe 2 mit dem thematischen Schwerpunkt 3 (Die Französische Revolution). Ein besonderer Schwerpunkt liegt auf dem verbindlichen Unterrichtsinhalt „Der Weg zur nationalen Einheit“, dabei besonders auf „Miteinander und Konkurrenz: Guomindang und KPCh“. Aber auch die anderen beiden verbindlichen Unterrichtsinhalte „Die Krise des alten Reiches“ und „Wirtschaftliche, gesellschaftliche und politische Ursachen für das Scheitern der Modernisierung“ müssen berücksichtigt werden, da bei Aufgabe 2 b eine detaillierte Analyse der Lage der chinesischen Bauern mit der Entwicklung seit dem Ende des 18. Jahrhunderts erwartet wird. Zunächst soll an einer Primärquelle (M 1) die Lage in China um 1920 zur Zeit der Warlords aus der Sicht eines revolutionären Soldaten gezeigt werden. Dann soll anhand von zwei Primärquellen von 1789 (M 2 und M 3) die Lage der französischen Bauern von der Zeit vor der Revolution bis 1791, also bis zur ersten Verfassung, dargestellt werden. Anschließend wird – als Semesterübergriff – der Vergleich zwischen französischer und chinesischer Landbevölkerung gefordert, letztere bis ca. 1920, wobei die Entwicklung des gesamten 19. Jahrhunderts zugrunde gelegt werden soll. Schließlich soll, unter erneuter Bezugnahme auf M 1, die Programmatik des Autors dieser Quelle mit der Programmatik und Praxis der GMD und der KPCh in den 1920er-Jahren verglichen werden (wobei im Erwartungshorizont die Einordnung in die „Tradition" der KPCh erwartet wird, die aber erst ein Jahr später gegründet wird). Unter dem Leitproblem „Gleichheit und Ungleichheit/Herrschaft und Freiheit" stehen als historische Dimensionen die „Wirtschafts- und Sozialgeschichte" und „Politikgeschichte" im Mittelpunkt.

Verbindliche Gewichtung der Teilaufgaben

Teilaufgabe	überwiegend Anforderungsbereich	Gewichtung in Prozent
1	I	25
2 a	II	25
2 b	II	25
3	III	25

Lösungsvorschläge

1. *In Aufgabe 1 geht es, nach einer kurzen quellenkritischen Einführung, darum, aus dem Text, der sich aufgrund seiner für Europäer und zumal für Schülerinnen und Schüler ungewöhnlichen Struktur nicht leicht erschließen lässt, die zentralen Informationen zu entnehmen. Eine Schwierigkeit bei der Einordnung der Quelle, zu der genauere Angaben fehlen, ist die Autorschaft, da man kaum davon ausgehen kann, dass der Soldat, bei dem die vorliegende Schrift konfisziert wurde, auch ihr Verfasser ist. Die Quelle vertritt zwar den Standpunkt der Massen an Soldaten, Arbeitern und Bauern, aber genau diese wären zum Verfassen eines solchen Textes gar nicht in der Lage gewesen – da sie größtenteils gar nicht lesen und schreiben konnten.*

   Die vorliegende Quelle M 1 ist der Aufruf eines Soldaten aus einer im August 1920 von chinesischen Militärbehörden konfiszierten Schrift. Da es sich um eine Äußerung aus der Zeit der inneren Auseinandersetzungen zwischen den Warlords handelt, liegt eine **Primärquelle** vor. Der Aufruf richtet sich an die anderen Soldaten und fordert im Wesentlichen die **Befehlsverweigerung** gegenüber ihren Vorgesetzten, die in einen Massenaufstand der Arbeiter und Bauern, also in eine **Revolution**, münden soll.
   Die Adressaten werden als „**Brüder**" angesprochen und es wird festgestellt, sie alle seien in die Armee gegangen, um so ihren Lebensunterhalt zu verdienen, aber nicht aus patriotischen Beweggründen (Z. 1–4). Für sie, die nicht einmal ein Stück Land besäßen, gebe es ohnehin kein „**Vaterland**" (Z. 5–6). Diesen Begriff missbrauchten die Offiziere nur, um in seinem Namen die Bevölkerung auszu-

beuten, sich zu bereichern und ein schönes Leben zu führen (Z. 7–18). Die Soldaten hingegen gefährdeten ihr eigenes Leben und hätten keinen Vorteil, im Gegenteil, sie würden dazu missbraucht, sich gegenseitig massenhaft umzubringen, **sie seien betrogen worden** (Z. 19–32).
Aus dieser Erkenntnis wird der Aufruf zur Befehlsverweigerung abgeleitet und zum **gemeinsamen Kampf mit den Arbeitern und Bauern** gegen die, die sie beherrschen und ausbeuten, d. h. gegen den Staat bzw. die lokalen Machthaber (Beamte, Z. 36) und die ökonomische Elite (Z. 36 f.), aufgerufen. Dieser **Revolution** sagt der Autor einen breiten Zuspruch und damit **Erfolg** voraus (Z. 38–41) und stellt **„vier Prinzipien" für einen zukünftigen Staatsaufbau** auf: Die landwirtschaftliche Nutzfläche soll durch Enteignung der Grundbesitzer Staatseigentum werden und von jedem genutzt werden können, jeder soll als Gegenleistung für seine Arbeit eine Grundversorgung erhalten und sämtliche Erträge allen zugutekommen. Männer und Frauen sollen gleichberechtigt sein, es soll keine Betrügereien, Pachteinnehmer und Beamten mehr geben und Konflikte sollen friedlich, durch Aussprache, gelöst werden.

2. a) *In Aufgabe 2 a geht es darum, anhand der beiden vorliegenden Quellen die Situation der französischen Landbevölkerung vor der Französischen Revolution bis zum Zeitpunkt des Erlasses der Verfassung 1791 darzustellen. Zunächst sollten die beiden Quellen kurz vorgestellt und historisch eingeordnet werden, wie es der Operator „erläutern" verlangt; dann sollte die weitere Entwicklung, ausgehend vom Material, aber darüber hinausgreifend, fortgeführt werden. Dabei ist es wichtig, anhand der Erläuterungen zu den beiden Texten zu erkennen, dass beide Quellen in den Zusammenhang der Cahiers de Doléances gehören. In M 2 dürfen Sie sich nicht von der Überschrift „königliche Steuern" irritieren lassen, da in der Folge auch Abgaben an den Grundherrn und die Kirche und andere Ausgaben genannt werden. Zudem entspricht die Zusammenfassung einzelner Posten keinem klaren Muster. Die Angaben, die die Erläuterung zu den Einkünften von Tagelöhnern und einfachen Geistlichen macht, müssen in die Deutung von M 2 einbezogen werden.*

Bei den beiden vorliegenden Quellen handelt es sich um Darstellungen französischer Landgemeinden aus dem Jahr 1789, also **Primärquellen**, in denen die wirtschaftlich miserable Situation der Bauern dargestellt wird. Zum einen wird in einer Statistik mit begleitendem Text, zum anderen nur in Textform auf die **prekäre Lage der Landbevölkerung** hingewiesen, die am oder unter dem Existenzminimum lebt. Diese „Beschwerden" wurden vor dem Zusammentritt der Generalstände im Mai 1789 aus allen Teilen Frankreichs angefordert, lokal erstellt und als Hefte den Abgeordneten für die Generalstände mitgegeben („**Cahiers de Doléances**"). Daher wird hier zwar nur ein lokaler Zustand gespiegelt; dieser stellte sich aber in vielen Teilen Frankreichs ähnlich dar.

M 2 macht deutlich, dass die **Bauern von einer Vielzahl staatlicher, grundherrlicher und kirchlicher Steuern belastet** waren (wobei in M 2 offenbar der Grundherr die Kirche ist). Der oder die Verfasser der Beschwerdeschrift kommen zu dem Schluss, dass nur ca. 30 Livres pro Person und Jahr zum Lebensunterhalt übrig blieben, also ca. ein Zehntel der Jahreseinkünfte eines Tagelöhners. Diese **extreme Armut** wird durch den darstellenden Text von M 3 veranschaulicht: auch hier wird angeprangert, dass dem Bauern nur ein Zehntel seiner Erträge bliebe und er daher lediglich von Wassersuppe bei ständiger schwerer körperlicher Arbeit lebe (Z. 8 ff.).

Zu diesen vielfachen Abgaben kamen aber noch **weitere Belastungen der Bauern**, die in den vorliegenden Quellen nicht genannt werden: Bauern stellten die Masse der Bevölkerung. Im 18. Jahrhundert hatte ein **Bevölkerungswachstum** eingesetzt, das zur **Verknappung und Verteuerung der Lebensmittel** führte und sich durch Missernten in den 1780er-Jahren noch verschärfte. Schwierig war, dass nur Bauern Steuern zahlten, wohingegen Adel und Klerus davon befreit waren. Außer den **finanziellen Abgaben** und **Naturalleistungen** mussten die Bauern dem Grundherrn zudem weitere **Vorrechte** wie das Jagdrecht und das Recht auf Fischfang und Taubenhaltung zugestehen, ferner Wege-, Brücken- und Marktzölle entrichten und Bannrechte wie den Mühlen-, Kelter- und Backzwang ausführen. Politische Rechte besaßen sie hingegen nicht.

Dennoch waren die Bauern dem **König** in der Regel **treu** ergeben (vgl. auch M 2, Z. 1–4). So baten sie in den Beschwerdeheften auch nur um Abhilfe als Gegenleistung für neue Steuern, sie strebten also nicht nach der Abschaffung der Monarchie.

Bereits im Juli 1789, kurz nach der Konstituierung der Nationalversammlung (17. Juni 1789) und verstärkt durch den Sturm auf die Bastille (14. Juli 1789), entstand aber unter den Bauern sehr schnell schon die Angst, dass die erhofften Verbesserungen ihrer Lage ausbleiben würden. Sie befürchteten eine Verschwörung des – emigrierenden – Adels gegen die Revolution. Die „**Große Angst**“ brach aus und führte zu Angriffen auf Adelssitze mit dem Ziel, die Archive und damit alle Dokumente zu zerstören, die die Abhängigkeitsverhältnisse festschrieben. Diese **Aufstände** erfassten fast **ganz Frankreich**, obwohl es am 4. August 1789 in der Nationalversammlung zum **Verzicht auf die Privilegien** durch Klerus und Adel und damit auch auf deren grundherrliche Rechte gekommen war. Am **26. August** wurden außerdem die **Menschen- und Bürgerrechte** verkündet. Aber die Bauern mussten sich teilweise von den Pflichten gegenüber dem Grundherrn freikaufen, was vielen nicht möglich war, sodass sich in der **Realität** ihre **Lage oft nicht oder kaum besserte**. Lediglich von der Verstaatlichung der Kirchengüter konnten einige profitieren, aber auch hier mussten sie die entsprechenden Parzellen kaufen. Mit der Verkündung der **Verfassung vom 3. September 1791** hatten die Bauern auch kein politisches Mitspracherecht erlangt, da sie durch das Zensuswahlrecht **weiterhin weitgehend von der politischen Mitbestimmung ausgeschlossen** blieben.

b) *Bei der Gegenüberstellung Chinas mit Frankreich gilt es, Gemeinsamkeiten, aber auch Unterschiede, differenziert darzustellen. Schwierig ist hier die unterschiedliche Ausdehnung des zeitlichen Rahmens: während man für Frankreich die Lage direkt vor und in der ersten Phase der Revolution betrachtet, muss man bei China mit der Entwicklung Ende des 18. Jahrhunderts einsetzen und sie mindestens bis in die 1920er-Jahre fortführen. Auch räumlich stellt man zwei sehr unterschiedlich große Einheiten gegenüber.*

Auf den ersten Blick sieht man überwiegend **Gemeinsamkeiten** zwischen der Lage der bäuerlichen Bevölkerung in Frankreich vor und am Anfang der Revolution und in China bis 1920: die Bauern bildeten die **große Mehrheit der Bevölkerung** (in Frankreich über 80 %, in China 90 %). Sie hatten **keine politischen Rechte** und wurden von der herrschenden Schicht (in Frankreich Adel und Klerus, in China den kaiserlichen Beamten und später den Offizieren und Beamten der Warlords bzw. der imperialistischen Mächte) beherrscht und ausgebeutet. In beiden Ländern hatte ein im 18. Jahrhundert einsetzendes **Bevölkerungswachstum** zu einer Verknappung der Lebensmittel geführt. **Grundherrn** besaßen das Land und lebten von den Diensten und Abgaben der Bauern, die es bewirtschafteten. In beiden Ländern mussten sie ein **zerrüttetes finanzielles System** mittragen und erhalten: in Frankreich die Folgen des Machtstrebens der Krone und des damit verbundenen kriegerischen Engagements, der Verschwendung am Hof und des ungerechten Steuersystems, in China die Folgen der imperialistischen Durchdringung des Landes seit dem frühen 19. Jahrhundert.
Hier aber gibt es **deutliche Unterschiede:** Zum einen war **China** seit dem Ersten Opiumkrieg (Frieden von Nanjing 1842) zunehmend zum **Spielball imperialistischer Mächte** geworden. Diese sicherten sich immer mehr extraterritoriale Gebiete und durchdrangen nach dem Vertrag von Beijing 1860 China immer stärker mit Handel und Mission. Besonders der **Opiumhandel** zersetzte die chinesische Führungsschicht und ließ sie und damit das Kaiserhaus an Einfluss und Macht verlieren, genauso wie die Staatsfinanzen durch den **Abfluss an Silber** als Bezahlung für das Opium und als **Reparationszahlungen** nach diversen verlorenen Kriegen gegen die imperialistischen Mächte, z. B. nach dem verlorenen chinesisch-japanischen Krieg 1894/95, immer mehr in Schieflage gerieten. Zum anderen **stellten die Missionare die chinesischen Grundwerte und die Gesellschaftsordnung infrage**. So kam es zwischen 1850 und 1864 zum **Taiping-Aufstand**, der die Forderungen der Bauern nach Land und gerechter Behandlung zum ersten Mal in dem von ihm ergriffenen Gebiet umsetzte. Dieser wurde aber mithilfe der imperialistischen Mächte niedergeschlagen. Danach waren **die chinesischen Bauern nur noch Opfer der Entwicklung:** Reformversuche des Guangxu-Kaisers 1898 scheiterten, genauso der anti-westliche Boxeraufstand 1900, und nach dem Zerfall des Kaiserreiches 1911/12 waren sie den Warlords und den um ihren Einfluss in China streitenden imperialistischen Mächten, v. a. Japan, ausgeliefert. Außer lokalen Aufständen gab es keine gemeinsame Aktion gegen die herr-

schenden Verhältnisse. Das sollte sich erst ändern, als Mao in den 1930er-Jahren die Bauern als revolutionäres Potenzial Chinas entdeckte und politisierte.

Die Bauern spielten dagegen in der Französischen Revolution zeitweise eine recht aktive Rolle in einem Land, das völlig souverän war: Sie beteiligten sich am Verfassen der Beschwerdehefte und ergriffen im Sommer 1789 die Initiative, als sie die Wahrung ihrer Interessen in der Revolution in Gefahr sahen, und zerstörten die Adelssitze und Archive. Sie beschwerten sich auch später, als sie sahen, dass der Verzicht auf die Privilegien ihnen kaum Erleichterung brachte, und waren im weiteren Verlauf der Revolution zumindest regional aktiv, wenn auch nun gegen die revolutionäre Regierung der radikalen Jakobiner wie z. B. im Vendée-Aufstand. Zumindest theoretisch waren sie nach 1789 im Besitz der Menschen- und Bürgerrechte, wovon die chinesischen Bauern 1920 noch weit entfernt waren.

3. *Wesentlich bei dieser Aufgabe ist es zu erkennen, dass die 1920er-Jahre noch gar keinen großen Unterschied in der Programmatik und Praxis der beiden Parteien zeigen, die im Übrigen beide von Moskau unterstützt und finanziert wurden. Erst nach dem ersten Bruch der Zusammenarbeit nach dem Massaker von Shanghai 1927 bildeten sich die typischen Unterschiede zwischen GMD und KPCh heraus. Zudem sollte auf M 1 Bezug genommen und die weitere politische Entwicklung ab 1911/12 berücksichtigt werden.*

Ideologisch war man in China nach 1911 damit beschäftigt, westliche Ideologien zu rezipieren und hatte noch Probleme, die unterschiedlichen philosophischen und ideologischen Richtungen zu differenzieren. Die **Bewegung des 4. Mai**, die v. a. von Studenten getragen wurde, hatte einen ersten eigenen Nationalismus der Republik entstehen lassen, der die allgemeine Modernisierung vorantrieb.

Da die KPCh erst 1921, also ein Jahr nach dem Aufruf eines Soldaten (M 1), gegründet wurde, konnte sich der Autor dieser Schrift ohnehin nur auf die GMD beziehen. Zunächst gab es in Programmatik und Praxis von GMD und KPCh **keine großen Unterschiede**. Sun Yatsen hatte die GMD 1912 mit dem Übergang zur Republik gegründet, sie war dann aber von Yuan Shikai verboten worden und arbeitete bis 1922 nur im Untergrund. Gestützt wurde sie wie dann auch die KPCh von der seit der Oktoberrevolution von 1917 kommunistischen Sowjetunion, die sie zur Zusammenarbeit in einer „**Volksfront**" drängte. **Sun Yatsen** formulierte die „**drei Volksprinzipien**" Nationalismus, Bürgerrechte und Volkswohlfahrt, wobei Letzteres eine Bodenreform beinhalten sollte, wie sie vielleicht auch der Autor von M 1 akzeptiert hätte. Sun Yatsens Nachfolger **Chiang Kai-shek**, der 1925 an die Macht kam, verfolgte die KPCh, die ursprünglich an den wenigen industrialisierten städtischen Zentren ihren Schwerpunkt hatte, und zwang sie, sich in den ländlichen Raum zurückzuziehen.

Nach 1927 wurde die **GMD zur Partei der Grundbesitzer, Militärs und Großbürger**, v. a. der städtischen (Oberschicht-)Bevölkerung, während sich die **KPCh**

zwangsläufig überwiegend auf die **Landbevölkerung** stützte. Besonders **Mao Zedong** erkannte das revolutionäre Potenzial der Bauern und begann, gegen die Anweisungen der Komintern, diese zu politisieren. Der „**Lange Marsch**" – eigentlich die Flucht vor den vorrückenden Truppen des GMD-Regimes – wurde dann zur Legende der KPCh, aus der Mao als Führungspersönlichkeit hervorging und in der die Taktik der KPCh, sich auf die Bauern zu stützen und ihre Forderungen zu erfüllen, zum Programm wurde.
Dieses Programm hätte dem **Autor von M 1** wohl zugesagt, sah es doch die Enteignung der Grundbesitzer und die Umverteilung des Landes auf die Bauern vor, ferner eine Sicherung der Grundversorgung, Ideen, die schon seit dem Taiping-Aufstand existierten. Die Soldaten der „Volksbefreiungsarmee" wurden angewiesen, die Bevölkerung anständig zu behandeln, im Unterschied zu den Soldaten der Kaiserin, der Warlords und der Guomindang. Das führte zu einer hohen Akzeptanz bei den Bauern. Auch dies hätte dem Autor von M 1 zugesagt, da hier Soldaten nicht mehr von Generälen für ihre Zwecke missbraucht wurden und die von ihm geforderte Zusammenarbeit mit den Bauern und Arbeitern stattfand. Dass diesem Ideal teilweise eine brutale Realität auch im Umgang mit den Bauern gegenüberstand, ist allerdings nicht zu leugnen. Da sich Chiang Kaishek den notwendigen Reformen entzog, war die GMD auf lange Sicht nicht erfolgreich und die KPCh konnte sich durchsetzen. Das entspricht der Sicht des Autors von M 1, der eine **Revolution der Bauern und Arbeiter** als auf lange Sicht erfolgversprechend bezeichnet. Allerdings darf man den erfolgreichen Kampf gegen Japan als einen Faktor beim Erfolg der KPCh hier nicht außer Acht lassen. So brachte der Nationalismus weite Teile der Bevölkerung hinter die KPCh, nicht nur die Bauern. Die GMD bot hier keine Alternative und verlor auch ihre Basis in den Städten.

Thema: Machtsicherung im Nationalsozialismus

Aufgabenstellung

1. Fassen Sie nach einer kurzen Vorstellung des Textes (M 1) dessen Inhalt mit eigenen Worten zusammen.
2. Ordnen Sie den in M 1 beschriebenen Sachverhalt in seinen historischen Kontext ein.
3. Interpretieren Sie M 2 unter Berücksichtigung von M 3 und Ihrer bisherigen Arbeitsergebnisse.
4. a) Erläutern Sie unter Einbeziehung von M 4 und M 5 den Umgang mit „modernen Medien“ zur Zeit der Französischen Revolution.
   b) Beurteilen Sie vergleichend die Bedeutung der Medien sowohl für den Verlauf der Französischen Revolution als auch für die Herrschaft des Nationalsozialismus.

M 1

Über die Pressekonferenzen der Reichsregierung im Dritten Reich berichtet Fritz Sänger, langjähriger Mitarbeiter der Frankfurter Zeitung und nach 1945 Chefredakteur der Deutschen Presse-Agentur (dpa), am 28. 7. 1963 in einem Brief an den Kulturhistoriker Joseph Wulf:

Die im Jahre 1917 gegründete Pressekonferenz bei der Reichsregierung wurde bei Übernahme der politischen Macht in Deutschland 1933 von den Nationalsozialisten in eine „Pressekonferenz der Reichsregierung“ verwandelt. Es war also nun eine Einrichtung der Regierung. Sie gab dort Weisungen aus, Sprachregelungen nannte man sie, und gab täglich Gelegenheit, der Presse Hinweise zu geben, sie „auszurichten“ (damaliges Modewort) und, soweit es angebracht schien, zu informieren. Diese Pressekonferenzen wurden seit 1933 von der Regierung geleitet, vorher von den Journalisten und die Regierung war bei ihnen zu Gast.

Jede deutsche Zeitung war darauf erpicht, einen Vertreter in der Reichspressekonferenz zu haben. Manche Zeitungen hatten mehrere Vertreter dort […]. Jeder Vertreter in der Pressekonferenz wurde dort „Mitglied“, d. h., er wurde zugelassen oder akkreditiert. Die Zulassung hatte vorher der Vorstand der Pressekonferenz ausgesprochen, nach 1933 sprach sie das Reichsministerium für Volksaufklärung und Propaganda aus, und zwar die Abteilung Deutsche Presse.

[…] Die Reichspressekonferenz fand werktäglich um 12 Uhr mittags statt, später, in den Kriegsjahren, auch noch ein zweites Mal und meist um 17 Uhr, jedoch unregelmäßig auch spät abends und sogar nachts oder sehr früh am Morgen. Die Einberufung erfolgte telefonisch oder durch Fernschreiber, wenn es sich nicht um die tägliche Mittags- oder Abendkonferenz handelte.

In den Konferenzen wurde keinesfalls konferiert, sondern ziemlich einseitig gesprochen (von der Regierung her) und höchstens von der Presse her gefragt. [...]

Gab es in der Konferenz eilige Mitteilungen oder Weisungen, vielleicht sogar Ankündigungen oder Nachrichten, so lief man sofort nach Beendigung ans Telefon im Hause des Propagandaministeriums, wo die Konferenzen stattfanden, und telefonierte seiner Redaktion (in Berlin) diese besonderen Teile durch. Dann ging man in die Redaktion und wir gaben dann den Rest der Konferenznotizen mehr oder weniger wörtlich, auf jeden Fall alle wichtigen Dinge so ausführlich wie möglich über Fernschreiber nach Frankfurt. Das geschah in großer Eile.

M 2

Foto (datiert 1925) aus dem erstmals 1932 veröffentlichten Fotoalbum über Hitler von seinem persönlichen Fotografen Heinrich Hoffmann: *Hitler, wie ihn keiner kennt.* Nach 1934 verfügte Hitler, dass die Fotobände aus dem Verkehr gezogen und nicht wieder aufgelegt werden.

M 3: [Reichs-]Pressekonferenz vom 18. 6. 1940

Anweisung Nr. 351
Es wird noch einmal daran erinnert, dass Führer-Bilder nur dann gebracht werden dürfen, wenn sie vom Führer selbst genehmigt sind und über die zugelassenen Bildagenturen laufen. […]

M 4: Erklärung der Menschen- und Bürgerrechte vom 26. 8. 1789 (Auszug)

Artikel 10. Niemand darf wegen seiner Überzeugungen, auch nicht der religiösen, behelligt werden, vorausgesetzt, dass ihre Betätigung die durch das Gesetz gewährleistete öffentliche Ordnung nicht stört.
Artikel 11. Die freie Mitteilung seiner Gedanken und Meinungen ist eines der kostbarsten Rechte des Menschen. Jeder Bürger darf sich also durch Wort, Schrift und Druck frei äußern; für den Missbrauch dieser Freiheit hat er sich in allen durch das Gesetz bestimmten Fällen zu verantworten.

M 5

Zur Ausweitung der Printmedien zur Zeit der Französischen Revolution schreibt der Historiker Wolfgang Kruse:

Bis zum Ende des Jahres 1789 kamen allein in Paris etwa 190 neue Zeitungen auf den Markt, von denen über 20 täglich erschienen. Der Ausbau der Presselandschaft war damit keineswegs beendet, er gewann in der Folgezeit noch weiter an Dynamik. […] Und nicht nur die Anzahl der Presseorgane vervielfachte sich, auch die Höhe der Gesamtauflagen verachtfachte sich bis Mitte der 1790er Jahre auf etwa 150 000 Exemplare.

(Wolfgang Kruse, Die Französische Revolution, Paderborn: Schöningh 2005, S. 84.)

Hilfsmittel:

Keine

Erläuterungen und Bearbeitungshinweise

Der Schwerpunkt dieses Aufgabenvorschlags liegt im thematischen Schwerpunkt 1 „Ideologie und Herrschaft des Nationalsozialismus zwischen Verführung und Terror". Konkret geht es um den verbindlichen Unterrichtsinhalt „Herrschaft des Nationalsozialismus" und dabei um den Unterpunkt „‚Machtergreifung' und ‚-sicherung'". Der Semesterübergriff in Aufgabe 4 bindet den thematischen Schwerpunkt 3: „Die Französische Revolution" mit ein; er bezieht sich auf den für das erhöhte Anforderungsniveau verbindlichen Unterrichtsinhalt „Neue politische Kultur".
Dominierende Leitprobleme sind „Herrschaft und Freiheit" sowie „Mensch und Gesellschaft", als Dimensionen historischer Forschung überwiegen Kultur-, Politik- und Sozialgeschichte.
Auch wenn Aufgabe 4 b die Einbeziehung weiterer Unterrichtsinhalte ermöglicht, ist doch festzustellen, dass hier gegenüber den Vorschlägen der Vorjahre eine erhebliche inhaltliche Verschlankung stattgefunden hat. Daher scheint die Aufgabe auf den ersten Blick vergleichsweise leicht zu sein: viele kurze Materialien, aus denen man Informationen problemlos entnehmen kann. Dennoch hat sie bei vielen Schülern dazu geführt, dass sie vergleichsweise schlecht abgeschnitten haben. Bei Aufgabenvorschlag I, dem vermeintlich schwierigeren, war das eher nicht der Fall.
Es ist zu vermuten, dass Aufgabenstellungen dieser Art auch in den kommenden Jahren gestellt werden. Daraus folgt: Nutzen Sie Ihre Einlesezeit dazu, herauszufinden, welcher Aufgabenvorschlag Ihnen die meisten Anschlussmöglichkeiten gibt. Auf dem erhöhten Niveau des Jahres 2010 war dies sicherlich Aufgabe I.
In der Gewichtung der Teilaufgaben erstaunt die geringe Gewichtung der hochwertigsten Aufgabe 4 b. Wer hier zeigt, dass er imstande ist, eigenständig zu denken und komplexe Argumentationen zu entwickeln, könnte eigentlich erwarten, seine Leistung stärker gewürdigt zu sehen.

Verbindliche Gewichtung der Teilaufgaben

Teilaufgabe	überwiegend Anforderungsbereich	Gewichtung in Prozent
1	I	20
2	II	25
3	I–III	20
4 a	II	20
4 b	III	15

Lösungsvorschläge

1. *Hier handelt es sich um eine einfache Inhaltsangabe mit vorangestelltem Einleitungssatz, in dem die wesentlichen Angaben zur Quelle auftauchen müssen. Diese stehen bereits als Erläuterungen über dem Quellentext und müssen nur wiedergegeben werden. Der Text offenbart ein gewisses Dilemma: Er ist sehr leicht zu verstehen, da er lediglich aus einer Abfolge einfacher Informationen besteht und nicht logisch komplex argumentiert. Daher bietet eine exzellente Bearbeitung der Teilaufgabe bereits die Gewähr eines gewissen Punktepolsters, zumal sie mit 20 % zu Buche schlägt. Andererseits ist es den Bearbeitern hier nur sehr begrenzt möglich, den Text originell und eigenständig zusammenzufassen: Die Verständnisbarriere ist so gering, dass eigentlich gar keine gute oder sehr gute Leistung im Sinne einer Zusammenfassung erbracht werden kann. Bemühen Sie sich daher inhaltlich um eine besondere Akzentuierung des im Text enthaltenen Kontrastes zwischen den Pressekonferenzen alten und neuen Typs, achten Sie in formaler Hinsicht auf die richtige Verwendung der indirekten Rede und denken Sie an die Zeilenverweise.*

   Bei der vorliegenden Quelle handelt es sich um einen **Brief** von **Fritz Sänger**, einem langjährigen Redakteur der Frankfurter Zeitung, der nach 1945 Chefredakteur der Deutschen Presse-Agentur war, an den Kulturhistoriker Joseph Wulf. Sänger schildert darin die **Veränderungen**, welche sich in der **Berliner Regierungspressekonferenz** im Jahre 1933 vollzogen. Der Brief wurde am 28. 7. 1963, also aus einem **zeitlichen Abstand** von mehr als 30 Jahren verfasst; dennoch gibt er einen recht genauen Überblick über die einzelnen Maßnahmen.

   Nach der Machtübernahme der Nationalsozialisten habe die Reichsregierung die Leitung der Reichspressekonferenz übernommen, während sie zuvor stets Gast bei den Berliner Journalisten gewesen sei. Damit sei die Pressekonferenz zu einem **Regierungsorgan** geworden, in der die Regierung neben Informationen vor allem „Weisungen“ und „Sprachregelungen“ (Z. 4) ausgegeben habe (Z. 1–8). Dabei hätten die Regierungsvertreter das Gespräch dominiert, während die Pressevertreter lediglich Fragen gestellt hätten (Z. 20 f.). Die Akkreditierung eines Journalisten sei fortan durch das **Reichspropagandaministerium** erfolgt, während sie zuvor vom Vorstand der Pressekonferenz vorgenommen worden sei (Z. 9–14). Die Pressekonferenz habe regelmäßig einmal **täglich** mittags stattgefunden, bei Bedarf, vor allem zur Zeit des Krieges, auch häufiger. Zu Sonderterminen seien die Journalisten benachrichtigt worden (Z. 15–19). Sie seien stets bestrebt gewesen, die erhaltenen Informationen unmittelbar sowie möglichst wörtlich an die Heimatredaktionen weiterzuleiten (Z. 22–28).

2. *Es handelt sich um eine klassische Einordnungsaufgabe. Sie erfordert die Reorganisation vorhandener Sachkenntnisse. Vorzüge der Bearbeitung ergeben sich, wenn Sie Materialbezüge herstellen und auf diese Weise deutlich machen, dass Sie nicht nur in der Lage sind, auswendig Gelerntes aufzuschreiben, sondern Ihr Wissen auch auf vorgegebene Zusammenhänge anzuwenden. Wichtig ist, dass Sie*

einen passenden Kontextrahmen wählen. Im konkreten Fall empfiehlt es sich, nicht wesentlich hinter den Januar 1933 zurückzugehen, denn die Frage, wie die Nationalsozialisten zur Macht gelangt sind, wird hier nicht thematisiert. Stattdessen ist der Aspekt der Machtsicherung in den Jahren 1933/34 als relevanter Kontext näher auszuführen. Als Überleitung empfiehlt sich ein kurzes, interpretierendes Resümee der zentralen Aussage von M 1.

Die vom Verfasser des vorliegenden Textes beschriebenen Veränderungen der Organisation und des Ablaufes der Berliner Pressekonferenz waren Teil umfangreicher **Maßnahmen**, mit denen die Nationalsozialisten ihre Herrschaft ab Januar 1933 sicherten und ausbauten. Sänger schildert, dass es nach der Übernahme der Macht durch die Nationalsozialisten umgehend zu einer **Zentralisierung der Information** durch die Reichsregierung kam und die vormals kollegiale Organisation der Pressekonferenz (vgl. Z. 12 f.) zugunsten einer streng hierarchischen (vgl. Z. 20 f.) verändert wurde. Insofern könnte man auch die Organisation der Reichspressekonferenz fortan als von einer Spielart des **Führerprinzips**, das diktatorische Weisungsbefugnis der Führenden mit unbedingtem Gehorsam der Geführten verband, geprägt ansehen.
Die Neuorganisation der Pressekonferenz war zugleich Teil der **Gleichschaltung:** Indem fortan die Reichsregierung in Gestalt des **Reichspropagandaministeriums** Sprachregelungen, die faktisch Weisungen waren (vgl. Z. 4), vorgab, gewährleistete sie die Vereinheitlichung der öffentlichen Meinung auf Kosten des zuvor herrschenden Meinungspluralismus der Weimarer Demokratie. Die **nationalsozialistische Weltanschauung** wurde auf diese Weise gewissermaßen alternativlos und alleinverbindlich. Sie erstreckte sich darüber hinaus auch auf andere, moderne Medien wie den **Rundfunk** und das noch in den Kinderschuhen steckende **Fernsehen**. Die Faszinationskraft der **modernen Medien** wurde dabei von den Nationalsozialisten zielsicher erkannt; aber, wie in M 1 deutlich wird, war auch die Presse umfassender **Kontrolle** unterworfen.
Die Gleichschaltung betraf indes nicht nur die Medien, sondern alle Bereiche des öffentlichen Lebens bis hinein in die Privatsphäre. Die Grundlagen hierfür hatten die Nationalsozialisten durch mehrere **Notverordnungen** geschaffen, mit denen sie in den Wochen nach der Ernennung Hitlers zum Reichskanzler die verfassungsmäßigen Grundrechte aushebelten. Deren bedeutendste war die sogenannte **Reichstagsbrandverordnung** vom 28. 2. 1933. Indem sie die Meinungs- und Pressefreiheit außer Kraft setzte, schuf sie die gesetzliche Grundlage für die in M 1 geschilderten Vorgänge. Daneben hob sie auch das Brief- und Fernmeldegeheimnis sowie die Versammlungsfreiheit und die Unverletzlichkeit der Wohnung auf. Ende Februar 1933 wurde damit ein Ausnahmezustand hergestellt, der wesentliche Bedingungen zur Entfaltung der NS-Herrschaft schuf.
Politisch war die Demokratie mit der Verabschiedung des sogenannten **Ermächtigungsgesetzes** am 23. 3. 1933 beendet. Fortan konnte die Reichsregierung ohne Zustimmung des Reichstages Gesetze erlassen. Bis Mitte 1933 waren die bis dahin vorhandenen **Parteien** entweder **verboten** worden oder sie hatten sich selbst

aufgelöst. Mit der Gleichschaltung der Länder im März/April 1933 endete auch der **Föderalismus** der Weimarer Republik.
Auf gesellschaftlichem und kulturellem Gebiet erstreckte sich die Gleichschaltung neben der Presse vor allem auf das **Verbands-**, ja sogar auf das **Vereinswesen**, das konsequent in die Hierarchie der NS-Parteiorganisation eingebunden wurde. An die Stelle der Gewerkschaften, aber auch der Arbeitgeberverbände trat die **Deutsche Arbeitsfront** (DAF). Sie vertrat nicht mehr einseitig Arbeitnehmerinteressen, sondern versammelte Arbeitgeber wie Arbeitnehmer hinter den vermeintlich objektiven Interessen des deutschen Volkes. Dies eröffnete den Nationalsozialisten mittelfristig den Einstieg in die staatliche Kommandowirtschaft. Die Gleichschaltung griff auch durch die Schaffung von **Jugendorganisationen** wie der HJ oder dem BDM von Anfang an tief in das Leben der Menschen ein. Es war beabsichtigt, den Einzelnen zeitlebens in NS-Organisationen einzubinden.
Die **Bücherverbrennung** am 10. 5. 1933 markiert das **Ende der Meinungsfreiheit**, aber auch der Freiheit der Kunst. An die Stelle eines fortschrittlichen Pluralismus traten jetzt auch hier als einzige öffentliche Stimme die im **Reichsministerium für Volksaufklärung und Propaganda** des Joseph Goebbels vorgegebenen Sprachregelungen.

3. *Die Aufgabe stellt inhaltlich keine Schwierigkeit dar. Der komplexe Operator „Interpretieren" verlangt jedoch von Ihnen eine sinnvolle, eigenständige Gliederung. Die Interpretation besteht aus einer materialimmanenten, genauen Beschreibung der vorliegenden Fotografie M 2, deren Einordnung in den historischen Kontext sowie der Auswertung des kurzen Erläuterungstextes zum Bild und der Quelle M 3. Abschließend soll eine Beurteilung, d. h. eine Bestimmung des Stellenwertes in diesem historischen Kontext, erfolgen. Insofern deckt die Aufgabe alle drei Anforderungsbereiche ab. Die schlechte Reproduktionsqualität lässt einige Fragen offen, z. B. die nach der Jahreszeit, denn es ist schwer zu erkennen, ob Hitler hier im Schnee steht oder nicht.*

Die vorliegende Fotografie aus dem Jahr 1925 zeigt Adolf Hitler in einem lichten Wald stehend. Er trägt ein dunkles Oberhemd, eine kurze Lederhose mit dazu passenden derben Kniestrümpfen und Halbschuhen. Er lehnt an einem Baum. Die in die Hüfte gestemmte rechte und die in den Hosengürtel fassende linke Hand sowie die gekreuzten Beine erzeugen den Eindruck einer **lässigen Haltung**. Auch wenn Hitler nicht direkt in die Kamera, sondern an ihr vorbeischaut, entsteht ungeachtet der zu unterstellenden **Inszenierung** insgesamt der Eindruck von **Privatheit und Ungezwungenheit**. Dass dies beabsichtigt war, legt auch der Titel des Bildbandes nahe, in dem das Foto ursprünglich erschien: „Hitler, wie ihn keiner kennt". Hiermit sollte im Umfeld der **Wahlen 1932** offenbar die in der Öffentlichkeit wenig bekannte **private Seite Hitlers** – etwa im Sinne heutiger Home Stories – präsentiert werden, um auf diese Weise um Sympathien der Wähler zu werben und Hitler als Person populär zu machen.

Bereits zwei Jahre später, 1934, verfügte Hitler, dass die Fotobände aus dem Verkehr zu ziehen seien und nicht wieder aufgelegt werden dürften (vgl. Erläuterungen zu M 2). Was 1932 als angemessenes Mittel galt, um Wählerstimmen zu gewinnen, das war nach der Festigung der NS-Herrschaft offenkundig nicht mehr gewünscht. Fortan sollte Hitler als der **unantastbare Führer** des deutschen Volkes erscheinen, der in der öffentlichen Wahrnehmung keinerlei Privatsphäre mehr besaß. Dementsprechend trat er in der Regel nur noch in **Parteiuniform** auf. Die **Stilisierung** Hitlers zum Führer, auch und gerade mithilfe der Bildmedien, lieferte die visuelle Ergänzung des **Führerprinzips**, wie es bereits in Aufgabe 2 dargestellt wurde und wie es beispielsweise in der Weisungsbefugnis des Propagandaministers in der Reichspressekonferenz deutlich wird. Seinen Ausdruck findet es ferner in M 3: Im Juni 1940 bestimmte Hitler der Anweisung Nr. 351 zufolge, welche Bilder von ihm veröffentlicht werden durften. Auch die Verbreitung des Bildmaterials war jetzt zentralisiert. Dass Hitler sogar in der Lage war zu verfügen, dass die Bände einzuziehen waren, belegt den **totalitären Charakter** der NS-Herrschaft.
Mit dieser sehr bewusst vollzogenen **Uminszenierung der Person Hitlers** reagierten die Nationalsozialisten zum einen auf mögliche Legitimitätsdefizite, die aus der einfachen Herkunft Hitlers und seiner wenig rühmlichen Biographie herrühren mochten; zum anderen war die Präsentation Hitlers als **Staatsmann** aber auch Teil einer **Kampagne**, die sich darum bemühte, auch diejenigen Bevölkerungsschichten für den Nationalsozialismus zu gewinnen, die ihm ursprünglich fernstanden. Sinnfälligstes Datum eines solchen Versuches war der **Tag von Potsdam** am 21. März 1933, an dem die Nationalsozialisten den aufwendig inszenierten Schulterschluss mit den alten Eliten des Kaiserreiches suchten.
Insgesamt ist der mithilfe der Materialien 2 und 3 dargestellte Vorgang ein weiteres Beispiel für die **Gleichschaltung der Medien**.

4. a) *Nachdem die Aufgaben 1 und 2 denkbar unscharf gehalten waren, wendet sich Aufgabe 4 einem ausgesprochenen Detailinhalt des thematischen Schwerpunkts 3 „Die Französische Revolution" zu. Innerhalb des für das erhöhte Anforderungsniveau verbindlichen Unterrichtsinhalts „Neue politische Kultur" geht es um den Teilaspekt „Rolle der Medien". Dieser Unterrichtsinhalt dürfte in den meisten Kursen eher am Rande bzw. recht allgemein behandelt worden sein, wird hier aber überraschend detailliert abgeprüft. Die Teilaufgabe ist wiederum sehr materialbezogen, doch wie schon in den Aufgaben 1–3 stellen die Materialien keinerlei Erschließungsbarrieren, sondern sind schlichte Stichwortgeber. M 4 und M 5 enthalten darüber hinaus diejenigen Informationen, die Schülern, denen die geforderten Detailkenntnisse fehlen, vermutlich gerade noch geläufig sind. Sie weisen keinerlei Denkanlass auf und lassen jede Problemorientierung vermissen. Die Formulierung „Umgang mit ‚modernen Medien'" lässt zudem nicht zwangsläufig auf eine differenzierte Darlegung der verschiedenen Mediengattungen schließen, was im Erwartungshorizont aber ausdrücklich gefordert wird.*

Die Aufgabe verlangt Leistungen aus dem AFB II.
Besonders elegant ist es, wenn Sie mit einer Überleitung beginnen, die den Bogen vom Nationalsozialismus zur Französischen Revolution schlägt.

Die in den bisherigen Ausführungen deutlich gewordene große **Bedeutung der Medien für die Politik** ist nicht erst im 20. Jahrhundert in Erscheinung getreten. Die Weichen für diese Entwicklung wurden bereits im späten 18. Jahrhundert gestellt. Konkret war es die Französische Revolution, in der die Entwicklungen der Aufklärung erstmals Eingang in das politische Tagesgeschäft fanden.

Von Anfang an war der **Aufklärung** eine pädagogische Grundhaltung eigen. Sie zielte darauf ab, Verstandeskräfte und selbstständiges Denken nicht nur in einer Elite, sondern auch in der **Breite der Bevölkerung** zu verankern. Dies lief allerdings dem Kontrollanspruch des absolutistischen Fürstenstaates zunächst zuwider. Allen Versuchen einer auf das Politische abzielenden Aufklärungspädagogik stellte er seine **Zensur** entgegen. Zahlreiche oppositionelle Schriften aus den Jahren vor 1789 mussten daher in den benachbarten Niederlanden erscheinen und gelangten **illegal** über die französische Grenze.

In den achtziger Jahren des 18. Jahrhunderts verdichteten sich die Krisenphänomene in Frankreich. Dies schuf auch unter den herrschenden Eliten Illoyalitäten und Widerstände. 1787 erhielten diese durch die Einberufung der Notabelnversammlung ein erstes Sprachrohr und sollten daraufhin nie wieder verstummen. In den Medien äußerte sich der Autoritätsverfall des Ancien Régime in einem allmählichen und ab 1788 beschleunigten Zusammenbruch der staatlichen Zensur. Die Folge war ein abruptes **Aufblühen des Zeitschriften- und Zeitungsmarktes** in Frankreich, vor allem in Paris. Wie aus M 5, einem Zitat aus Wolfgang Kruses Monographie über die Französische Revolution, zu erkennen ist, war der starke Anstieg des Jahres 1789 indes nur der Auftakt zu einem weiteren **Wachstum** in den Jahren der Revolution. Die Medien gewannen damit ihre bis heute gültige Rolle als **Institution der Meinungsbildung** in einer pluralistischen Gesellschaft. Denn die Zunahme an Pressepublikationen garantierte auch, dass Themen in der Öffentlichkeit kontrovers diskutiert wurden. Insofern verlief diese Entwicklung parallel zum Entstehen zahlreicher **politischer Clubs** in Frankreich. Die moderne Öffentlichkeit konstituierte sich unter Beteiligung der Presse, ja sogar in ihr selbst.

Es waren dabei keineswegs nur die periodisch bzw. täglich erscheinenden **Zeitschriften und Zeitungen**, die Einfluss auf das politische Leben nahmen. Darüber hinaus kam es zu einem Aufschwung der **Flugblätter und -schriften**. Deren bekannteste ist das berühmte Traktat „Was ist der Dritte Stand?" des Abbé Sieyès vom Januar 1789. Es bündelte im Vorfeld des Zusammentretens der Generalstände die politischen Ansprüche des Dritten Standes und führte zu einer umfassenden Mobilisierung und Festlegung auf konkrete Forderungen.

Da die französische Gesellschaft ein starkes Gefälle in den Alphabetisierungsraten aufwies – während in der Stadt bereits viele Menschen lesen und schreiben konnten, war die Rate auf dem Land niedriger –, kursierten daneben

auch **illustrierte Flugblätter und Karikaturen**, in denen Text und Bild kombiniert wurden. Beispielhaft hierfür steht die Darstellung eines Bauern, auf dessen gebeugtem Rücken Vertreter der ersten beiden Stände sitzen, während wilde Tiere die Ernte auf dem Feld fressen. Auf der anderen Seite fanden auch rührende Darstellungen des Abschieds Ludwigs XVI. von seiner Familie weite Verbreitung. Insofern wurden **Bildmedien** sowohl von den revolutionären als auch von gegenrevolutionären Kräften funktionalisiert, um **Einfluss auf die öffentliche Meinung** zu gewinnen.
Seit August 1789 war die **Pressefreiheit** in der Erklärung der Menschen- und Bürgerrechte garantiert. Wie aus M 4 zu ersehen, war die in Art. 11 garantierte **Freiheit der Meinungen und Gedanken** allerdings **im Einzelfall eingeschränkt**, sofern ein Missbrauch dieses Rechtes vorlag. Die Erklärung ließ damit eine Hintertür für ihre Beschränkung offen. Dies wird auch in Art. 10 deutlich, der eine „durch das Gesetz gewährleistete öffentliche Ordnung" (S. 2 f.) noch über das Grundrecht der Meinungsfreiheit stellt. In den Folgejahren der Revolution ab 1792 sollte diese zunehmend an Bedeutung gewinnen. Mit der Ausrufung des Notstandes im Juli 1792 und der in den darauf folgenden beiden Jahren installierten Jakobinerdiktatur wurde die Pressefreiheit den revolutionären Interessen untergeordnet. Tatsächliche und vermeintliche Gegner der Revolution, seien es Gegenrevolutionäre oder Kriminelle, wurden in dieser Zeit des Terrors verfolgt. Kaum etabliert, wurde die Pressefreiheit also faktisch wieder abgeschafft. Langfristig indes setzte sie sich als Grundrecht durch.

b) *Die letzte Aufgabe verbindet die beiden Semesterthemen dieses Aufgabenvorschlages im Sinne eines Transfers (AFB III). Vorbereitet durch die vorangegangenen Aufgaben soll jetzt ein Vergleich der Bedeutung der Medien in der Französischen Revolution und im Nationalsozialismus stattfinden. Von Ihnen verlangt diese Aufgabe entsprechend der bislang noch gültigen Definition der Operatoren nicht nur eine Gegenüberstellung (die auch wenig über die bisherigen Ergebnisse hinausgehen würde), sondern zugleich auch eine Beurteilung. Beurteilen heißt: den Stellenwert in einem größeren Kontext zu bestimmen. Das bedeutet, dass Sie diesen Kontext zuvor eigenständig herstellen müssen. Es kommt also darauf an, sich hier eine Argumentationsstrategie zurechtzulegen.*

Seit der Französischen Revolution haben die Medien ihren Einfluss auf das öffentliche Leben stets vergrößert. Spätestens mit dem Erreichen einer nahezu vollständigen **Alphabetisierung** der europäischen Bevölkerung hat sich eine **differenzierte Medienlandschaft** entwickelt, die nicht nur die unterschiedlichen Bedürfnisse verschiedener sozialer Gruppen bedient; die **technologischen Innovationen** in Gestalt von Rundfunk, Fernsehen und Internet haben diese Tendenz noch verstärkt, neue Arten von Medien haben die einstige Dominanz der Printmedien zurückgedrängt.

Damit kommt den Medien auch im Zusammenhang mit dem politischen Geschehen eine zentrale Bedeutung zu. Diese kann jedoch verschiedene Stoßrichtungen aufweisen. Denn einerseits sind Medien Organe der **Kritik:** Eine reiche Medienlandschaft ermöglicht einer Gesellschaft eine vielstimmige Meinungsbildung. Andererseits birgt die mediale Präsenz in den modernen Gesellschaften aber auch die Gefahr weitreichender **Manipulation**. Wer die Macht über die Medien hat, hat gute Chancen, die öffentliche Meinung durch die gezielte Setzung von Themen und Meinungen auf seine Seite zu bringen. Segen und Fluch liegen hier dicht beieinander.

Am **Beispiel** der Französischen Revolution und des Nationalsozialismus lässt sich diese Ambivalenz exemplarisch nachweisen. In der Anfangsphase der Französischen Revolution waren es nicht zuletzt die Druckmedien, die das Gedankengut der ersten, von den aufgeklärten Eliten dominierten Phase der Revolution im Lande verbreiteten. Sie wiesen dabei bereits Ansätze einer **adressatenbezogenen Differenzierung** auf: längere, anspruchsvoll argumentierende Flugschriften für die Gebildeten, kurze, suggestive Flugblätter, häufig mit Bilddarstellungen, für die einfacheren Bevölkerungskreise. Gerade Letztere zielten auf gesellschaftliche Gruppen ab, die zuvor noch kaum Anteil an der Mediennutzung gehabt hatten. Auf der anderen Seite blieben in dieser Zeit aber sicherlich noch erhebliche Kreise der Bevölkerung, vor allem auf dem Lande, von der Mediennutzung ausgeschlossen. Insgesamt kann jedoch die erste Phase durchaus im Zeichen der positiv zu bewertenden Funktion der **Meinungsbildung** durch Medien gesehen werden. Die Festschreibung der **Pressefreiheit**, wie sie in M 4 deutlich wird, aber auch die explosionsartige Zunahme der Zahl verschiedener Zeitungen belegen dies.
Es ist erstaunlich, dass schon vier Jahre später, 1793, die Funktion der Presse als Motor von Freiheit und Vielfalt **erheblich eingeschränkt** wurde. Die Gesetzgebung der Jakobiner, insbesondere das „Gesetz über die Verdächtigen" vom September 1793, schränkte die Pressefreiheit entscheidend ein. Im Zeichen des nationalen Notstandes und des beginnenden Terrors dekretierte der Konvent, dass „Feinde der Freiheit", d. h. des radikal revolutionären Kurses der Jakobiner, inhaftiert werden konnten. Die einschränkenden Passagen der Artikel 10 und 11 wurden jetzt erheblich strenger interpretiert und im Sinne einer **verengten, ideologischen Ausrichtung** genutzt. Was genau als Verstoß galt und was nicht, blieb unklar und dies bedeutete, dass hier einer inhaltlichen Zensur der Presse Tür und Tor geöffnet wurde. Faktisch lief es darauf hinaus, dass der Tatbestand des Missbrauchs jetzt von einem genau definierten Staatsinteresse, nämlich der erfolgreichen Fortsetzung der Revolution her definiert wurde. Hier zeichnet sich bereits eine Tendenz zur Gleichschaltung der Medien ab, auch wenn diese keineswegs mit der Gründlichkeit und Systematik der Nationalsozialisten im 20. Jahrhundert durchgeführt werden konnte. Vorrangig ging es zunächst darum, **abweichende Meinungen zum Schweigen zu bringen**.

Kann man die Entwicklungen innerhalb der Französischen Revolution unter Umständen noch als Geburtswehen der modernen bürgerlichen Gesellschaft interpretieren, zumal die Phase der Schreckensherrschaft bereits im Juli 1794 ihr Ende fand, so lag der Indienstnahme der Medien durch das nationalsozialistische Deutschland eine fundamentale **Abneigung gegen den modernen Pluralismus westlicher Gesellschaften** zugrunde. Nach seinen sozialdarwinistischen Vorstellungen interpretierte der Nationalsozialismus Vielfalt als Schwäche und suchte sie in den Medien unmittelbar nach der Machtübernahme zu beseitigen. Stattdessen wurden die Medien, wie in M 1 zu sehen, einer radikalen Gleichschaltung unterworfen. Sie wurden auf diese Weise zum **Sprachrohr** des NS-Regimes und Teil der **Machtsicherung**. Die hochentwickelte, differenzierte Medienlandschaft der Weimarer Republik wurde zerstört. Die Gleichschaltung verlief umso nachhaltiger, als durch den **Rundfunk** ein weiteres **zentral gelenktes** Medium hinzugekommen war. Durch die Einführung des „**Volksempfängers**" förderten die Nationalsozialisten den Rundfunk als Massenmedium nachhaltig und erreichten auf diese Weise auch illiterate Schichten. Die modernen Medien gewannen im Nationalsozialismus daher praktisch ausschließlich eine manipulative Funktion, die in großem Maße **systematisch geplant** worden war.

Zusammenfassend kann man feststellen, dass die Medien in der Französischen Revolution überwiegend den Fortschritt zur Freiheit befördert haben, während sie ihn im Nationalsozialismus größtenteils beschnitten haben. Deutlich wird daran auf jeden Fall, dass mit der Verbreitung der Medien die **Einwirkungsmöglichkeiten** auf die Menschen erheblich ansteigen. Sowohl die Phase der Schreckensherrschaft als auch der Nationalsozialismus legen nahe, dass dieser Umstand keineswegs eine Einbahnstraße in Richtung des Fortschritts der Aufklärung unter den Menschen sein muss. Vielmehr kann ihr Missbrauch auch dazu führen, dass Indoktrination und Manipulation das Gegenteil des ursprünglich erhofften Zugewinns an Freiheitsrechten bewirken.

Abiturprüfung Niedersachsen 2011 – Geschichte
Grundlegendes Anforderungsniveau – Aufgabe I

Thema: Umbrüche in Frankreich und Russland

Aufgabenstellung

1. a) Fassen Sie M 1 nach einer kurzen Vorstellung des Textes zusammen.
   b) Arbeiten Sie aus M 1 die geistige Einstellung d'Alemberts heraus.
2. Ordnen Sie M 2 in den historischen Kontext (bis zum Jahr 1917) ein.
3. Vergleichen und beurteilen Sie die Sichtweisen d'Alemberts und Wittes zum historischen Wandel.

M 1: Auszug aus d'Alemberts[1] „Essay über die Elemente der Philosophie oder über die Prinzipien der menschlichen Kenntnisse" (1758)

[…] Sobald man das Jahrhundert, in dessen Mitte wir stehen, aufmerksam betrachtet, sobald man sich die Ereignisse, die sich vor uns abspielen, die Sitten, in denen wir leben, die Werke, die wir hervorbringen, ja die Unterhaltungen, die wir führen, vergegenwärtigt, so wird man ohne Mühe gewahr, dass sich in allen unseren Ideen ein bemerkenswerter Wandel vollzogen hat: ein Wandel, der durch seine Schnelligkeit noch eine weit größere Umwälzung für die Zukunft verspricht. Erst mit der Zeit wird es möglich sein, den Gegenstand dieser Umwälzung genau zu bestimmen und ihre Natur und ihre Grenzen zu bezeichnen – und die Nachwelt wird besser als wir ihre Mängel und ihre Vorzüge zu erkennen vermögen. Unser Zeitalter liebt es, sich vor allem das *Zeitalter der Philosophie* zu nennen.

In der Tat kann man, wenn man den gegenwärtigen Zustand unserer Erkenntnis ohne Vorurteil prüft, nicht leugnen, dass die Philosophie unter uns bedeutende Fortschritte gemacht hat. Die Wissenschaft der Natur gewinnt von Tag zu Tag neuen Reichtum; die Geometrie erweitert ihre Grenzen und hat ihre Fackel in die Gebiete der Physik, die ihr am nächsten lagen, vorgetragen; das wahre System der Welt ist endlich erkannt, weiterentwickelt und vervollkommnet worden. Von der Erde bis zum Saturn, von der Geschichte der Himmel bis zu der der Insekten hat die Naturwissenschaft ihr Gesicht gewandelt. Und mit ihr haben alle anderen Wissenschaften eine neue Form angenommen. Das Studium der Natur scheint freilich, für sich allein betrachtet, kalt und ruhig zu sein; es ist kaum dazu geeignet, die Leidenschaften zu erregen, vielmehr scheint die Befriedigung, die es in uns erweckt, in einem stillen, stetigen und gleichförmigen Gefühl zu bestehen. Aber die Entdeckung und der Gebrauch einer neuen Methode des Philosophierens erweckt nichtsdestoweniger durch den Enthusiasmus, der alle großen Entdeckungen begleitet, einen allgemeinen Aufschwung der Ideen. Alle diese Ursachen haben dazu beigetragen, eine lebhafte Gärung der Geister zu erzeugen. Diese Gärung, die nach allen Seiten hin wirkt, hat alles, was sich ihr darbot, mit Heftigkeit ergriffen, gleich einem Strom, der seine Dämme durchbricht. Von den Prinzipien der Wissenschaften an bis zu den Grundlagen der offenbarten Religion, von den Problemen der Metaphysik bis zu denen des Geschmacks, von der Musik bis zur Moral, von den theologischen Streitfragen bis zu den Fragen der Wirtschaft und des Handels, von der Politik bis zum Völkerrecht und zum Zivilrecht ist alles diskutiert, analysiert, aufgerührt worden. Neues Licht, das über viele Gegenstände verbreitet wurde; neue Dunkelheiten, die entstanden, waren die Frucht dieser allgemeinen Gärung der Geister: Wie die Wirkung von Ebbe und Flut darin besteht, manches Neue ans Ufer zu spülen und wieder anderes von ihm loszureißen. [...]

Anmerkungen:

1 Der Philosoph, Mathematiker und Physiker Jean-Baptiste le Rond (1717–1783), genannt d'Alembert, war gemeinsam mit Diderot für den mathematischen Teil der „Encyclopédie" zuständig.

M 2: Auszug aus der Denkschrift Sergej J. Wittes[2] an den Zaren vom 9. (22.) 10. 1905

Der historische Fortschritt ist unaufhaltsam. Entweder wird die bürgerliche Freiheit durch Reformen verwirklicht oder durch eine Revolution. Im zweiten Falle aber wird diese Freiheit erst sehr spät aus dem Aschenhaufen eines zerstörten tausendjährigen geschichtlichen Daseins erstehen. Die russische Revolution, sinnlos und erbarmungslos, wird alles wegfegen, alles in Trümmer schlagen. In welcher Form Russland aus dieser beispiellosen Prüfung hervorgehen wird – das übersteigt unser Darstellungsvermögen. Aber die Schrecken der russischen Revolution werden alles übertreffen, wovon die Geschichte berichtet. Es ist möglich, dass durch ausländische Einmischung das Reich in Stücke gerissen wird. Man wird versuchen, die Ideale des theoretischen Sozialismus zu verwirklichen; diese Versuche werden umsonst sein, aber dennoch von entscheidender Wirkung. Sie werden die Familie zerstören, das religiöse Leben vernichten, das Eigentum beseitigen und alle Rechtsgrundlagen untergraben. [...]

Die Staatsgewalt muss sich an die Spitze der Freiheitsbewegung stellen. Es bleibt keine andere Wahl!

Anmerkungen:

2 Sergej J. Graf Witte (1849–1915) war u. a. von 1893 bis 1903 russischer Finanzminister und wurde 1905 zum Ministerpräsidenten ernannt.

Hilfsmittel:

Keine

Erläuterungen und Bearbeitungshinweise

Die Aufgabe bezieht sich auf den thematischen Schwerpunkt „Die Französische Revolution" und greift den verbindlichen Unterrichtsinhalt „Krise des Ancien Régime" mit der Schwerpunktsetzung „Kulturelle Umbrüche: Auswirkungen der Aufklärung (u. a. Voltaire, Enzyklopädisten, Rousseau) auf. Die Aufgaben 2 und 3 erstrecken sich semesterübergreifend auf den thematischen Schwerpunkt 2 „Die Sowjetunion – Genese einer Weltmacht" und berücksichtigen in diesem Rahmen vor allem den Unterrichtsinhalt „Das Zarenregime in der Krise".
Leitprobleme der Aufgaben sind „Menschenbild und Weltdeutung" sowie „Herrschaft und Freiheit". Im Vordergrund stehen die kultur- und politikgeschichtlichen Dimensionen historischer Forschung.

Verbindliche Gewichtung der Teilaufgaben

Teilaufgabe	überwiegend Anforderungsbereich	Gewichtung in Prozent
1 a	I	20
1 b	II	25
2	II	25
3	III	30

Lösungsvorschläge

1. a) *Die Aufgabenstellung zielt darauf ab, die Ausführungen d'Alemberts unter Beibehaltung des Sinnes auf das Wesentliche zu reduzieren, um damit Textverständnis zu demonstrieren (AFB I). Dazu ist es zunächst erforderlich, die Quelle kurz vorzustellen. Neben den Basisdaten (Autor, Titel, Veröffentlichung, Thema) sollten Quellenart und der Charakter des Textes in den Blick genommen werden.*
Die eigenständige Wiedergabe des Textes erfordert, dass diese eine zentrale Ausrichtung erhält, die im Sinne des Schwerpunkts des Aufgabenvorschlags auf den Aspekt des historischen Wandels ausgerichtet sein sollte, den d'Alembert durch die spezifische Rolle der Philosophie beschleunigt sieht.
Zitiert werden nur „Schlüsselwörter und -wendungen", bei denen es sich um ausgewiesene Fachbegriffe oder Formulierungen handelt, die mit eigenen Worten nur verfälschend dargelegt würden.

Der Philosoph, Mathematiker und Physiker **d'Alembert** beschäftigt sich in seinem **1758** verfassten „Essay über die Elemente der Philosophie oder über die Prinzipien der menschlichen Kenntnisse" mit der **katalytischen Rolle der Philosophie im 18. Jahrhundert**, in dem er einen bedeutsamen Wandel der Ideen zu erkennen glaubt (vgl. Z. 4 f.).

Der Textsorte **Essay** gemäß beleuchtet er das Thema aus seiner **persönlichen Sicht**, wenn auch durchaus sachlich und argumentierend. Der weitgehende **Verzicht auf Fachsprache** zugunsten einer **bildhaften Darstellung** (vgl. z. B. die Metaphorik des Lichts, Wassers oder Gärens) spiegelt auch den Anspruch der **Enzyklopädisten** des 18. Jahrhunderts wider, den Lesern Wissen und Erkenntnisse verständlich zu vermitteln.
D'Alembert konstatiert als **Signum seiner Zeit den Wandel aller Ideen**, der in seiner Schnelligkeit darauf hindeute, dass sich die Menschheitsgeschichte grundlegend verändern werde. Dabei schreibt er der **„neuen Methode des Philosophierens"** (Z. 23) katalytische Wirkung zu, die die Ideen beflügle und die **Geister in Bewegung** versetze, indem sie die weitreichenden naturwissenschaftlichen Erkenntnisse des Jahrhunderts in neue Zusammenhänge stelle. D'Alembert sieht diesen Wandel als einen Prozess, der sowohl „neues Licht" (Z. 32) als auch „neue Dunkelheiten" (Z. 33) entstehen lasse und den man erst in der Rückschau genauer fassen könne.

b) *Während in Aufgabe 1 a) der Textzusammenhang wiedergegeben werden muss, verlangt der Operator „herausarbeiten", einen Sachverhalt aus dem Material herauszufinden, der nicht explizit genannt wird (AFB II). Um die geistige Einstellung d'Alemberts zu ermitteln, kann man sich an Schlüsselwörtern (vgl. „Licht", „Fackel") sowie an den kognitiven Schemata orientieren, die sich in den sprachlichen Wendungen des Verfassers zeigen (vgl. z. B. „einen Gegenstand bestimmen", „etwas bezeichnen", „(ohne Vorurteil) prüfen", „etwas diskutieren, analysieren", „Licht über etwas verbreiten").*

Dass der **Enzyklopädist** d'Alembert dem Zeitalter der **Aufklärung** verhaftet ist, zeigt sich nicht nur in seiner Bezugnahme auf die **Naturwissenschaften** im Rahmen seiner Überlegungen zur philosophischen Erkenntnistheorie, sondern auch in der Verwendung der für diese Epoche konstitutiven **Lichtmetaphorik** sowie in seinem **Sprachgestus**, der sich an Kategorien der vernunftgemäßen Durchdringung von Gegenständen orientiert.
In seiner Wertschätzung der Naturwissenschaften geht er so weit zu behaupten, „das wahre System der Welt" (M 1, Z. 15) sei durch sie erkannt worden und alle anderen Wissenschaften hätten entsprechend „eine neue Form angenommen" (Z. 18 f.). Exemplarisch verweist der Verfasser auf **Fortschritte in der Geometrie**, **Physik**, **Astronomie und Biologie** (vgl. Z. 13–19) und spielt damit möglicherweise auf die Arbeiten Newtons (1643–1727) zur Gravitation und Mechanik an, auf deren Basis d'Alembert selbst sowie Wissenschaftler wie Euler (1707–1783) und Bernoulli (1700 –1782) die analytische Mechanik begründeten, oder auf Linnés (1707–1778) binäre Nomenklatur der Arten und Gattungen u. a.
Gleichwohl schreibt er dagegen erst der „neuen Methode des Philosophierens" (Z. 23) die Kraft zu, eine „Gärung der Geister" zu bewirken und die bestehende Ordnung umzuwälzen. Berufen kann er sich dabei auf **rationalisti-**

sche, empiristische und aufklärerische Verfahren und Erkenntnisse der (früh-)modernen Philosophie, die aus seiner Sicht bereits **Paradigmenwechsel** eingeläutet haben: „Von den Prinzipien der Wissenschaften an bis zu den Grundlagen der offenbarten Religion, von den Problemen der Metaphysik bis zu denen des Geschmacks, von der Musik bis zur Moral, von den theologischen Streitfragen bis zu den Fragen der Wirtschaft und des Handels, von der Politik bis zum Völkerrecht und zum Zivilrecht ist alles diskutiert, analysiert, aufgerührt worden" (Z. 28–32).

Aufklärerisches Gedankengut hatte bis zu diesem Zeitpunkt vor allem in Frankreich eine starke Politisierung erfahren. Lehren, wie sie z. B. von **Voltaire** (1694–1778) **zur Freiheit und Toleranz**, von **Montesquieu** (1689–1755) **zur Gewaltenteilung** oder von **Jean-Jacques Rousseau** (1712–1778) im Rahmen seiner **Naturphilosophie** und später zum „**Gesellschaftsvertrag**" (1762) vertreten wurden, ließen das absolutistische Staatswesen und die Kirche ins Wanken geraten. Die **Veränderung der Medienlandschaft**, die zunehmende Verbreitung von „Intelligenzblättern" und „Moralischen Wochenblättern" wie auch die Veröffentlichungen der Enzyklopädisten begünstigten zudem den **gesellschaftskritischen öffentlichen Diskurs**.
D'Alembert beurteilt die Aufklärung des Menschen nicht als negativ, sondern eher als „bemerkenswert" (Z. 5), als „erhellend" (vgl. die Metaphern „Fackel" und „Licht", Z. 14, Z. 32) und als etwas Natürliches (siehe die Vergleiche mit der Wirkung eines „Strom[s]" oder von „Ebbe und Flut", Z. 27 f., Z. 34 f.), wenn er auch durchaus wahrnimmt, dass mit der Dynamik der „Gärung der Geister" (Z. 34) auch Irrwege beschritten werden (vgl. „neue Dunkelheiten", Z. 33). Darüber hinaus spiegeln sein Sprachgestus und sein argumentatives Vorgehen seinen aufklärerischen Anspruch: Abwägend und vorsichtig prüft er „den gegenwärtigen Zustand unserer Erkenntnis ohne Vorurteil" (Z. 11 f.), sieht die Diskussion und Analyse als Grundlage für das „neue Licht" (Z. 32), das verbreitet worden sei (vgl. Z. 32 f.) und hinterfragt Aussagen durch die Verwendung des Verbs „scheinen" (vgl. Z. 19, Z. 21).

2. *Die Aufgabenstellung erfordert, den in M 2 angesprochenen Sachverhalt in den größeren historischen Zusammenhang zu stellen. Ausgehend von dem konkreten Kontext der Denkschrift gilt es, die Entwicklung Russlands vom Ende des 19. Jahrhunderts bis zur Oktoberrevolution 1917 sachlich fundiert zu entfalten. Dabei ist es sinnvoll, Schwerpunktsetzungen vorzunehmen, die angesichts der Thematik des vorliegenden Textes vor allem die revolutionären Bestrebungen und Umbrüche sowie die politischen Reaktionen berühren sollten.*
Die Ausführungen verlangen vornehmlich eine Verknüpfung von Kenntnissen und eine eigenständige Kennzeichnung von Sachverhalten (AFB II). Eine begründete Beurteilung und Stellungnahme ist noch nicht erforderlich (vgl. Aufgabe 3). Gleichwohl sollten Sie in Ihren Ausführungen herausstellen, dass die mangelnde Bereitschaft zur Modernisierung des autokratischen Systems letztlich dessen Auflösung befördert hat.

Der **russische Ministerpräsident Sergej J. Witte** (1849–1915) fordert in seiner an den Zaren gerichteten **Stellungnahme zur Situation Russlands im Oktober 1905**, dass der Staat die Flucht nach vorne ergreife, indem er sich „an die Spitze der Freiheitsbewegung" (M 2, Z. 13) stelle, damit blutige Revolutionen verhindert würden, die aus seiner Sicht das Land über eine lange Zeit in Zerstörung und Chaos gestürzt haben. Die **Reformierung Russlands** hält er für **unabdingbar**, da der „historische Fortschritt" sich nicht aufhalten lasse (vgl. Z. 1).

Bereits Ende des 19. Jahrhunderts hatten sich in Russland revolutionäre Organisationen gebildet, die auf unterschiedliche Weise auf die problematische innere Situation reagierten.
In dem **autokratisch regierten, wirtschaftlich und sozial rückständigen Russland** kam es Ende des 19. Jahrhunderts zu einer beschleunigten Industrialisierung, wodurch mehr und mehr **Arbeiter** in die Städte kamen. Diese im Vergleich zur Gesamtbevölkerung zahlenmäßig kleine Gruppe (2 %) konzentrierte sich in den wenigen Industriestandorten wie z. B. St. Petersburg und Moskau. Als „**vierter Stand**" blieben sie Fremdkörper ohne politische Mitbestimmung in der **agrargesellschaftlichen Ordnung** und hatten mit massiven sozialen Problemen zu kämpfen, was ein revolutionäres Potenzial entstehen ließ. **Sozialprotest** gab es ebenso in der **Bauernschaft**, die angesichts von **Landverknappung und sinkender agrarischer Produktivität** – häufig gewaltsam – um Land und Ernte kämpfte. Im Wesentlichen konzentrierte sich jedoch die Opposition auf die sogenannte „**Intelligentsia**", die Leistungselite, die im Rahmen der kulturellen Modernisierung entstanden und stark von den **westlichen Ideen des Liberalismus und Sozialismus** beeinflusst war. 1898 wurde die Sozialdemokratische Arbeiterpartei Russlands (SDAPR) gegründet, die allerdings nach ihrem Verbot vorerst aus dem Ausland heraus agierte und sich 1903 auf ihrem zweiten Parteikongress nach **Auseinandersetzungen** zwischen den radikaleren und gemäßigteren Richtungen der Sozialdemokratie in die **Menschewisten und die Bolschewisten** spaltete.
Nach dem „**Petersburger Blutsonntag**" vom **22. Januar 1905**, an dem mehrere hundert friedliche Demonstranten von Truppen, die das Winterpalais verteidigten, getötet wurden, folgten Aufstände und Streiks, die schließlich in einen **Generalstreik** mündeten, der von allen gesellschaftlichen Gruppen getragen wurde.
Diese Gemengelage von Faktoren löste in Verbindung mit den verlustreichen Kämpfen und der Niederlage im **russisch-japanischen Krieg** (1904/05) die **Revolution 1905** aus.
Witte erkennt sehr deutlich, dass eine politische Umgestaltung des Landes nicht aufzuhalten ist (vgl. Z. 1), und fordert aus diesem Grunde staatliche Reformen, die die revolutionären Bestrebungen unter Kontrolle halten sollen.
Unter dem Druck des Generalstreiks gewährte der Zar im **Oktobermanifest** Mitbestimmungsrechte und schränkte die **Befugnisse der Duma** nach der Niederschlagung der insbesondere von den Bolschewiki fortgeführten Aufstände im Dezember deutlich ein („Reichsgrundgesetze" 1906, Änderung des Wahlrechts 1907). Auch wenn das Parlament angesichts des „**Scheinkonstitutionalismus**"

(Max Weber) weitgehend machtlos war, bereitete die entwickelnde **politische Öffentlichkeit** den Boden für die Auflösung des zaristischen Systems.
Ein Versuch, „die Staatsgewalt an die Spitze der Freiheitsbewegung zu stellen" (vgl. Z. 13), erfolgte durch Agrarreformen **Stolypins** (von 1906–1911 Ministerpräsident) bei gleichzeitiger Einrichtung von Militärtribunalen, die die revolutionären Kräfte unnachgiebig verfolgten. Die **Mir-Verfassung** (Bindung der Bauern an die Dorfgemeinde) und die **Ablösezahlungen** für die Bauern wurden abgeschafft und über **drei Millionen Bauern wurden in Sibirien angesiedelt**, um Neuland zu gewinnen. Stolypins Reformen ermöglichten die Entstehung einer kleinen Mittelschicht selbstständiger Bauern (**Kulakentum**), die zumindest über geringen Wohlstand verfügten.
Der **Erste Weltkrieg** (1914–1918), der sich für Russland nach anfänglichen Erfolgen zur militärischen und wirtschaftlichen Katastrophe entwickelte, führte ausgehend von **Massendemonstrationen** im März 1917 zu einem allgemeinen **Arbeiter- und Soldatenaufstand**, der die **Abdankung des Zaren Nikolaus II.** zur Folge hatte. Die Regierungs- bzw. Kontrollgewalt beanspruchten zwei Machtzentren (Doppelherrschaft): die Duma, die ein provisorisches Komitee zur Regierungsbildung gegründet hatte, sowie das von den sozialistischen Gruppen gegründete provisorische Exekutivorgan des Arbeiterdeputiertenrates. Die Schwierigkeit, in dieser Situation unter der Belastung des Krieges und den innenpolitischen Konflikten die Regierungsautorität zu halten, beförderte die durch **Lenin** (1870–1924) vorbereitete alleinige **Machtübernahme durch die Bolschewiki** im November 1917 (Oktober 1917, **Oktoberrevolution**). Unter seiner Führung übernahm die Kommunistische Partei Russlands die Regierung, nachdem im Juli 1918 der „Dritte Allrussische Rätekongress" die Verfassung der Russischen Sozialistischen Föderativen Sowjetrepublik (RSFSR) angenommen hatte. Die Union der Sozialistischen Sowjetrepubliken (UdSSR) entstand am 30. 12. 1922 in dem Zusammenschluss der Ukrainischen, Weißrussischen und Transkaukasischen Sozialistischen Sowjetrepubliken mit der RSFSR.
Wittes Befürchtungen, eine russische Revolution werde „versuchen, die Ideale des theoretischen Sozialismus zu verwirklichen" (Z. 9 f.), und „die Familie zerstören, das religiöse Leben vernichten, das Eigentum beseitigen und alle Rechtsgrundlagen untergraben" (Z. 11 f.), bewahrheiteten sich insofern, als in dem neu entstandenen kommunistischen Staat vor allem unter **Stalin** (1879–1953) Millionen Menschen dem Terror der **Zwangskollektivierung** und der **politischen Säuberungen** in Partei und Militär zum Opfer fielen.

3. *Mit der dritten Teilaufgabe wird der Semesterübergriff auf den thematischen Schwerpunkt 2 „Die Sowjetunion – Genese einer Weltmacht" fortgeführt, der bereits in der 2. Teilaufgabe angelegt ist. Der Operator „vergleichen" verlangt, auf der Grundlage von Kriterien historische Sachverhalte problembezogen gegenüberzustellen, Gemeinsamkeiten und Unterschiede herauszuarbeiten und auf dieser Grundlage zu einem begründeten Sachurteil zu gelangen. Die abschließende Stellungnahme erfordert darüber hinaus ein Werturteil, das auf den Wertvorstellungen des Grundgesetzes basiert (AFB III).*
Vergleichend soll die jeweilige Sicht der Verfasser auf den historischen Wandel dargelegt und beurteilt werden. Als strukturierende Kriterien bieten sich z. B. an: Definition historischen Wandels, (positive bzw. negative) Bewertung des Wandels, Vorstellung über die Ursachen/Träger historischen Wandels, Sicht auf den Menschen im Rahmen historischer Wandlungsprozesse, Kenntnisstand/Prägungen der Verfasser.

Bei der **Bestimmung historischen Wandels** ergeben sich unterschiedliche Möglichkeiten. Ganz allgemein bedeutet „Wandel" erst einmal die **Transformation** eines Zustandes in einen anderen. Bedeutsame Wandlungsprozesse bringen in der Regel auch einen veränderten Blick auf die Welt mit sich – wie ihn auch d'Alembert anspricht. Ein Beispiel dafür ist die Abkehr von der christlich geprägten mittelalterlichen „ordo"-Vorstellung (**Säkularisierung**) zu Beginn der Moderne. Bezieht sich ein solcher Prozess auf Gesellschaftsformationen, umfasst er auch den Begriff der **Revolution** als eines zumeist **gewaltsamen Umsturzes der bestehenden politischen Verhältnisse**, der von einer kleinen Gruppe ausgelöst werden kann, aber in der Regel den Rückhalt einer größeren Gruppe benötigt.

Sowohl d'Alembert als auch Witte prognostizieren eine solche Transformation der Gesellschaft und sehen sie als eine „**natürliche**", zumindest unaufhaltsame Bewegung des **historischen Fortschritts** an. Während d'Alemberts Überlegungen deutlich geprägt sind von einem **Vernunftoptimismus**, der den „allgemeinen Aufschwung der Ideen" (Z. 24 f.) als Weiterentwicklung und „Vervollkommnung" (vgl. Z. 16) der Menschheit betrachtet, fürchtet Witte den **Kontrollverlust** über die Wandlungsprozesse, wenn eine „Revolution von unten" die Umwälzung beschleunigt. Er selbst ist durchaus liberal eingestellt und forcierte die industrielle Modernisierung Russlands, hegt aber eine offensichtliche Skepsis gegenüber sozialistischen Ideen, deren Umsetzung aus seiner Sicht **gesellschaftliches Chaos** und unter Umständen den Untergang des Reiches hervorrufen würden (vgl. Z. 4 ff.).

Die unterschiedlich akzentuierte Sicht auf den von beiden als „natürlich" gesehenen historischen Wandel erklärt sich nicht zuletzt durch die unmittelbaren **Erfahrungen** der Verfasser. D'Alembert kennt die Auswüchse der kommenden „**Französischen Revolution**" nicht, hat das **Umschlagen in die „Terreur-Phase**" nicht miterlebt, während Witte sowohl die Verläufe der vorausgegangenen großen Revolutionen vor Augen hat als auch die konkreten **Gewalterscheinungen der Unruhen des Jahres 1905**. Sein Ansatz, durch Reformen des autokratischen Systems eine Revolution zu verhindern, hätte in Russland unter Umständen durchaus erfolgreich sein können.

Die **Ziele der Oppositionsgruppen** waren unterschiedlich: Die „liberale Oberschicht“ forderte in erster Linie politische Machtteilhabe, während die Arbeiterschaft um die Sicherung ihrer existenziellen Bedürfnisse kämpfte. In ihrer Gegnerschaft gegen die Autokratie berührten sie sich, hegten aber zugleich tiefstes Misstrauen gegeneinander. Diese „**doppelte Polarisierung**“ hätte eine Lösung vonseiten des Staates begünstigt, aber durch die notwendige Modernisierung der Autokratie auch deren Auflösung bedeutet.

Ob nun eher **d'Alemberts optimistische oder Wittes skeptische Sicht auf den historischen Wandel** zutrifft, lässt sich nicht eindeutig beurteilen. Nicht jede Revolution ist zwangsläufig mit Gewalt und Zerstörung verbunden, wie die **friedliche Revolution in der DDR von 1989** zeigt. Dass aber auch aufklärerische Ideen in ihrer Umsetzung Terror und Schrecken bedeuten können, haben historische Beispiele mehrfach gezeigt (**Dialektik der Aufklärung**).
Festzuhalten bleibt, dass die Verfasser in ihrer Einschätzung recht haben, dass sich **Wandel notwendigerweise** vollzieht. Der Verlauf des Wandels hängt dabei aber von vielen Faktoren und Konstellationen ab, die sich weder allein der ideellen Sphäre noch der materiellen Sphäre zuordnen lassen.
Kerndiktum bei der Frage nach aktiver „Beeinflussung des historischen Wandels“ – sei es durch eine Revolution „von unten“ oder durch staatliche Reformen – kann letztlich nur sein, dass Grund- und Menschenrechte gewährt werden und gewahrt bleiben.

Abiturprüfung Niedersachsen 2011 – Geschichte
Grundlegendes Anforderungsniveau – Aufgabe II

Thema: Die Friedliche Revolution in der DDR 1989

Aufgabenstellung

1. Fassen Sie den Inhalt des Textes (M 1) nach einer kurzen Vorstellung zusammen.
2. Arbeiten Sie das in M 1 zum Ausdruck kommende Selbstbild der SED heraus.
3. Interpretieren Sie M 2 vor dem Hintergrund von M 1 und der weiteren Ereignisse des Jahres 1989.
4. Vergleichen Sie unter Bezugnahme auf Ihre bisherigen Arbeitsergebnisse die Situation im Sommer 1789 in Frankreich mit der des Jahres 1989 in der DDR.

M 1: Hörfunk- und Fernsehansprache des Generalsekretärs des Zentralkomitees der SED und Vorsitzenden des Staatsrates der DDR Egon Krenz, 3. November 1989

[…] Die politische Wende, die wir eingeleitet haben, erfasst inzwischen alle Bereiche unserer Gesellschaft. Vor allem sind davon Millionen Menschen berührt und bewegt. Es geht ihnen – es geht uns allen – um die Erneuerung des gesellschaftlichen Lebens mit dem Ziel, den Sozialismus für jeden Bürger unseres Landes lebenswerter zu gestalten. Der Neubeginn, der Aufbruch des Volkes ist von vielen Gesprächen, Diskussionen, Auseinandersetzungen, Demonstrationen und anderen Willensäußerungen begleitet. Für alle diese Formen steht der Begriff des Dialogs. Es liegt in der Natur der Sache, dass dabei viele Fragen gestellt werden. Ja, es sind mehr Fragen, als heute schon Antworten gegeben werden können. In diesen Prozessen von einer bisher nicht gekannten politischen Dynamik sind auch Unruhe und Besorgnis von Bürgern nicht zu übersehen und zu überhören. Sie machen sich Gedanken um die Unerschütterlichkeit der sozialistischen Grundlagen unserer Gesellschaft und um ihre zweifelsfreie sozialistische Perspektive.

Als Generalsekretär der Partei der Arbeiterklasse wie als Staatsoberhaupt unseres Landes versichere ich Ihnen allen: Wir werden nicht zulassen, dass die 40-jährige Geschichte unserer Deutschen Demokratischen Republik, die großen Leistungen der Arbeiter und Bauern, der Wissenschaftler und Künstler, der Frauen und der Jugend, der Soldaten und aller Angehörigen der Schutz- und Sicherheitsorgane geschmälert werden, die in ihrer Gesamtheit das Fundament unserer Republik ausmachen. Die so dringend notwendige Erneuerung unserer sozialistischen Gesellschaft ist nur auf den Grundlagen des von uns allen gemeinsam Geschaffenen möglich. […]

Wir wollen volle Souveränität des Volkes der DDR. Mit diesem Ziel streben wir eine Reform des politischen Systems an. Der mündige Bürger, sein Anspruch auf freie Entfaltung und auf demokratische Teilnahme an allen Angelegenheiten von Gesellschaft und Staat gehören in den Mittelpunkt unserer Politik. Unser Anliegen ist eine reiche politische Kultur der sozialistischen Gesellschaft. Das heißt umfassende und wahrheitsgetreue Information, Meinungsvielfalt und Meinungsstreit, Toleranz unter Andersdenkenden und ehrliches Ringen um gemeinsame Lösungen. Wir schlagen die Einrichtung eines Verfassungsgerichtshofes vor, der über die Einhaltung der Verfassung wacht. Eine Verwaltungsreform ist unumgänglich. Ein Vereinigungsgesetz[1] ist auszuarbeiten. Wir halten die Kritiken an übertriebener Repräsentation und Inanspruchnahme von Sonderrechten für gerechtfertigt. Solche Praktiken, die weder unserer sozialistischen Moral noch dem Leistungsprinzip entsprechen, müssen verschwinden. Rechtsstaatlichkeit gebietet, die öffentliche Ordnung zu sichern, gegen Rechtsbrecher und Gewalttäter einzuschreiten, die Bürger und ihr Eigentum gegen sie zu schützen. Die Schutz- und Sicherheitsorgane braucht unser Volk, um sein Aufbauwerk zu garantieren. […] Ich kann mitteilen, dass eine Reihe von verdienstvollen Genossen selbst zum Ausdruck gebracht haben, dem Zentralkomitee vorzuschlagen, sie von ihrer Funktion als Mitglieder des Politbüros zu entbinden, um jüngeren Kräften Platz zu machen. Diese Absicht haben die Genossen Hermann Axen, Kurt Hager, Erich Mielke, Erich Mückenberger und Alfred Neumann bekundet. Von einer der mit uns befreundeten politischen Parteien im Demokratischen Block, von der Liberal-Demokratischen Partei, sind Vorschläge veröffentlicht worden, die Einberufung einer Tagung der Volkskammer, die Neuwahl des Präsidenten der Volkskammer und den Rücktritt der Regierung betreffen. Über diese Fragen hat natürlich die oberste Volksvertretung zu befinden. […]

Ich appelliere erneut an jene Bürger, die sich mit dem Gedanken der Ausreise aus der DDR tragen: Vertrauen Sie unserer Politik der Erneuerung! Ihr Platz, liebe Mitbürger, ist hier. Wir brauchen Sie. Sollten Sie sich dennoch anders entscheiden, wenden Sie sich vertrauensvoll an die zuständigen Behörden der DDR. Es ist der kürzere und der bessere Weg. […]

Anmerkungen:

1 Vereinigungsgesetz – hier im Sinne einer Regelung zur Bildung von politischen und anderen Vereinigungen

M 2: Karikatur von Walter Hanel (1989)

Erläuterung zur Karikatur:
Abgebildete Personen: Erich Honecker und weitere Politbüromitglieder

Hilfsmittel:

Keine

Erläuterungen und Bearbeitungshinweise

Die Prüfungsaufgabe bezieht sich auf den thematischen Schwerpunkt 3 (Zusammenbruch der DDR und deutsche Einheit) und verknüpft ihn in Aufgabe 4 mit dem thematischen Schwerpunkt 1 (Die Französische Revolution).
Zunächst sollen an einer Primärquelle (M 1) die Lage in der DDR aus der Sicht der SED Anfang November 1989 unmittelbar vor der Grenzöffnung und nach dem Rücktritt Honeckers dargestellt und daraus das Selbstbild der SED erarbeitet werden. Diese Sicht wird durch eine etwa zur selben Zeit erschienene weitere Primärquelle aus Sicht Westdeutschlands, die Karikatur M 2, ergänzt, die vor dem Hintergrund von M 1 und der folgenden Ereignisse des Jahres 1989 interpretiert werden soll. Anschließend wird – als Semesterübergriff – der Vergleich zwischen der Lage im Sommer 1789 in Frankreich und im Jahr 1989 in der DDR gefordert, wobei die bisherigen Arbeitsergebnisse berücksichtigt werden sollen.
Unter dem Leitproblem „Herrschaft und Freiheit/Gleichheit und Ungleichheit" stehen als historische Dimensionen die „Politikgeschichte" und die „Sozialgeschichte" im Mittelpunkt.

Verbindliche Gewichtung der Teilaufgaben

Teilaufgabe	überwiegend Anforderungsbereich	Gewichtung in Prozent
1	I	20
2	II	20
3	I–III, v. a. II	30
4	III	30

Lösungsvorschläge

1. *In Aufgabe 1 geht es darum, nach einer kurzen quellenkritischen Einführung die wesentlichen Aussagen des Textes in eigenen Worten vollständig wiederzugeben.*

Die vorliegende Quelle ist ein Auszug aus der Textfassung einer Hörfunk- und Fernsehansprache des kurz zuvor neu ins Amt gekommenen Parteichefs der SED und Staatsoberhauptes der DDR Egon Krenz vom 3. November 1989. Somit handelt es sich um eine **Primärquelle**. Krenz, der Nachfolger Erich Honeckers (Rücktritt 18. Oktober 1989), wendet sich **an die Bevölkerung der DDR** und versucht in der **brisanten Lage**, auf dem Höhepunkt der Montagsdemonstrationen und der Massenflucht aus der DDR, die **Bevölkerung auf die Seite der SED zu ziehen** und sie von der Ausreise abzubringen.
Krenz stellt zunächst fest, die SED habe eine **grundlegende politische Wende** eingeleitet, die, unter **Beibehaltung des Sozialismus**, insgesamt zu besseren Lebensverhältnissen führen werde (vgl. Z. 1–13). Die bisherigen Leistungen der 40-jährigen DDR-Geschichte unter dem Vorzeichen des Sozialismus sollten dafür die Grundlage liefern (vgl. Z. 14–21).
Konkret nennt Krenz als politische Absichten eine „**Reform des politischen Systems**" (Z. 23) mit dem Ziel der „volle[n] Souveränität des Volkes der DDR" und des „mündige[n] Bürger[s]" (Z. 22 f.). Ferner werden eine von Meinungsvielfalt und Toleranz geprägte Gesellschaft (vgl. Z. 27 ff.) sowie ein neu einzurichtender Verfassungsgerichtshof und eine Verwaltungsreform (vgl. Z. 29 f.) angestrebt. Schließlich sollen die Zulassung politischer Gruppierungen erleichtert sowie die Privilegien von Parteikadern abgebaut werden (vgl. Z. 30–34). Auch ein Rechtsstaat solle die DDR nun werden, wobei die Notwendigkeit der „Schutz- und Sicherheitsorgane" betont wird (vgl. Z. 34–37).
Dass die **Partei selbst die Notwendigkeit eines Neuanfangs sieht**, macht Krenz am Rücktrittswillen der alten Führungsriege der SED klar (vgl. Z. 37–42). Den **neuen demokratischen Charakter** (im westlichen Sinne) unterstreicht er am Beispiel eines Vorschlages der liberalen Blockpartei zum Umbau des Staates, über den durch den Beschluss der Volkskammer, also der Volksvertretung, entschieden werden soll (vgl. Z. 41–46).

Zum Schluss **appelliert Krenz an die Ausreisewilligen**, vor dem Hintergrund des Neuanfangs in der DDR ihren Entschluss zu überdenken und dazubleiben (vgl. Z. 47–51).

2. *In der Aufgabe 2 muss einerseits der Aspekt des Textes, der sich auf die Rolle der SED in der Revolution von 1989 bezieht, herausgefiltert werden, andererseits müssen Vorkenntnisse über das vorherige Parteiverständnis der SED (und seine Herleitung aus dem Konzept der Kaderpartei) miteinbezogen werden. Wichtig ist es zu erkennen, dass die SED auf ihrem Führungsanspruch und dem Ziel des Sozialismus besteht und dabei durch Reformen in letzter Minute die Revolution verhindern will.*

   Krenz betont in seiner Ansprache mehrfach, dass die **SED** auf ihrem **Führungsanspruch** besteht und deshalb auch den nun unausweichlichen Neuanfang in der DDR führend gestalten will (vgl. Z. 1, Z. 22 f., Z. 37–41). Damit steht er in der Tradition der schon von Lenin in „Was tun?" von 1902 entwickelten Idee der **Kaderpartei**, die an der Spitze des Proletariats den **Weg zum Sozialismus** ebnen soll. Dieses Ziel wird immer wieder erwähnt und für selbstverständlich erachtet (vgl. Z. 3 ff., Z. 11 ff., Z. 19 ff.). Krenz stellt die Lage in der DDR auch so dar, als stehe die Mehrheit der Bevölkerung hinter dem politischen System der DDR (vgl. Z. 2–5). Er betont die 40-jährige Erfolgsgeschichte der DDR, die unter der Führung der SED stattgefunden habe und die nun fortzusetzen sei (vgl. Z. 14–21). Folgerichtig sieht er die **SED an der Spitze des nun offensichtlich unausweichlichen Wandels** in der DDR, den er als „politische Wende" (Z. 1) bezeichnet, der für ihn eine von der SED gelenkte demokratische Umgestaltung des sozialistischen Systems bedeutet und dessen Elemente er aufzählt (vgl. Z. 22–28). Dabei fällt auf, dass er auch die Partei einem Wandel unterziehen will, insofern als Privilegien der Parteiführung offenbar abgeschafft werden sollen (vgl. Z. 31–34). Auch soll es in der Partei einen **Generationswechsel** geben, der aber laut Krenz von den betroffenen ZK- und Politbüromitgliedern ausdrücklich gewünscht werde (vgl. Z. 37–41). Damit betont er die **reformerische Dynamik der Partei** und stellt sich selbst als denjenigen dar, der die Kontrolle über den Prozess hat und die „kommende Generation" repräsentiert.

3. *Bei der Interpretation der Karikatur kommt es auf ein methodisch sauberes Vorgehen an, auf das Erkennen der westdeutschen bzw. regimekritischen Perspektive und darauf, trotz der fehlenden Angaben zu erkennen, dass sie ungefähr aus derselben Zeit wie die Rede von Krenz stammt (sie ist von Ende Oktober 1989 und erschien ursprünglich im „Spiegel"). Als Ergebnis muss man erkennen, dass die SED in M 2, ganz anders als in M 1, als Opfer der Entwicklung in der DDR dargestellt wird und nicht als treibende Führungskraft bei der „politischen Wende" der DDR im Herbst 1989. Bei der Einbeziehung von M 1 wird auch eine Beurteilung der beiden Standpunkte erwartet, die mit einschlägigen Ereignissen in der unmittelbaren Folge der Rede von Krenz zu belegen ist.*

Die vorliegende Karikatur von Walter Hanel ist 1989 erschienen, also eine **Primärquelle**. Da hier die SED-Führung sehr machtlos erscheint, muss von einem **westdeutschen oder regimekritischen Karikaturisten** ausgegangen werden. Zielgruppe der Karikatur ist das **politisch interessierte Publikum**.
Man sieht eine riesige Dampfwalze, auf deren vorderer Walze die Begriffe „Wahlen", „Dialog", „Reformen", „Freiheit" und „Demokratie" stehen. Sie rollt mit großer Geschwindigkeit auf eine vor ihr fliehende Gruppe von Männern zu. Diese tragen einen SED-Wimpel. Der letzte Mann, Erich Honecker, wird gerade von ihr überrollt.
Daher ist die Karikatur zeitlich **kurz nach dem 18. 10. 1989 einzuordnen**, dem Rücktritt Erich Honeckers.
Die Karikatur greift die **Situation Ende Oktober 1989** auf und damit den **Höhepunkt der** sich schnell steigernden **Demonstrationswelle** in der DDR – im Bild symbolisiert durch die Dampfwalze in rasanter Fahrt, die die SED überrollt –, die von den Montagsdemonstrationen ausging und schließlich innerhalb weniger Monate zum Rücktritt der gesamten Regierung und zum Mauerfall am 9. November führte. Den Anstoß für die Protestwelle gab die Entwicklung in der UdSSR, die mit den Schlagworten Perestroika und Glasnost umschrieben werden kann.
Die Karikatur macht das **Scheitern der** – im Verhältnis sehr klein dargestellten – **SED-Führung vor der großen Macht der Demonstranten** und ihren Forderungen nach mehr echter Demokratie (siehe Beschriftung der Dampfwalze) deutlich. Zum Ausdruck kommt zudem die Geschwindigkeit der Ereignisse im Jahr 1989.

Der Karikaturist will mit dieser Darstellung zeigen, dass die **SED-Führung an den Forderungen der Bevölkerung der DDR nach mehr Demokratie und Menschenrechten und** nach **Reformen nach sowjetischem Vorbild** (wie sie Gorbatschow noch anlässlich des 40. Jahrestages der DDR am 6./7. Oktober 1989 anmahnte) scheitert. Er scheint mit den Protestierenden zu sympathisieren.

Krenz hingegen sieht sich und die SED in M 1 nicht als Opfer. Bei ihm ist die SED nach wie vor die **entscheidende Kraft in der DDR**, die demokratische Reformen nur innerhalb des bestehenden Systems und mit dem weiterhin bestehenden Ziel des Sozialismus vorantreibt. Die „politische Wende" (Z. 1), der „Dialog" (Z. 7), die Schaffung der „volle[n] Souveränität des Volkes der DDR" (Z. 22) und die Schaffung des „mündige[n] Bürgers" (Z. 23) hören sich zwar wie die Forderungen der Demonstranten an (siehe Beschriftung der Dampfwalze), aber sie sollen klar nach Maßgabe von Partei und Staat stattfinden.

Dass die **SED in Wirklichkeit nicht mehr Herr der Lage** war, zeigt der nur wenige Tage nach der Rede von Krenz erfolgte Rücktritt der DDR-Regierung und des Politbüros (7./8. November) und am 9. November die – offenbar so nicht geplante – Öffnung der Mauer und der DDR-Grenze. Mit der Regierung Modrow (ab 13. November) begann schon die nächste Phase der Revolution, die vom Umbau der DDR zur Wiedervereinigung mit Westdeutschland umschwenkte (28. November: 10-Punkte-Programm Helmut Kohls) und in der die SED ihre Führungsrolle aufgeben musste. Am 3. Dezember schließlich musste Krenz selbst mit dem gesamten Politbüro und ZK der SED zurücktreten.

Insofern ist **Krenz' Einschätzung an dieser Stelle sehr unrealistisch**. Offensichtlich ist er sich der Eigendynamik sowohl der Protest- wie auch der Ausreisewelle nicht bewusst und meint, mit dieser Rede und dem Versprechen demokratischer Reformen, wie sie die Montagsdemonstrationen forderten, seine Partei vor dem Kontrollverlust bzw. dem Untergang bewahren zu können. Dass weite Teile der Bevölkerung inzwischen mit dem Ziel des Sozialismus und v. a. mit dem Wirtschaftssystem der DDR und damit verbunden ihrer individuellen Lebenssituation absolut unzufrieden sind, ignoriert er.

Insgesamt schätzt Handel mit seiner **Karikatur** die Situation und die Rolle der SED **realistischer** ein als Egon Krenz. Zwar überlebte die SED die „Wende" als PDS, büßte aber ihre Führungsrolle ein. Die Demonstrationsbewegung, die „Dampfwalze", agierte dabei zwar nicht so einheitlich, wie es in der Karikatur dargestellt wird. Aber in der weiteren Entwicklung wurde der Wunsch nach dem inneren Umbau der DDR klar zugunsten einer deutschen Wiedervereinigung zurückgedrängt, daran änderte auch die Einrichtung des „Runden Tisches" im Dezember 1989 nichts. Dies konnte der Karikaturist aber noch nicht voraussehen.

4. *Hier wird der Semesterübergriff verlangt, indem Sie einen Vergleich zwischen der Situation in Frankreich unmittelbar vor dem Ausbruch der Revolution im Sommer 1789 und der Lage in der DDR im Jahr 1989 anstellen sollen. Zunächst sind Aspekte auszuwählen, die verglichen werden können, dann müssen diese korrekt dargestellt und abschließend beurteilt werden.*
In Ihrer Lösung müssen Sie nicht alle im Folgenden aufgeführten Aspekte vergleichen. Wichtig ist, dass Sie eine eigenständige und differenzierte Beurteilung formulieren.

Zwischen der Situation beim Ausbruch der Französischen Revolution 1789 und dem Jahr der friedlichen Revolution in der DDR 1989 gibt es einige Parallelen, aber auch signifikante Unterschiede.
Eine Gemeinsamkeit ist etwa, dass sich sowohl Frankreich im Jahr 1789 als auch die DDR 1989 in einer **wirtschaftlichen Schieflage** befanden. In der **DDR** herrschte infolge der **Planwirtschaft** eine Mangelversorgung v. a. bei langlebigen Konsumgütern. Der Grundbedarf war zwar gedeckt und die Preise waren relativ niedrig, aber gleichzeitig hatte der Mangel an vielen Gütern und Ersatzteilen zu einer blühenden Tauschwirtschaft geführt. Nachdem Honeckers Politik der „Einheit von Sozial- und Wirtschaftspolitik" in den 70er-Jahren zunächst die Situation der Bevölkerung verbessert hatte, kam es in den 80er-Jahren infolge der Überlastung durch die Politik der 70er-Jahre, durch Ölkrisen und den Zusammenbruch des gesamten östlichen Wirtschaftsraumes im Zuge des Wettrüstens im „Second Cold War" zu massiven Einbrüchen. Die Folgen waren ein eklatanter **Devisenmangel** und eine immer höhere **Staatsverschuldung**. Das führte zu immer größerer **Unzufriedenheit** in der Bevölkerung, die zudem über verwandtschaftliche Kontakte und die Medien beständig das Vorbild der sehr viel erfolgreicheren BRD vor Augen hatte.

Auch in **Frankreich** war eine hohe **Staatsverschuldung** und die daraus resultierende **Unzufriedenheit** weiter Teile der Bevölkerung eine Hauptursache für den Ausbruch der Revolution. Allerdings lebten hier viele Menschen, gerade Bauern, am oder unter dem Existenzminimum und litten Hunger. Zusätzlich wurden sie von einem ungerechten Steuersystem geplagt, in dem der Erste und der Zweite Stand, also Klerus und Adel, keine Steuern zahlten und nur die Masse der Bevölkerung, der Dritte Stand, herangezogen wurde. Dazu kamen bei den Bauern weitere zahlreiche Abgaben und Dienstleistungen für ihre adeligen oder kirchlichen Grundherren. Missernten verschärften die Lage noch. Die Staatsverschuldung war in erster Linie durch Kriege wie den Siebenjährigen Krieg und die Beteiligung französischer Truppen am Amerikanischen Unabhängigkeitskrieg verursacht worden, aber auch durch die luxuriöse Hofhaltung des absolutistischen Herrschers. Zudem erwies sich das **merkantilistische Wirtschaftssystem**, das ebenfalls planwirtschaftliche Strukturen aufwies, nicht als leistungsfähig. Deshalb erhoben insbesondere die gebildeten Teile des Dritten Standes, das städtische Bürgertum, Forderungen an den König nach einer Reform des Steuerwesens und nach der politischen Beteiligung derjenigen, die die Steuern zahlten.
Mit dem wirtschaftspolitischen Versagen hatten die Eliten also sowohl in der DDR als auch in Frankreich in den Augen der Bevölkerung **ihre Legitimation verloren**.
Daraus ergibt sich eine weitere Parallele: Die **Eliten waren reformunwillig**. In Frankreich scheiterten verschiedene Versuche königlicher Finanzminister zur Reform des Steuersystems am Widerstand des Adels, der nicht bereit war, auf seine Privilegien zu verzichten. So war Ludwig XVI. schließlich gezwungen, die Generalstände einzuberufen, die sich zur Nationalversammlung umformten und damit die Revolution begannen. Auch in der DDR war die SED nicht bereit, auf ihre Position und die Privilegien ihrer Kader zu verzichten, wenngleich Krenz in seiner Rede diese Möglichkeit offenbar ins Auge fasste (vgl. Z. 27 f.). Denn von der Führungsrolle der SED rückte er nicht ab. So war es schließlich für eine kooperative Lösung zu spät, die Forderungen der Demonstranten rollten über die SED-Führung hinweg (vgl. M 2). Dabei ist allerdings zu berücksichtigen, dass die SED wegen der Nachbarschaft der BRD letztendlich nicht in der Lage war, den Reformforderungen nachzugeben, wie sie seit 1985 aus der UdSSR kamen, ohne dadurch ihre Position zu gefährden. Denn mit der Reform drohte immer ein Zusammenbruch des Systems bzw. die Wiedervereinigung. Deshalb war die SED 1968 auch so strikt gegen die Reformen in der ČSSR vorgegangen.
Trotzdem versuchten die Exponenten der Eliten, nämlich sowohl Ludwig XVI. als auch Egon Krenz, sich **in letzter Minute an die Spitze der Proteste zu setzen und so die Revolution zu verhindern:** Krenz zeigte in seiner Rede (M 1) diesen Wunsch, indem er sich für den Umbau des sozialistischen Systems aussprach, Ludwig XVI. rief am 27. Juni 1789 selbst zur Nationalversammlung auf und zeigte sich nach dem Sturm auf die Bastille demonstrativ in Paris mit der Kokarde der Revolution. Letztlich war das aber in beiden Fällen halbherzig, da sich beide als **Exponenten der jeweiligen Staatsideologie**, des Sozialismus bzw. der absolutistischen Herrschaft, verstanden.

Die **Forderungen** der DDR-Opposition, die v. a. auf den Montagsdemonstrationen auf Transparenten formuliert wurden, kann man mit den Beschwerdeheften der französischen Bevölkerung vergleichen, die die Abgeordneten der Generalstände aus ihren Wahlkreisen mit nach Paris bzw. Versailles brachten. Hier wurden, genau wie auf den Plakaten bei den Montagsdemonstrationen, die grundlegenden Forderungen der Bevölkerung formuliert und den regierenden Eliten mitgeteilt. In beiden Fällen ging es, neben der Finanzreform, um eine angemessene Partizipation der Bevölkerung an der Regierung. Allerdings erreichten die Forderungen der DDR-Bevölkerung über die modernen Medien ein weltweites Publikum, was auch beabsichtigt war, während die Beschwerdehefte der französischen Wahlkreise, die zunächst über die Generalstände kommuniziert wurden, an den König gerichtet waren.

Die Methoden, mit denen die beiden Staatswesen ihre Kontrolle behalten wollten, kann man auch im Ansatz vergleichen: Die DDR verfügte mit der Stasi über ein bis dahin aus der Sicht der SED bewährtes **Überwachungssystem**, das die Einschüchterung und Bestrafung von Regimegegnern ermöglichte. Auch der absolutistische Herrscher verfügte über ein Polizeisystem mit Spitzeln in der eigenen Bevölkerung. Ferner kontrollierten beide Staatswesen die Presse bzw. Medien und übten strenge **Zensur** aus. Auch **Propaganda** war ein wichtiges Mittel zur Selbstdarstellung und Legitimation der jeweiligen Machthaber, auch wenn dieses Element durch die Entwicklung der Medien im absolutistischen Staat noch weitaus weniger in der breiten Öffentlichkeit dominant war als in der DDR.

Ein grundlegender Unterschied besteht in der Anwendung von **Gewalt**, die ja häufig als zentrale Erscheinung bei Revolutionen gesehen wird und wegen deren Fehlen die Wende in der DDR häufig nicht als Revolution bezeichnet wird. Während im Sommer 1789 mit dem **Sturm auf die Bastille** (14. Juli) und den von der Pariser Bevölkerung initiierten Unruhen das Element der Gewalt in die Revolution eintrat, blieben die **Demonstrationen in der DDR friedlich**, und auch der Staat übte letztendlich kaum Gewalt gegen die Demonstranten oder die Ausreisewillligen aus.

In Frankreich dagegen war die Gewalt vom Beginn der Revolution an vorhanden und steigerte sich gerade in den **Bauernaufständen zur „Grand Peur“** (ab Ende Juli 1789). Hier waren Bevölkerungsschichten aktiv, die aus nackter Existenzangst handelten und denen es ums Überleben ging. Das erklärt ihre Gewaltbereitschaft. In der DDR dagegen war weniger die eigene Existenz an sich gefährdet. Zudem sorgte die kirchliche Opposition, die anfangs maßgeblich in der Protestbewegung war, für Gewaltfreiheit. Die Montagsdemonstrationen waren ursprünglich aus Friedensgebeten hervorgegangen. Dadurch, dass die Demonstranten gewaltlos blieben, traute sich die Staatsmacht aus **Angst um ihr internationales Ansehen** nicht, ihrerseits Gewalt anzuwenden, zumal diejenigen Gruppen, die sie hätte einsetzen müssen, also Betriebskampfgruppen und Rekruten der Volksarmee, aus der Sicht der Staatsmacht zunehmend „unzuverlässige Verbündete“ waren. Hierbei kommt wohl dem Massaker auf dem Platz des Himmlischen Friedens in Peking am 4. Juni 1989 eine entscheidende Rolle zu. Das Entsetzen der internationalen Gemeinschaft darüber hinderte die DDR-Führung gegenüber einem gewaltsamen Vorgehen gegen die Opposition. Von zentraler Bedeutung für die Zurückhaltung der DDR-Staatsführung vor einem gewaltsamen Vorgehen gegen die Reformbewegung war aber sicherlich der Umstand, dass sie nun nicht mehr, wie 1953 und 1968, auf die Hilfe des „großen Bruders Sowjetunion" vertrauen konnte.

Eine entsprechende Weltöffentlichkeit und das Gefühl für internationale Normen gab es im 18. Jahrhundert noch nicht, sodass Gewalt und Gegengewalt offen angewendet wurden.

Abschließend kann man feststellen, dass sich aufgrund des unterschiedlichen wirtschaftlichen, gesellschaftlichen und medialen Entwicklungsstandes die beiden Revolutionen sehr unterschiedlich gestalteten. Ihre **Ziele** aber beruhen letztendlich auf den Zielen der Aufklärung: **Menschen- und Bürgerrechte** für jeden Einwohner des jeweiligen Staates zu schaffen.

Abiturprüfung Niedersachsen 2011 – Geschichte
Erhöhtes Anforderungsniveau – Aufgabe I

Thema: Die Krise der 1980er-Jahre in der DDR

Aufgabenstellung

1. Geben Sie – nach einer quellenkritischen Einführung in M 1 – die wesentlichen Aussagen Doris Cornelsens wieder.
2. Erläutern Sie, ausgehend von den Materialien 2–4, die wirtschaftliche Lage in der DDR in den 1980er-Jahren.
3. Stellen Sie unter Einbeziehung der Materialien die Auswirkungen wirtschaftlicher Faktoren in der DDR am Vorabend der Friedlichen Revolution und in der Krise des Ancien Régime einander gegenüber.
4. Überprüfen Sie, inwieweit Cornelsens Darstellung in M 1 die Situation in der DDR angemessen erfasst.

M 1: Armin Mahler / Walter Knips: Interview mit der Volkswirtin Dr. Doris Cornelsen (Der Spiegel Nr. 41 vom 9. 10. 1989, S. 28 ff.)

Dr. Doris Cornelsen war von 1974 bis 1993 Leiterin der Abteilung DDR und östliche Industrieländer des Deutschen Instituts für Wirtschaftsforschung, (West-)Berlin.

SPIEGEL: Frau Cornelsen, die DDR-Führung scheint derzeit nur die Wahl zu haben, die Grenzen zu verrammeln oder einen erheblichen Teil gerade der jungen, dynamischen Bevölkerungsschichten zu verlieren. Gibt es für die DDR einen Weg aus diesem Dilemma?

CORNELSEN: Die DDR hat ihre große Chance schon 1985 vertan, als sie Gorbatschows Reformkurs nicht folgte. Hätte sie damals Reformen eingeleitet, wäre es kaum so weit gekommen. Je länger sie noch wartet, desto schwieriger wird die Situation. Zwar glaube ich nicht, dass es in der DDR zu Aufständen kommt. Aber die Stimmung im Land wird sich weiter verschlechtern. Das erschwert natürlich auch die weitere wirtschaftliche Entwicklung. Und dann wollen noch mehr weg.

SPIEGEL: Die DDR-Wirtschaft klagt schon heute über Arbeitskräftemangel. Kann sie diesen Aderlass junger, gut ausgebildeter Menschen überhaupt verkraften?

CORNELSEN: [...] Man sollte dieses Problem nicht dramatisieren. Der Verlust von etwa einem Prozent des Arbeitskräftevolumens ist zu verkraften, zumal in der DDR mit Arbeitskräften sehr verschwenderisch umgegangen wird. Die gesamte Wirtschaft dort arbeitet ja nach dem Prinzip der Vergeudung: Alles ist zu materialintensiv, zu arbeitsintensiv, zu energieintensiv.

SPIEGEL: Der zunehmende Arbeitskräftemangel könnte also durch stärkere Rationalisierung behoben werden?

CORNELSEN: In der DDR gibt es immer so eine Art Pseudoknappheit. Es heißt zwar immer, alles sei knapp, aber dieses System produziert diese Knappheit selbst. Nichts ist richtig durchrationalisiert, die Maschinen sind oft alt und kaputt. [...] Außerdem brauchen diese veralteten Maschinen und Anlagen viel zu viel Material und Energie, und das führt zu weiterer Knappheit. So ist das auch bei den Arbeitskräften.

SPIEGEL: Gesetzt den Fall, Sie würden als wirtschaftspolitische Beraterin der DDR-Führung engagiert. Wo würden Sie ansetzen, um solche Missstände zu beseitigen?

CORNELSEN: Ich würde mit politischen Reformen beginnen. Überhastete Wirtschaftsreformen sind nicht das, was die DDR braucht. Die Sowjetunion und Polen liefern dafür ja auch kein überzeugendes Vorbild. Die DDR-Bevölkerung braucht im Moment eigentlich nur das Gefühl, dass in der politischen Führung die Bereitschaft besteht, mit ihr zusammenzuarbeiten und gemeinsam einen Weg aus der Krise zu finden.

SPIEGEL: Das soll schon reichen, um die Bevölkerung ruhigzustellen?

CORNELSEN: Die Motivation im Land würde sich schlagartig ändern. Mir scheint, von allen Problemen, die es in der DDR gibt – und das sind ja eine ganze Menge –, ist die mangelnde Motivation das größte. Wenn ein Prozent der Berufstätigen weggeht, ist das nur dann schlimm, wenn auch die übrigen 99 Prozent keine Lust mehr haben. [...]

Die DDR hat immer versucht, weitgehend autark zu sein, also alles selbst zu produzieren. Das ging teilweise gar nicht anders, weil im Osten zuverlässige Lieferanten und für den Einkauf im Westen Devisen fehlten. Aber eine solche Politik lässt sich nicht durchhalten, schon gar nicht in einem Land mit nur 17 Millionen Einwohnern. Wenn man dann noch Schwerpunktbereiche wie die Mikroelektronik bildet, müssen andere Bereiche zwangsläufig vernachlässigt werden. Und das sieht man auch.

SPIEGEL: Jetzt aber, mit Beginn der politischen Reformen in der UdSSR, bestünde die Chance, solche historisch gewachsenen Fehlentwicklungen zu korrigieren. Oder sehen Sie die Gefahr, dass, wie in der Sowjetunion, die Versorgungslage dann erst einmal sehr viel schlechter wird?

CORNELSEN: Wirkliche wirtschaftliche Reformen sind ein großes Risiko. Man muss damit rechnen, dass erst einmal eine Weile Chaos herrscht und dass die Erfolge nur langsam kommen. Insofern ist die zögernde Haltung der DDR verständlich. Aber ohne Reformen kommt das Desaster auch. Der DDR bleibt nur die Wahl, das Chaos schnell zu kriegen und es dann zu überwinden oder es noch hinauszuschieben. Und dann wird es noch schlimmer. [...]

SPIEGEL: Rechnen Sie damit, dass nach der Honecker-Ära in der DDR Reformer das Regiment übernehmen?

CORNELSEN: Ich bin kein Hellseher. Aber ich weiß, dass die DDR über eine ganze Menge guter Leute verfügt – auch in der SED –, die durchaus Vorstellungen darüber entwickelt haben, was geändert werden müsste.

SPIEGEL: Sehen Sie da schon einen deutschen Gorbatschow in den Startlöchern?

CORNELSEN: Nein. Aber es ist nicht auszuschließen, dass auch in der DDR so ein Mann nach oben kommt. Schließlich haben wir ja auch bei Gorbatschows Amtsantritt nicht geahnt, was der noch alles anstellen würde.

SPIEGEL: Frau Cornelsen, wir danken Ihnen für dieses Gespräch.

M 2: Auszug aus Unterlagen des Politbüros der SED zum Stand der technischen Ausstattung des Bauwesens (Mai 1988)

Maschinengruppe	Bestand		
	insgesamt	darunter nicht mehr modernisierungsfähig	
		1979 [%]	1987 [%]
Turmdrehkrane	907	35,2	36,0
Bagger 0,6–2,0 m^3	1 950	20,0	91,1
Planierraupen	1 349	41,0	90,5
Zugmaschinen und Sattelzugmaschinen	1 902	21,6	34,1
Tieflader und Plattenanhänger	1 159	18,7	73,0
LKW-Kipper	7 280	30,0	65,1

M 3: Ausstattung privater Haushalte in der DDR mit langlebigen technischen Konsumgütern (in Prozent)

	1960	1970	1980	1987
Personenkraftwagen	3,2	15,6	36,8	49,9
Fernsehgeräte	16,7	69,1	88,1	95,2
darunter Farbfernsehgeräte	–	0,2	16,8	46,5
Kühlschränke	6,1	56,4	99	99
Waschmaschinen	6,2	53,6	80,4	96,9
Telefon[1]	?	9,7[2]	11,6	15,5

1 Anzahl der Telefon-Hauptanschlüsse in Wohnungen
2 Angabe für 1976

(Zusammenstellung aus diversen Jahrgängen des Statistischen Jahrbuchs der DDR aus: Werner Weidenfeld/Hartmut Zimmermann: Deutschland-Handbuch. Eine doppelte Bilanz 1949–1989. Bonn 1989, S. 300.)

M 4: Preise ausgewählter Konsumgüter und Tarife (in Mark der DDR bzw. DM) sowie zum Kauf erforderliche Arbeitszeit (in Stunden:Minuten), Anfang 1979

	Preis		Arbeitszeit	
	DDR	BRD	DDR	BRD
Herrenoberhemd	43,00	19,90	8:52	1:49
Herrenstraßenschuhe	58,00	32,00	11:58	2:55
Damenfeinstrumpfhose	18,00	3,95	3:43	0:22
Staubsauger	195,00	165,00	40:12	15:00
Kühlschrank	1 400,00	338,00	288:40	30:44
Waschmaschine	1 450,00	498,00	298:58	45:16
Fernsehapparat	2 050,00	530,00	422:41	48:11
Elektrischer Strom (75 kWh)	8,00	21,60	1:39	1:58
Eisenbahnwochenkarte (15 km)	2,50	15,50	0:31	1:25
Straßenbahn-, Busfahrt	0,20	1,35	0:02	0:07
Roggen-Mischbrot (1 kg)	0,52	2,35	0:06	0:13
Schweinekotelett (1 kg)	8,00	10,80	1:39	0:59
Bohnenkaffee (1 kg)	70,00	21,80	14:26	1:59

(Aus: Zahlenspiegel. Bundesrepublik Deutschland/Deutsche Demokratische Republik – Ein Vergleich. Hrsg. vom Bundesministerium für innerdeutsche Beziehungen. Bonn 1981, S. 57.)

Hilfsmittel:

Keine

Erläuterungen und Bearbeitungshinweise

Bei diesem Aufgabenvorschlag steht der Thematische Schwerpunkt 3 „Zusammenbruch der DDR und deutsche Einheit" im Mittelpunkt. Dabei geht es, wie das Thema schon sagt, um die Krise der achtziger Jahre. Aufgerufen wird hier vor allem der verbindliche Unterrichtsinhalt „Niedergang der Wirtschaft" mit Übergriffen auf „Formen der Opposition und staatliche Repression" sowie „Umgang mit der Perestroika und den Umbrüchen im Ostblock". Dazu treten die Punkte „Friedliche Revolution 1989" und „Umsetzung der deutschen Einheit 1989/90". In Aufgabe 3 erfolgt ein Übergriff auf den Thematischen Schwerpunkt 1 „Die Französische Revolution", hier konkret auf den verbindlichen Unterrichtsinhalt „Die Krise des Ancien Régime", insbesondere die Unterpunkte „Entwicklung von Wirtschaft und Gesellschaft in der 2. Hälfte des 18. Jahrhunderts" und „Reformansätze und Gegenkräfte angesichts der Finanz- und Wirtschaftskrise". Die Aufgaben stellen die Leitprobleme „Menschenbild und Weltdeutung" sowie „Herrschaft und Freiheit" in den Vordergrund. Wirtschaftsgeschichte und Politikgeschichte sind die dominierenden Dimensionen historischer Forschung.

Verbindliche Gewichtung der Teilaufgaben

Teilaufgabe	überwiegend Anforderungsbereich	Gewichtung in Prozent
1	I	20
2	II	30
3	II	25
4	III	25

Lösungsvorschläge

1. *Ein Spiegel-Interview als zentrale Quelle! Die meisten Schülerinnen und Schüler dürften erleichtert aufgeatmet haben, legt doch der mündliche Ursprung des Textes nahe, dass er nicht zu komplex und daher gut zu erschließen ist, zumal die Fragen der Interviewer ihn bereits vorstrukturieren. Allerdings sorgt gerade die ursprüngliche Mündlichkeit, d. h. die relative Spontaneität seiner Entstehung, für Brüche und Neuansätze in der Argumentation, die die Vernetzung der getroffenen Aussagen bisweilen erschweren.*
Wichtig ist die einführende Quellenkritik. In ihr müssen eine Entscheidung über die Zugehörigkeit des Textes (Quelle oder Sekundärtext?) getroffen und plausible Überlegungen zur Glaubwürdigkeit angestellt werden. Diese sollten sich an den klassischen Erschließungsfragen abarbeiten. Eine knappe historische Einordnung bietet sich hier ebenfalls an, weil die Dynamik des Revolutionsprozesses das Verständnis und die Interpretation unmittelbar beeinflusst. Denken Sie ferner daran, dass es in der Wiedergabe nur um die Aussagen Cornelsens gehen soll. Die Fragen der Interviewer müssen Sie daher nicht beachten. Und noch ein Tipp: Es ist in der Wissenschaft nicht üblich, akademische Titel zu nennen. Sprechen Sie daher in der gesamten Arbeit nur von „Doris Cornelsen“ oder von „Cornelsen“.
Die Aufgabe verlangt ausschließlich Leistungen aus dem AFB I.

Am 9. Oktober 1989 erschien im „Spiegel“ ein **Interview** mit der Volkswirtin Doris Cornelsen. Cornelsen war damals Leiterin der Abteilung DDR und östliche Industrieländer des Deutschen Instituts für Wirtschaftsforschung in Berlin (West). Auszüge aus diesem Interview liegen als M 1 vor. Aus **heutiger Sicht** handelt es sich um eine **Quelle**, die innerhalb des Zeitraums entstanden ist, in dem die Friedliche Revolution in der DDR eine rasante Dynamik gewann. Die von Cornelsen vertretene Position ist daher als Momentaufnahme zu einem Zeitpunkt anzusehen, als die **Massenflucht** aus der DDR über Ungarn bereits eingesetzt und die politischen Proteste zum 40. Jahrestag der DDR zwei Tage zuvor einen neuen Höhepunkt erreicht hatten, ohne dass deren schneller Erfolg bereits absehbar war. Erst am Abend des 9. Oktober fand in Leipzig die große, entscheidende **Montagsdemonstration** statt, die die Dämme in Richtung auf die rapiden Veränderungen der Folgewochen brechen ließ. Wie sehr die Dinge im Fluss und wie wenig belastbar

Prognosen waren, lässt sich an dieser Quelle zeigen. Cornelsen war ausgewiesene Ost-Expertin und verfügte insofern mutmaßlich über die besten Informationen zur ostdeutschen Wirtschaft, sofern sie im Westen zugänglich waren. Dennoch nimmt sie natürlich eine **Außenperspektive** ein. Angesichts des Umstandes, dass auch nur wenige DDR-Verantwortliche um das volle Ausmaß der ökonomischen Probleme wussten, mindert das ihre Expertise kaum.

Die **zentralen Aussagen** des vorliegenden Auszugs lassen sich wie folgt zusammenfassen:

Weil die DDR dem **Reformkurs Gorbatschows** nicht gefolgt sei, habe sich ihre Situation verschlechtert. Auch wenn es vermutlich nicht zu Aufständen kommen werde, werde sich die Stimmung weiter verschlechtern, was Auswirkungen auf die wirtschaftliche Entwicklung haben und einen Anreiz zur Ausreise darstellen werde (vgl. Z. 5–10).

In dieser Situation seien **politische Reformen** vorrangig. Würde die SED-Führung ihrer Bevölkerung signalisieren, dass sie zur Zusammenarbeit bereit sei, so würde dies umgehend eine Zunahme der **Motivation** zur Folge haben. Deren Fehlen sei das Hauptproblem. Gegenwärtig sei in der DDR zwar noch kein Reformer zu erkennen wie etwa Gorbatschow in der UdSSR, es sei aber nicht auszuschließen, dass ein solcher auftreten werde (vgl. Z. 28–33, 35–39).

Eine weitere Schwäche der DDR-Wirtschaft sei das „Prinzip der Vergeudung" in den Bereichen Material, Arbeit und Energie. Die grassierende Knappheit sei insofern eine „Pseudoknappheit", die vom System selbst geschaffen werde, zumal auch der Maschinenpark veraltet sei. Der durch die Abwanderung entstehende **Arbeitskräftemangel** sei aber unter diesen Bedingungen durch entsprechende **Rationalisierungsmaßnahmen** problemlos aufzufangen (vgl. Z. 13–18; 20–25).

Die gegenwärtige Misere sei auf wirtschaftspolitische Fehlentscheidungen zurückzuführen. Angesichts unzuverlässiger Lieferungen aus dem Ostblock und fehlender Devisen habe man versucht, eine **autarke Wirtschaft** zu errichten. Zusätzlich habe man zugunsten von Schwerpunktbereichen andere Bereiche vernachlässigt. Die negativen Folgen zeigten sich jetzt (vgl. Z. 40–46).

Zurückhaltend schätzt Cornelsen den Erfolg schneller Wirtschaftsreformen ein. Die Beispiele UdSSR und Polen zeigten, dass diese nicht umgehend zum Erfolg führten und riskant seien. Dennoch sei das mit ihnen einhergehende Chaos unvermeidlich und es werde umso stärker ausfallen, je länger Reformen hinausgezögert würden (vgl. Z. 51–56). Ob nach der Ära Honecker ein Reformer an die Macht gelangen werde, sei noch nicht vorherzusagen; es gebe aber **fähige Politiker in den Reihen der SED** (vgl. Z. 59–61).

2. *Die Auswertung und Interpretation der drei Statistiken wirft keine großen Probleme auf, zumal die Daten unter Umständen aus Unterrichtswerken bereits zum Teil bekannt sein dürften. Interpretationsspielraum eröffnet lediglich die Formulierung „modernisierungsfähig". Wichtig ist dabei das richtige Verständnis des Operators „Erläutern" mit dem Zusatz „ausgehend von". Er ist hier ganz wörtlich zu verstehen: Es reicht eben nicht aus, die Materialien auszuwerten, Sie*

müssen Ihre Befunde auch im historischen Kontext verorten, d. h. sie aus ihm heraus erklären. Zusätzliche, über das Material hinausgehende Informationen und Beispiele müssen also hinzugezogen werden (AFB II). Das sollte hier nicht schwerfallen.

Die von Cornelsen analysierte Krise der DDR-Wirtschaft dauerte 1989 bereits fast zwei Jahrzehnte an. Sie war Folge einer Entscheidung, die im Zuge des Machtwechsels von Ulbricht zu **Honecker** 1971 erfolgt war: Nachdem Ulbricht die technologische Entwicklung um jeden Preis gefördert hatte, trat der neue Erste Sekretär mit dem Versprechen an, den **Wohlstand der Bevölkerung** spürbar zu heben, um die **Akzeptanz des SED-Regimes** zu erhöhen. 1976 wurde dieses Versprechen in die Formel der „**Einheit von Wirtschafts- und Sozialpolitik**" gekleidet. Deren Ausprägungen lassen sich anhand der Materialien 2–4 beschreiben. Wie man aus M 3, einer Statistik, in der die Ausstattung privater DDR-Haushalte mit langlebigen technischen Konsumgütern verzeichnet ist, ablesen kann, stieg der Wohlstand der DDR-Bürger zwischen 1970 und 1987 deutlich an. Fernseher, Kühlschrank und Waschmaschine waren Ende der achtziger Jahre somit in fast jedem Haushalt vorhanden. Allerdings war dieser Steigerungsprozess vor 1970 bereits am höchsten, sodass Honeckers Konsumversprechen keine besonderen Akzente setzte, auch weil zum Teil der Sättigungsgrad erreicht war. Andererseits blieb die Zahl der Haushalte im Besitz eins PKWs mit rund 50 % bescheiden, die Zahl der Telefonanschlüsse sogar besonders niedrig.
Auch wenn ein direkter Zahlenvergleich zum Wohlstand in der Bundesrepublik anhand der Materialien nicht möglich ist, so kann man davon ausgehen, dass insbesondere die beiden letzten Zahlen in der Bundesrepublik deutlich höher lagen.
Um welchen Preis Honeckers Versprechen erfolgen konnte, zeigt M 2, das den Stand zur technischen Ausstattung des Bauwesens darstellt. Auch wenn es sich um Unterlagen aus der DDR-Bürokratie handelt, kommt ihnen nicht unbedingt eine erhöhte Glaubwürdigkeit zu, da das System Missstände verschwieg und sie durch Statistikfälschungen zu vertuschen wusste. Aus der Statistik geht hervor, dass sich der Bestand an nicht modernisierungsfähigen Baumaschinen in den Jahren zwischen 1979 und 1987 bei großen Unterschieden im Einzelnen vervielfacht hat. Der Maschinenpark veraltete also erkennbar und es ist zu erwarten, dass dies zulasten der Produktivität des Baugewerbes ging, da die Ausfälle zugenommen haben dürften. Dies ist umso bemerkenswerter, als die SED gerade den **Wohnungsbau** als tragende Säule ihrer Sozialpolitik ansah.
Der Grund für den **Verfall der Produktionsmittel** ist in der Wirtschaftslenkung zu suchen, wie sie im Zuge der wirtschaftspolitischen Grundausrichtung entschieden worden war: Angesichts der Absicht, Konsum und Sozialleistungen wie Kitas und die medizinische Versorgung zu fördern, war die DDR nicht mehr in der Lage, Investitionsgüter zu finanzieren. Wohin das Geld stattdessen floss, legt M 4 offen: Im Vergleich mit Westdeutschland, der hier aufgrund der Angabe der jeweils für den Erwerb aufzuwendenden Arbeitszeit möglich ist, fallen zwei Dinge auf: Die **Waren und Dienstleistungen des Grundbedarfs** (Brot, Fleisch, Strom, Fahrkarten – hinzu kamen noch die Mieten) waren in der DDR außerordentlich

günstig, während **Waren des gehobenen Bedarfs** erheblich teurer waren als in der Bundesrepublik. Dieser Befund einer **Preisschere** ist zum einen durch die hohen staatlichen Subventionen für den Grundbedarf zu erklären. In ihnen drückte sich Honeckers Wohlstandsversprechen aus. Die hohen Preise für Luxusgüter sind dagegen Ausweis der **mangelnden Produktivität** der DDR-Wirtschaft, die diese Waren offenkundig nicht billiger produzieren konnte (z. B. Fernseher, Waschmaschinen, Strumpfhosen) oder sogar importieren musste (Bohnenkaffee). Dieser Umstand verhinderte in der Regel auch eine angemessene Qualität der Waren, die zwar nach den Planvorgaben produziert, häufig aber minderwertig waren. Die DDR-Wirtschaft war zu **unflexibel**, um jemals das angestrebte „Weltniveau" zu erreichen. Sie blieb zeitlebens **von westlichen Importen abhängig**. Spätestens ab den Achtzigerjahren stagnierte die Wirtschaftsentwicklung aufgrund der **maroden industriellen Grundlagen**.

Zugleich wird daran aber auch der **Geldüberhang** in der DDR deutlich. Das Angebot an hochwertigen Konsumgütern konnte mit der Nachfrage zu keinem Zeitpunkt Schritt halten. Die Bürger verfügten aber über genügend Geld, um die hohen Preise zu zahlen. Ein (z. B. über die Westmedien) möglicher Vergleich mit den entsprechenden Preisen im Westen verhinderte den Erfolg der „Einheit von Wirtschafts- und Sozialpolitik": Das Wohlstandsniveau im Westen blieb jederzeit erkennbar höher. Dies sorgte für eine permanente **Unzufriedenheit** der DDR-Bürger.

Die SED erkaufte den Anstieg des Konsumniveaus ohne ausreichende ökonomische Basis mit einer **gigantischen Staatsverschuldung**, die die DDR Anfang der Achtzigerjahre an den Rand der Zahlungsunfähigkeit trieb und diese nur durch die **Milliardenkredite** der Bundesrepublik hinauszögern konnte, bis sie 1989 erneut vor diesem Problem stand. Die wachsende Schuldenlast wirkte sich politisch wie wirtschaftlich aus. Die DDR fand Mittel und Wege, um ihre **Deviseneinnahmen** zu erhöhen. Aus Bonn bezog die DDR **Transitgebühren** für die Nutzung ihrer Autobahnen durch den Berlin-Verkehr; Bundesbürger mussten pro Besuchstag und Person 25 DM in Ostmark umtauschen (**Zwangsumtausch**). Mit den **Intershops** ermöglichte die DDR ihren Bürgern, westliche Konsumgüter für (von Verwandten geschenktes) Westgeld zu kaufen, das auf diese Weise aus der Bevölkerung abgeschöpft wurde. Der Devisenhunger führte aber auch dazu, dass konkurrenzfähige Industriewaren in den Westen exportiert wurden, anstatt die Nachfrage der eigenen Bevölkerung zu befriedigen.

3. *Obwohl diese Aufgabe formal nur in den Anforderungsbereich II einzuordnen ist, ist sie womöglich nicht leichter als Aufgabe 4. Sie setzt nämlich voraus, dass Sie den Begriff „Auswirkungen" zunächst kritisch reflektieren. Er kann entweder als „Folgen" oder als „Einfluss" verstanden werden. Ertragreicher für die bearbeitung ist die Wortbedeutung „Einfluss", denn das Folgegeschehen beruht ja nicht ausschließlich auf den wirtschaftlichen Faktoren. Es geht also darum, den Einfluss bzw. die Rolle wirtschaftlicher Aspekte jeweils auf die unmittelbare Vorphase der Französischen Revolution bzw. auf die der Friedlichen Revolution in der DDR*

gegenüberzustellen, wohlgemerkt nur auf diesen Abschnitt, nicht auf den Gesamtverlauf der Revolutionen. Dem allgemeinen Sprachgebrauch nach handelt es sich also um einen Vergleich. Im Zentralabitur 2012 wird der Operator dann auch „vergleichen" statt „gegenüberstellen" heißen. Sie müssen sich also zunächst selber eine Vergleichsbasis schaffen, indem Sie Vergleichskriterien entwickeln. Im folgenden Lösungsvorschlag wird versucht, das Vergleichsgebiet durch Vorbemerkungen einzugrenzen. Eine weitere Anforderung besteht darin, dass hier Materialbezüge eingefordert werden. Sinnvoll ist daher, hier auf die Ergebnisse der Aufgaben 1 und 2 zurückzugreifen, in denen die Materialien ja ausgewertet worden sind.

Wenn in den folgenden Ausführungen der Einfluss wirtschaftlicher Faktoren auf die Friedliche Revolution in der DDR und auf die Krise des Ancien Régime gegenübergestellt werden sollen, so ist es sinnvoll, zunächst einige Vorbemerkungen zu machen.
Die Bedeutung der **wirtschaftlichen Faktoren** war in der DDR in der Anfangsphase der Friedlichen Revolution bis zum Mauerfall am 9. November 1989 sekundär gegenüber den **politischen Forderungen**. Auch in Frankreich politisierte sich die öffentliche Meinung im Vorfeld der Revolution merklich. Forderungen nach politischer Partizipation des Dritten Standes drängten die ökonomischen Krisensymptome zeitweise in den Hintergrund. Es geht im Folgenden also um wichtige, keineswegs aber um die einzigen Faktoren für das Zustandekommen der beiden Revolutionen.
Begrenzt vergleichbar sind auch die **Gesellschaften**, auf die die wirtschaftlichen Faktoren einwirkten. Frankreich ist am Vorabend der Revolution noch von der **Ständegesellschaft** geprägt, die DDR weist eine – mit ihren eigenen Worten – „**entwickelte sozialistische Gesellschaft**" auf. Auch wenn diese auf der Gleichheit aller Staatsbürger bestand, so besaß sie, ähnlich wie die Ständegesellschaft des Ancien Régime, mit der **Funktionärsschicht** eine Elite, die faktisch privilegiert war. Insofern entwickelten sich die Probleme, ausgehend von den wirtschaftlichen Faktoren, in beiden Fällen auch auf der Grundlage einer als ungerecht empfundenen **Ungleichheit**.
Schließlich ist im Vorfeld auf das Niveau des **Lebensstandards** hinzuweisen. Verglichen mit der blanken Existenznot in einer Gesellschaft, die über weite Strecken noch unter den Bedingungen der Subsistenzwirtschaft lebte, waren die Versorgungsengpässe in der DDR Luxusprobleme. Gemessen an Frankreich ging es den Menschen in der DDR gut. Allein dieser Unterschied reicht im Prinzip aus, um eine Gegenüberstellung als problematisch anzusehen.

Damit zur eigentlichen Gegenüberstellung, die ungeachtet der genannten Unterschiede deutliche Parallelen zwischen beiden Vorphasen aufzuweisen hat.
Sowohl in Frankreich als auch in der DDR waren **wirtschaftliche Probleme** strukturell und insofern **langfristig** angelegt. Waren die Probleme in der DDR in ihrer Endphase jedoch durch die **Fehler der Planwirtschaft hausgemacht**, wie die Ergebnisse der Auswertung von M 1–M 4 zeigen, so galt dies für Frankreich nur zum Teil. Zwar hatte auch hier ein **englisch-französischer Handelsvertrag 1786**

zu einer Krise der Textilindustrie geführt; zwar war in Frankreich infolge bestehender **Zollgrenzen** nach wie vor kein Binnenmarkt vorhanden und auch der **Merkantilismus** zeigte in der Praxis weniger Erfolge, als seine Theoretiker erwartet hatten. Faktisch war er ein Protektionismus, der insofern dem Autarkiebestreben der DDR (vgl. M 1, Z. 40) nahekam. Aber die Wirtschaft Frankreichs war in stärkerem Maße als die der DDR von natürlichen Faktoren beeinflusst. **Missernten** waren an der Tagesordnung und erzeugten Hungersnöte, die wiederum in politische Forderungen umgemünzt wurden. Es war daher nicht zuletzt die Häufung wetterbedingter Missernten im Jahrzehnt vor 1789, die zum Entstehen einer revolutionären Stimmung beitrug. Dieser Faktor fehlt in der DDR.

Gemeinsam war beiden vorrevolutionären Situationen die **chronische Staatsverschuldung**. Auch hier waren die Gründe in Frankreich vielschichtiger und sind nicht monokausal mit Misswirtschaft der herrschenden Partei zu erklären. An erster Stelle steht hier eine **ineffiziente Steuererhebung**. Die verbreitete Steuerpacht führte nur einen Teil der Steuern tatsächlich in die Staatskasse. Der **Hof in Versailles** verschlang Unsummen für seine Prachtentfaltung. Im Siebenjährigen Krieg (1756–1763) waren die nordamerikanischen **Kolonien** Frankreichs verloren gegangen. Im Vorfeld der Revolution unterstützte Frankreich die Unabhängigkeitsbewegung in den nordamerikanischen Kolonien, um den Kontrahenten England zu schädigen. All dies erhöhte Staatsdefizit und Schuldenlast, sorgte zusätzlich aber auch dafür, dass das **freiheitlich-demokratische Gedankengut** seinen Weg über den Atlantik in die französische Gesellschaft fand.
Allerdings bemühte sich spätestens der 1774 auf den Thron gelangte Ludwig XVI. zaghaft um **Reformen**. Das merkantilistische Denken wurde durch die **Physiokraten**, Vorläufer einer liberalen Wirtschaftstheorie, abgelöst. Reformer wie Turgot oder Calonne bemühten sich als Generalkontrolleure der Finanzen um Reformen des Steuersystems. Das Ende der Steuerfreiheit von Adel und Klerus schien unumgänglich, rief aber massiven Widerstand der privilegierten Eliten hervor, vor dem der zögerliche Monarch zurückwich. Die 1787 einberufene Notabelnversammlung kam hier auch nicht weiter, sondern formulierte die Forderung nach einer **Einberufung der Generalstände**, welche dann zur Keimzelle der ersten Phase der Revolution wurden. Hier zeigt sich ein wesentlicher Unterschied: In Frankreich gab es **obrigkeitliche Reformansätze**, die durch das Beharrungsvermögen der alten Eliten im Keim erstickt wurden.
In der DDR widersetzte sich die herrschende Parteiführung den an Gorbatschows Reformen orientierten Forderungen der Opposition, bis es zu spät und die Friedliche Revolution unumkehrbar war.
Im Vergleich zeigt sich die Vielgestaltigkeit der französischen Gesellschaft, die im Zeichen der Aufklärung viel mehr Dynamik entfaltete als die sozialistische Gesellschaft, in der alle Ansätze zum Meinungspluralismus so gut es ging unterbunden wurden. Mithilfe der **Subventionspraxis** in der DDR wurde die Misere über Jahre hinweg nicht nur auf die lange Bank geschoben, sondern aktiv vertuscht, sodass am Ende der **ökonomische Zusammenbruch** unmittelbar bevorstand.

Ausschließlich für die DDR muss der permanente **Vergleich mit dem Westen** als wichtiger Faktor genannt werden, der in der Lage war, die DDR emotional zu untergraben und den Motivationsverlust zu fördern. Er fehlte in Frankreich selbstverständlich völlig. Hier wurden dafür die **innergesellschaftlichen Ungleich- und Ungerechtigkeiten** aufgrund ihrer Vielgestaltigkeit umso mehr wahrgenommen und bargen revolutionäres Potential.
Deutlich wird auf jeden Fall, dass die Wirtschaftskrisen, in denen sich beide Staaten am Vorabend ihrer Revolutionen befanden, eine wichtige, wenn auch womöglich nicht die entscheidende Rolle für das Zustandekommen der revolutionären Situationen darstellten.

4. *Auch diese Teilaufgabe ist anspruchsvoll, weil von Ihnen erwartet wird, selbst eine kritische Position zu Cornelsens Ausführungen zu entwickeln. Hier müssen Sie sich also ein Urteil über das Thema der Aufgabe bilden. Urteilsbildung ist die Königsdisziplin des Geschichtsunterrichts (AFB III). Die dafür maßgebliche Aufsatzform ist die Erörterung. Erörternd signalisieren Sie Zustimmung und Widerspruch und begründen diese. In der Regel sollte es dann auf ein differenziertes, in Grautönen gezeichnetes Urteil hinauslaufen.*

Wie bereits einleitend erwähnt, stellen Cornelsens Aussagen in den zitierten Auszügen nur **Momentaufnahmen** in einer Entwicklung dar, deren **weiterer Verlauf** zum Zeitpunkt des Interviews **nicht absehbar** war. Cornelsens Analyse lässt sich daher aus dem heutigen Erkenntnisvorsprung heraus in mancherlei Hinsicht kritisch überprüfen.
Unbestreitbar ist, dass ihre Einschätzung der **mangelnden Leistungsfähigkeit** der DDR-Wirtschaft im Großen und Ganzen korrekt war. Dies zeigen auch die weiteren Materialien. Es erstaunt allerdings, dass Cornelsen den Schwerpunkt auf **Rationalisierungsphänomene** legt, während sie die politischen Entscheidungen, die der Misswirtschaft zugrunde liegen, nur am Einzelfall thematisiert. Der zweifellos vorhandene Motivationsverlust der Bevölkerung war die Folge der **Planwirtschaft**. Auch den Gedanken der DDR-Autarkie betont Cornelsen unverhältnismäßig stark. Die DDR war in das Geflecht des RGW eingebunden und betrieb lebhaften Außenhandel mit der Bundesrepublik, die ihr dafür den zinslosen Überziehungskredit gewährte. Auf diese Weise kam sie (unter anderem) zu Devisen. Diese wurden jedoch schwerpunktmäßig in den Ausbau des **Überwachungsstaates** und in die Auslandsspionage investiert oder flossen in den Schuldendienst zurück, sodass sie dem Ankauf westlicher Investitionsmittel nur begrenzt zugute kamen.
Dass Cornelsen die DDR-Wirtschaft als reformierbar einschätzt, entspricht dem Kenntnisstand Anfang Oktober 1989. Er war das Ergebnis statistischer Schönfärberei der Verantwortlichen im Politbüro, der sich offenkundig auch das DIW nicht entziehen konnte. Dass die DDR wirtschaftlich und vor allem finanziell zugrunde gerichtet war, zeigte sich erst im weiteren Verlauf. Das Ende des DDR-Wirtschaftssystems brachte die schnelle **Wirtschafts-, Währungs- und Sozial-**

union am 1. 7. 1990, durch die sie der ungeschützten Konkurrenz der westlichen Produkte ausgesetzt wurde. In Kenntnis der Dynamik, die die Entwicklung mit der Grenzöffnung gewann, stellt sich indes die Frage, ob eine frühzeitige Einleitung von Reformen diesen Prozess hätte verhindern können. Hierfür war die besondere Ausgangslage der DDR als deutscher Teilstaat ursächlich; es scheint so, als sei dies den SED-Verantwortlichen zu jeder Zeit bewusst gewesen.
Es erstaunt auch, dass Cornelsen die ökonomische Bedeutung der **Ausreisewelle** so gering einstuft. Tatsächlich hatte die DDR seit ihrem Bestehen unter dem Abfluss gut ausgebildeter Leistungsträger gelitten, und die Abwanderung wiederum vorrangig junger, gut qualifizierter Bürger im Sommer/Herbst 1989 über die Prager Botschaft oder über die ungarische Grenze stellte nicht nur die Wirtschaft, sondern auch die staatlichen Sektoren wie das Gesundheitswesen durchaus vor Probleme. Zusätzlich besaßen diese **medienwirksamen Ereignisse** einen enormen **psychologischen Einfluss** auf die in der DDR verbliebene Bevölkerung.
Vermutlich ist Cornelsens berufliches Interesse dafür verantwortlich, dass sie zwar politische Reformen als vorrangig ansieht, auf diesem Gebiet aber nicht sehr konkret wird. Dabei konnte ihr bereits Anfang Oktober klar sein, dass die **Oppositionsbewegung** spätestens seit September mit der Gründung des „**Neuen Forums**" eine neue Qualität gewonnen hatte, sodass man durchaus von einem „Aufstand" sprechen kann. Tatsächlich ging die Friedliche Revolution in der DDR in den Folgewochen aber vom Volk aus. Dieses Volk legte seine Forderungsschwerpunkte allerdings von Beginn an auf dezidiert **politische Forderungen** nach Partizipation und vor allem **Reisefreiheit** und ließ sich mit einem bloßen Dialogversprechen, wie Cornelsen es hier andeutet, nicht mehr abspeisen. Insofern unterschätzt sie die Entschiedenheit des Freiheitswillens der DDR-Bürger und die Konkretheit ihrer Forderungen. Die Wende hin zur Ökonomie vollzog sich erst unter dem Eindruck der massenhaften Westreise-Erfahrungen nach dem Mauerfall am 9. November 1989. An die Stelle politischer Reformen innerhalb der DDR trat danach mehrheitlich der schnelle Wunsch nach **Wiedervereinigung** beider deutscher Staaten. Dies zeigten auch die Ergebnisse der **Volkskammerwahl** vom 18. 3. 1990.
Das Reformpotenzial der SED erwies sich unter diesen Bedingungen als unzureichend. Auch wenn mit Hans Modrow Mitte November 1989 ein ausgewiesener Reformer zum Ministerpräsidenten gewählt worden war, nachdem der Honecker-Nachfolger Krenz keinerlei Akzente zu setzen vermochte, so erodierte die Machtbasis der einstigen Staatspartei zu schnell, um noch Einfluss auf die weiteren Vorgänge zu nehmen.
Die Krise der Achtzigerjahre bildete insofern den unmittelbaren Vorlauf des Niedergangs eines Staates, der von der Mehrheit seiner Bürger nie wirklich gewollt war. Bei der ersten Gelegenheit wählten sie ein schnelles Ausstiegsszenarium. Als Doris Cornelsen dem Spiegel ein Interview gab, war bei Weitem nicht daran zu denken, dass sich dieses binnen so kurzer Zeit ergeben würde.

Abiturprüfung Niedersachsen 2011 – Geschichte
Erhöhtes Anforderungsniveau – Aufgabe II

Thema: Mythos Stalin

Aufgabenstellung

1. Geben Sie – nach einer quellenkritischen Einführung in den Text – die Eindrücke wieder, die Lion Feuchtwanger (M 1) bei seinem Besuch in Moskau 1937 gewinnt.
2. Interpretieren Sie Material 2 und stellen Sie einen Bezug zu M 1 her.
3. Stellen Sie den Sichtweisen in den Materialien 1 und 2 jeweils die historische Realität der Sowjetunion und der DDR gegenüber.
4. Der Historiker Alan Bullock schrieb: *„[…] wer immer den Glauben an eine leninistische Revolution von oben ‚im Namen der Armen und Ausgebeuteten' noch nicht verloren hat, muss sehen, wie er mit der moralischen Herausforderung der Stalin-Ära fertig wird."* (Alan Bullock: Hitler und Stalin, übersetzt von Karl-Heinz Siber und Helmut Ettinger, Siedler 1991)
   Setzen Sie sich mit dieser Einschätzung unter Einbeziehung Ihrer bisherigen Arbeitsergebnisse auseinander.

M 1: Lion Feuchtwanger: Moskau 1937. Ein Reisebericht für meine Freunde

Lion Feuchtwanger (1884–1958) war in der Weimarer Republik ein bekannter und viel gelesener deutscher Schriftsteller jüdischer Herkunft. Nach der Machtübernahme durch die Nationalsozialisten floh er nach Sanary/Var in Südfrankreich. Vom November 1936 bis Februar 1937 reiste Feuchtwanger in die Sowjetunion. Der nachfolgende Auszug stammt aus seinem nach seiner Rückkehr 1937 veröffentlichten „Reisebericht".

„Was wollen Sie eigentlich?", sagte mir zu dem nämlichen Thema scherzend ein Sowjetphilolog. „Demokratie ist die Herrschaft des Volkes, Diktatur Herrschaft eines Einzelnen. Wenn aber dieser Einzelne das Volk in so idealer Art repräsentiert, wie das bei uns geschieht, ist dann Demokratie und Diktatur nicht das gleiche?"

Dieser Scherz hat einen sehr ernsthaften Hintergrund. Die Verehrung Stalins, der maßlose Kult, den die Bevölkerung mit ihm treibt, ist mit das Erste, was dem Fremden in die Augen springt, der die Sowjetunion bereist. An allen Ecken und Enden, an passenden Stellen und an unpassenden, sieht man gigantische Büsten und Bilder Stalins. Die Reden, die man zu hören bekommt, nicht etwa nur die politischen, sondern auch Vorträge über beliebige künstlerische und wissenschaftliche Themen, sind gespickt mit Verherrlichungen Stalins, und oft nimmt die Vergötzung des Mannes geschmacklose Formen an. […]

Es ist keine Frage, dass diese überschwängliche Verehrung in den weitaus meisten Fällen echt ist. Die Leute spüren das Bedürfnis, ihre Dankbarkeit auszudrücken, ihre grenzenlose Bewunderung. Sie glauben in Wahrheit, alles, was sie sind und was sie haben, Stalin zu verdanken. Und so fremdartig und abstoßend die Vergötzung Stalins uns westlichen Menschen erscheinen mag, ich habe nirgends Spuren gefunden, die darauf hindeuten, dass sie künstlich oder gemacht wäre. Vielmehr ist sie organisch gewachsen mit den Resultaten des wirtschaftlichen Aufbaus.

Das Volk ist Stalin dankbar für Brot, Fleisch, Ordnung, Bildung und für die Sicherung dieses seines neuen Wohlstandes durch die Schaffung der Armee. Das Volk muss jemanden haben, dem es für die sichtbaren Verbesserungen seiner Lebensbedingungen seinen Dank bezeigen kann, und es kann zu diesem Zweck kein Abstraktum gebrauchen, es ist nicht dem abstrakten „Kommunismus", es ist dem sichtbaren Manne Stalin dankbar. Der Russe neigt zum Überschwang, seine Sprache und seine Gesten haben etwas Superlativisches, und er freut sich, wenn er sein Herz und seinen Mund überfließen lassen kann. Die maßlose Huldigung gilt also nicht etwa dem einzelnen Manne Stalin, sie gilt dem Repräsentanten des sichtlich geglückten Aufbaus. Das Volk sagt Stalin, und es meint die zunehmende Prosperität, die zunehmende Bildung. Das Volk sagt: Wir lieben Stalin, und dies ist der naivste, natürlichste Ausdruck des Einverständnisses mit den wirtschaftlichen Verhältnissen, mit dem Sozialismus, mit dem Regime.

Dazu kommt, dass Stalin wirklich Fleisch vom Fleische des Volkes ist. Er ist der Sohn eines bäuerlichen Schusters, und er hat die Verbundenheit mit den Arbeitern und Bauern bewahrt. Mehr als irgendein Staatsmann spricht er die Sprache des Volkes. [...] Vor allem aber hat Stalin Humor, einen umständlichen, verschlagenen, behaglichen, manchmal grausamen Bauernhumor. [...] Wenn Stalin spricht, mit seinem schlauen, behaglichen Lächeln, dann stellt er nicht wie andere Redner Trennung her zwischen sich und dem Auditorium, dann steht er nicht höchst effektvoll auf der Bühne und die anderen sitzen unter ihm, sondern es stellt sich sehr bald Verbundenheit ein, Vertraulichkeit zwischen ihm und seinen Hörern. Sie sind aus dem gleichen Stoff, zugänglich den gleichen Argumenten, sie lachen fröhlich über die gleichen einfachen Geschichten.

(Lion Feuchtwanger: Moskau 1937. Ein Reisebericht für meine Freunde. Aufbau Berlin 2000.)

M 2: Plakat aus der DDR 1950

(Deutsches Historisches Museum, Berlin, Inv.-Nr. P94/1691)

Hilfsmittel:

Keine

Erläuterungen und Bearbeitungshinweise

Der Schwerpunkt des Aufgabenvorschlages lag im Thematischen Schwerpunkt 2. Im Rahmen des Themas „Die Sowjetunion – Genese einer Weltmacht“ bezieht sich diese Aufgabe auf die Zeit Stalins und greift mit dem verbindlichen Unterrichtsinhalt des Stalin-Mythos auch einen Aspekt auf, der ausschließlich für das erhöhte Niveau vorgesehen war. Der Semesterübergriff in den Aufgaben 2 und 3 bezieht Inhalte des Thematischen Schwerpunktes 3 „Zusammenbruch der DDR und deutsche Einheit“ mit ein. Konkret geht es hier um den verbindlichen Unterrichtsinhalt „Ausbildung der ‚Volksdemokratie‘ unter Führung der SED“. „Herrschaft und Freiheit“ sowie „Menschenbild und Weltdeutung“ sind die dominierenden Leitprobleme, Politik-, Kultur- und Sozialgeschichte die auftauchenden Dimensionen historischer Forschung.

Verbindliche Gewichtung der Teilaufgaben

Teilaufgabe	überwiegend Anforderungsbereich	Gewichtung in Prozent
1	I	25
2	I–III	20
3	II	30
4	III	25

Lösungsvorschläge

1. *Die Aufgabe aus dem AFB I weist keinerlei Schwierigkeiten auf. Ein besonderes Augenmerk ist aber auf die quellenkritische Einleitung zu legen. Vor der Inhaltsangabe sollte zumindest eine äußere Quellenkritik stehen, die die Glaubwürdigkeit des Textes allein anhand seiner im Kopftext enthaltenen Angaben untersucht. In diesem Fall deutet die Gattung Reisebericht auf eine subjektive, perspektivisch enge Sicht der Dinge hin. Darüber hinaus können Besonderheiten der Argumentation, z. B. die Tendenz zur Generalisierung der bloß subjektiven Eindrücke, genannt werden. Aber das ist dann eigentlich schon Sache der Interpretation bzw. der inneren Quellenkritik, die erst nach erfolgter Rechenschaft über den Textinhalt sinnvoll anzufertigen ist.*

Der vorliegende Text M 1 ist ein Auszug aus dem **Reisebericht** „Moskau 1937", den der deutsch-jüdische Schriftsteller Lion Feuchtwanger im Jahre 1937 „für meine Freunde" verfasste, allerdings im selben Jahr auch **veröffentlichte**. Sein Reisebericht ist insofern wohl nicht nur Zeugnis und **Ausdruck subjektiven Erlebens** und persönlicher Gedanken auf seiner Moskaureise, sondern durchaus für ein größeres Lesepublikum bestimmt und daher unter Umständen auch künstlerisch gestaltet. Zugleich könnte ihm angesichts der Zeitumstände auch eine **politische Überzeugungsabsicht** innewohnen. Denn Feuchtwanger lebte zu dieser Zeit als vom NS-Regime Verfolgter in Frankreich im **Exil**. Wie viele europäische Intellektuelle setzte er Hoffnungen auf Stalin als Gegner Hitlers.
Im vorliegenden Auszug beschreibt und erklärt Feuchtwanger den in Moskau beobachteten **Stalin-Kult**. Allerorts sei ihm dieser auf seiner Reise begegnet und komme in sehr verschiedenen Formen zum Ausdruck. Wenn er auch ‚maßlos[ ]' (Z. 6), „fremdartig und abstoßend" (Z. 16) anmute und „geschmacklose Formen" annehme (Z. 11 f.), so entspringe er doch einem echten Bedürfnis der Menschen. Er sei gewachsen mit den Ergebnissen des wirtschaftlichen Aufbaus (vgl. Z. 19) und beruhe auf der Dankbarkeit der Bevölkerung für die damit verbundenen Errungenschaften (vgl. Z. 20 f.). Stalin diene insofern dabei als Personifikation des Kommunismus (vgl. Z. 21–25), auf die der zur emotionalen Übertreibung neigende, naive Russe seine Begeisterung projiziere (vgl. Z. 25–32). Dank seiner einfachen Herkunft habe Stalin seine Verbundenheit mit dem einfachen Volk stets bewahrt

und teile dessen Humor, sodass sich schnell das Gefühl einer Vertraulichkeit mit seinen Zuhörern einstelle (vgl. Z. 33–43).

2. *Bei der geforderten Interpretation (AFB I bis III) kommt es darauf an, systematisch vorzugehen. Zunächst sollten die einzelnen Bildelemente des Plakats beschrieben werden, um anschließend die Deutung dieser Montage vornehmen zu können. Qualität gewinnt die Bearbeitung dadurch, dass Sie insbesondere die Beschreibung verdichten und bereits am Satzbau (Hauptsatz – Nebensatz) erkennen lassen, welchen Elementen eine zentrale und welchen eher eine randständige Bedeutung zukommt. Dabei kann und sollte das Thema des Aufgabenvorschlags, der „Mythos Stalin", in die Interpretation mit einbezogen werden. Der geforderte, idealerweise Gemeinsamkeiten und Unterschiede herausstellende Bezug zu M 1 verdichtet die Argumentation.*

Das als M 2 vorliegende DDR-Plakat von 1950 ist ein **Propagandaplakat**, das der politischen Beeinflussung dient. Es besteht aus mehreren Elementen. Vor einer Masse aus offenkundig applaudierenden, in die gleiche Richtung schauenden Menschen sieht man ein **Brustbild** Stalins in einer Militäruniform. Leicht aus der **Untersicht** fotografiert, blickt er in dieselbe Richtung wie die Menschen im Hintergrund. Sein **Gesichtsausdruck** ist undurchdringlich. Einerseits könnte man ihn als gütig, andererseits aber auch als selbstgewiss und unnahbar beschreiben. Stalin wird als Mann mittleren Alters dargestellt, wirkt also deutlich jünger, als der Anlass des Plakates, der unten rechts in kleinerer Schrift verzeichnet ist, ihn ausweist: Das Plakat gratuliert dem „Freund aller friedliebenden Menschen, J. W. Stalin zum 71. Geburtstag" am 21. 12. 1950. Links neben Stalins Kopf findet sich der **Slogan** „Von Stalin lernen heißt siegen lernen". Im Vordergrund links, vor dem Brustbild Stalins, finden sich sechs rot eingeschlagene Bücher mit Titeln typisch kommunistischen Inhalts. Sehr klein ist unten rechts der Auftraggeber des Plakats vermerkt: Es handelt sich um das „Amt für Information" des Landes Brandenburg.
Das Arrangement der Elemente rückt die Person **Stalin ins Zentrum des Bildes**. Sein Gesicht bildet den Fluchtpunkt. Die weiteren Elemente sind auf den Fluchtlinien um ihn herum gruppiert. Die einzelnen Menschen im Hintergrund kann man nur schemenhaft erkennen. Auf diese Weise wird die **Assoziation der Masse** geweckt und Stalin zu ihrem Führer stilisiert. Er teilt ihre **Blickrichtung**, weiß sich insofern mit ihr einig, ist aber dennoch im Mittelgrund deutlich aus ihr herausgehoben. Dies unterstreicht auch die **Losung**, die ganz auf ihn bezogen ist. Das Plakat ist also Teil des **Personenkultes** um Stalin. Die Charakterisierung als **friedliebend** ist ebenfalls Teil des Stalin-Mythos. Die ebenfalls in seiner Blickrichtung vor ihm liegende Bücherzusammenstellung betont die Verankerung Stalins im Denken des **Marxismus-Leninismus**, seine historische Mission im Rahmen der Geschichte der KPdSU sowie seine Legitimation durch die enge Beziehung zu Lenin. Ferner profilieren ihn einzelne Titel selbst als theoretische Größe des Marxismus-Leninismus. All dies läuft quasi folgerichtig auf Stalins **Sieg** hinaus –

nicht zuletzt auf den **im Zweiten Weltkrieg**, auf den seine Militäruniform verweist.

Mit M 1 finden sich insofern zahlreiche Übereinstimmungen: Hier wie dort wird der Stalin-Kult thematisiert; Stalin ist auch in M 2 als **Personifikation des Marxismus-Leninismus** und **Führer und Lehrer des Volkes** dargestellt. Das Plakat könnte insofern auch in der UdSSR zu finden sein, so wie Feuchtwanger sie darstellt (vgl. Z. 7 ff.). Doch während Stalin in der UdSSR äußerlich kritiklos verehrt wurde, waren die Bedingungen für die Wirkung des Plakates in der DDR andere: Hier ging es darum, in der Bevölkerung zunächst einmal überhaupt Akzeptanz für Stalin zu schaffen. Das Plakat bringt daher weniger die Meinung der breiten Bevölkerung zum Ausdruck, sondern es ist unter den Bedingungen der DDR eher ein Appell an die Bevölkerung, Stalin als ihren Freund zu akzeptieren. Zugleich soll es den **sowjetischen Führungsanspruch** in der DDR legitimieren. Damit rechtfertigt es mittelbar auch die Herrschaft der SED.

3. *Diese Aufgabe ermöglicht Ihnen eine umfassende Historisierung der bisher erzielten Befunde, was auf eine Relativierung der Aussagen hinauslaufen dürfte. Jetzt muss der Stalin-Kult der faktischen Politik Stalins und seinen Verbrechen sowie der Geschichte der SBZ/DDR von 1945 bis ca. 1953 gegenübergestellt werden. Es empfiehlt sich, die Kontexte der UdSSR und der DDR nacheinander zu entfalten, im letzteren allerdings Bezug auf den ersteren zu nehmen. Dabei weist Ihnen das Interpretationsergebnis aus Aufgabe 2 insofern den Weg, als auch hier deutlich werden sollte, dass die Bedingungen in der DDR andere waren als in der UdSSR. Der Operator „gegenüberstellen" (AFB II) ist missverständlich; er entspricht in etwa der umgangssprachlichen Bedeutung des Wortes „vergleichen". Er ist in der neuen, für das Zentralabitur 2012 geltenden Operatorenliste nicht mehr enthalten und wird nicht mehr verwendet werden.*

Wie gesehen weisen sowohl M 1 als auch M 2 Elemente des Stalin-Mythos auf, der bereits zu Lebzeiten Stalins konstruiert wurde und zumindest in Russland bis heute in Teilen der Bevölkerung verbreitet ist. Der Grund hierfür ist in dem Umstand zu suchen, dass die **Ära Stalins** tatsächlich eine der wenigen Phasen war, in der die Sowjetunion zählbare Erfolge vorweisen konnte. Infolge einer systematisch betriebenen **Industrialisierungspolitik** und schließlich durch den **Sieg gegen Nazideutschland** errang die UdSSR einen **Weltmachtstatus**, der seit dem Zusammenbruch des Sowjetimperiums ab dem Ende der Achtzigerjahre zum großen Teil wieder verloren gegangen ist. Grundlage dieses **Modernisierungsschubs** waren in der Tat Weichenstellungen, die Stalin ab Mitte der Zwanzigerjahre vornahm. Getreu der marxistisch-leninistischen Lehre hielt Stalin die Schaffung einer **Industriegesellschaft** für unverzichtbar. Im Streit um die Nachfolge Lenins hatte er sich mit der Parole vom **„Sozialismus in einem Land"** gegen seinen Kontrahenten Trotzki durchgesetzt. Er beendete den wirtschaftspolitischen Schlingerkurs der Nach-Lenin-Zeit und trieb die wirtschaftliche Entwicklung der UdSSR voran: Die Industrialisierung Russlands mit dem Fokus auf der **Schwerindustrie** ließ er

vor allem im lebensfeindlichen Sibirien durchführen. Die **Landwirtschaft** wurde **zwangskollektiviert** und in Kolchosen und Sowchosen überführt. So weit die scheinbare Erfolgsgeschichte, die Grundlage, aber auch schon Bestandteil des Stalin-Mythos war und ist. Sie beruht auf einer **einseitig positiven Wahrnehmung** Stalins.
Die Schattenseite sind Millionen Opfer dieser Politik. Realisierbar war sie nämlich nur im Zuge einer **massiven gesellschaftlichen Umwälzung** in der UdSSR. Diese wiederum konnte nur auf der Grundlage **staatlicher Repression** erfolgen. Insbesondere die Industrialisierung wurde mithilfe von Zwangsarbeitern bewerkstelligt. Man rekrutierte sie massenhaft durch die **Verfolgung der Kulaken**, der etwas wohlhabenderen Bauern, ab 1929. Vermeintliche Klassenfeinde, aber auch ethnische Minderheiten, Angehörige von Religionsgemeinschaften oder Kulturschaffende wurden deportiert und mussten unter lebensfeindlichen Bedingungen harte körperliche Arbeit leisten. Sie taten dies im **GULag**, einem System von Arbeitslagern, die über die gesamte Sowjetunion verstreut waren.
War der Modernisierungserfolg insofern mit massivem staatlichen Unrecht erkauft, so wurde dieses noch gesteigert durch die **Terrorwellen**, die der paranoide Stalin durch die gesamte russische Gesellschaft laufen ließ. Unter dem Vorwand der Sabotage oder Spionage erstreckten sich willkürliche Verhaftungen und Morde bis in den innersten Führungskreis der KPdSU hinein und machten auch vor der Armee nicht halt. Auf diese Weise festigte Stalin seine Herrschaft durch einen nahezu kompletten **Austausch der Elite**. Die Generation der Revolutionäre von 1917 wurde eliminiert, junge, karrierebewusste Kommunisten, die Stalin treu ergeben waren, nahmen ihre Plätze ein. Die Angst war ständiger Begleiter im Leben der Bevölkerung geworden, denn der Terror folgte keinem System. Er konnte jede und jeden zu jeder Zeit treffen.
Das von **Feuchtwanger** im Jahr 1937, dem Höhepunkt des Terrors, gezeichnete Stalin-Bild ist also in entscheidenden Punkten zu modifizieren und zu ergänzen. Es bleibt unklar, ob Feuchtwanger geblendet wurde oder ob er zu unkritisch war, um die Folgen des Großen Terrors, z. B. die Vorsicht seiner Gesprächspartner, zu bemerken. Jedenfalls sind seine Beobachtungen, gemessen an der gesamten Tragweite des Stalinismus, sehr **tendenziös**.

Im Gegensatz zur UdSSR war die bedingungslose Ergebenheit gegenüber Stalin in der SBZ/DDR einem kleinen Kreis linientreuer Kommunisten vorbehalten. Seitdem die **Gruppe Ulbricht** im Mai 1945 aus Moskau eingeflogen worden war, hatte die sowjetische Führung in ihrer Besatzungszone nach anfänglichem Zögern schnell Herrschaftsstrukturen nach ihrem Vorbild geschaffen. Die **erzwungene Einheitsfront** der neu gegründeten Parteien, die **Zwangsvereinigung von SPD und KPD zur SED** im April 1946, vor allem aber die Umwandlung der SED in eine „**Partei neuen Typs**" nach Vorbild der KPdSU ab 1948 zeigten diesen Weg klar auf. Er war mit der **Gründung der DDR 1949** weitgehend abgeschlossen. Das ostdeutsche Stalin-Plakat von 1950 illustriert die Parallelen der Entwicklung in der DDR und der Sowjetunion. Dennoch war die Akzeptanz des Personenkultes um Stalin in der DDR wohl **noch inszenierter** als in der UdSSR. Denn die in der

DDR in großer Zahl stationierten sowjetischen Truppen wurden während der gesamten Dauer ihrer Anwesenheit von der Mehrheit der Bevölkerung als Besatzer empfunden. Auch die **Unterdrückungsmechanismen** waren ähnliche wie in der Sowjetunion, wenngleich sie subtiler und weniger blutig ausfielen. Das 1950 gegründete **Ministerium für Staatssicherheit** errichtete einen Überwachungsapparat, es kam zu Schauprozessen, innerparteilichen Säuberungen und Hinrichtungen, ohne dass die Dimensionen des sowjetischen Terrors erreicht wurden. Hinzu kamen massive **Demontagen und Reparationsforderungen** in der Nachkriegszeit. Der 1952 verkündete „**planmäßige Aufbau des Sozialismus**" wies der DDR ökonomisch denselben Weg, den Stalin der UdSSR verordnet hatte. Spätestens seit 1948 beschritt der ostdeutsche Teilstaat also den Weg der **Stalinisierung**. Er führte bereits am **17. Juni 1953** zum Volksaufstand und wurde dann umgehend abgemildert, sodass der DDR-Bevölkerung die Exzesse des Stalinismus auf diesem Gebiet erspart blieben. Der auf dem Plakat M 2 konstruierte Stalin-Mythos war von den tatsächlichen Verhältnissen in der DDR insofern weiter entfernt als Feuchtwangers blauäugiges Lob auf Stalin von den Verhältnissen in der UdSSR.

4. *Diese Aufgabe ist eindeutig dem AFB III zuzuordnen. Ihre Schwierigkeit besteht darin, das komplexe Historikerzitat zunächst einmal überhaupt zu erschließen und daraus eine zu erörternde Fragestellung abzuleiten. Widmen Sie sich daher ausführlich dem Verständnis des Zitates, bevor Sie mit der Auseinandersetzung beginnen. Ansonsten gelten hier alle Tugenden, die einen guten Aufsatz im Allgemeinen kennzeichnen: Klare Gedankenführung, Differenziertheit der Aussagen; hinzu kommt als fachspezifische Komponente natürlich eine gute Orientierung innerhalb der hier zu verarbeitenden historischen Situation.*

Das vorliegende Zitat des **Historikers Alan Bullock**, wonach derjenige „mit der moralischen Herausforderung der Stalin-Ära" fertig werden müsse, der „den Glauben an eine leninistische Revolution von oben, im Namen der Armen und Ausgebeuteten, noch nicht verloren" habe, beinhaltet zwei Behauptungen. Die als ‚moralische Herausforderung' beschriebene Bewertung der Stalin-Ära enthält bereits das Urteil, dass die Politik der Stalin-Ära zumindest unmoralische Züge getragen habe. Zum anderen wird Stalins politisches Handeln aber auch in die Nachfolge Lenins gesetzt. Bereits diese Ära sei geeignet gewesen, den Glauben an die Revolution und ihre Ziele zu verlieren. **Stalins Immoralismus** wird also in die **Nachfolge der Verbrechen Lenins** gerückt und als deren Steigerung beschrieben. Es ist daher zum einen zu erörtern, inwieweit nicht nur Stalin, sondern bereits Lenin unmoralisch handelten, zum anderen ist eine **Bilanz der Stalin-Ära** in moralischer Hinsicht zu ziehen.

Ausgangspunkt für das vernichtende Werturteil über Stalin ist in der Regel die **Tradition westlicher politischer Werte**, die seit der Französischen Revolution an den **Rechten des Individuums** ansetzt: Der Mensch ist frei und gleich an Rechten geboren und bleibt es. Tatsächlich war dies auch das Ziel des Kommunismus. Doch dieser hielt das, was die Revolutionäre von 1789 noch per Verfassungsakt

für verwirklicht, zumindest aber für verwirklichbar hielten, nur im Rahmen einer Zwangsherrschaft des Proletariats über seine vormaligen Unterdrücker – als solche galt im 19./20. Jahrhundert die **Bourgeoisie** – für durchsetzbar. Insofern bezog die staatliche Repression gegen ganze Gesellschaftsgruppen, die in der UdSSR und in anderen Staaten, die sich dem Kommunismus verschrieben hatten, stattfand, ihre politische Legitimation aus einem anderen politischen Denkansatz, der die **Gleichheit des Kollektivs** der individuellen Freiheit überordnete. Der westliche Standpunkt verleiht jedweder Politik, die diesen Maximen folgt, einen **Unrechtscharakter**.
Die Grundlagen der Gewaltherrschaft hatte Lenin mit seiner Theorie einer „**Partei neuen Typs**" bereits 1902 gelegt: Da die russische Gesellschaft aus sich heraus keine Revolution hervorbringen könne, bleibe es einer kleinen Avantgarde von Berufsrevolutionären vorbehalten, die Massen, deren Klassenbewusstsein noch nicht hinreichend entwickelt sei, zu ihrem Glück zu führen. Der bolschewistische Putsch gegen die bürgerliche Regierung Kerenski im Oktober 1917 folgte exakt diesen Vorstellungen. Von Beginn an etablierte Lenin eine **Ein-Parteien-Herrschaft** der kommunistischen Partei und ließ alle Versuche westlichen konstitutionellen oder parlamentarischen Denkens mit Gewalt abweisen. Die straff nach dem **Prinzip des Demokratischen Zentralismus** organisierte Partei duldete intern keinerlei Fraktionsbildung und übte von Beginn an eine Diktatur aus, die vorgeblich die des Proletariats war, faktisch aber von einer kleinen Gruppe Revolutionäre ausgeübt wurde. Diese nahm den tausendfachen Tod der Beherrschten in Kauf. Der **Kriegskommunismus** der ersten Jahre führte zur großen Hungersnot von 1921. In deren Folge wurden die politischen und wirtschaftlichen Zügel zwar vorübergehend gelockert, nach dem Tod Lenins aber durch Stalin – nach erfolgter Konsolidierung seiner Alleinherrschaft spätestens ab Ende der Zwanzigerjahre – wieder angezogen. Es war jedoch bereits Lenin, der das Vollbild einer – aus westlicher Sicht – Politik der Unmoral entwickelte. Beispielhaft zeigte sich dies im **Aufstand der Kronstädter Matrosen** im März 1921. Lenin zögerte nicht, die bislang treu ergebenen, nun aber einen **demokratischen Sozialismus** und eine **Räteverfassung** fordernden Matrosen der Kronstädter Garnison ermorden zu lassen. Insofern gibt es gute Gründe, bereits angesichts von Lenins politischem Handeln „den Glauben an eine Revolution ‚im Namen der Armen und Ausgebeuteten'" zu verlieren.

Bullock deutet insofern in seinem Zitat nicht ohne Grund an, dass bereits Lenins politisches Handeln kaum in Übereinstimmung mit einer „Revolution ‚im Namen der Armen und Ausgebeuteten'" stand. Stalin setzte diese Politik fort, steigerte das Ausmaß der Brutalität bei ihrer Umsetzung aber noch. Die Verehrung Stalins, wie sie der in M 1 und M 2 zugrunde liegende Stalin-Mythos vornimmt, ist also nicht nur vor dem Hintergrund einer anderen, kritischen Bewertung seiner Person als eines der größten Verbrecher des 20. Jahrhunderts zu historisieren, sondern auch durch die Einordnung seiner Verbrechen in eine Kontinuitätslinie bolschewistischer Politik seit 1917.

Das Hauptanliegen Bullocks betrifft die Abwägung der **Ergebnisse stalinistischer Politik**, wie sie in Aufgabe 3 vorgestellt wurden. Die von ihm als „moralische Herausforderung" bezeichnete Frage wäre zuzuspitzen in der Entscheidung, ob der ökonomische Erfolg der Sowjetunion den Terror rechtfertigte, d. h., ob Tod und Leiden von Millionen Menschen im Zeichen des Fortschritts der UdSSR zu rechtfertigen sind. So trivial negativ die Antwort darauf auf der Grundlage westlicher Freiheitswerte und politischer Grundüberzeugungen ausfällt, so wird doch anhand der Materialien 1 und 2 deutlich, dass Stalin für viele Zeitgenossen eine durchaus positive **Identifikationsfigur** war – und zwar unabhängig von der Frage, ob die Zustimmung nun inszeniert war, wie man bei M 1 vermuten kann und wie bei M 2 feststeht, oder nicht. Feuchtwanger etwa scheint Stalins Politik nicht als moralische Herausforderung begriffen zu haben, sondern er schließt sich dem offiziellen Urteil der Sowjetbürger letztlich vorbehaltlos an. Es ist insofern diese **Fremderfahrung**, dass ein auf den ersten Blick verbrecherischer Staatsmann im Rahmen einer Ideologie wie dem Kommunismus dennoch Verdienste erworben haben kann, die dem von ihm verantworteten Massenmord entgegengestellt werden können.
Insgesamt ist Bullocks Verbindung von Lenin und Stalin jedoch überaus schlüssig. Ohne Stalin zu entlasten, wirft er darüber hinaus die Frage nach der Rechtfertigung des Sowjetkommunismus insgesamt auf. Auch wenn diese Frage durch das Ende der UdSSR historisch weitgehend entschieden ist, macht sie deutlich, dass das Urteil aus ideologischer Sicht bisweilen umstritten bleibt.

(Bitte blättern Sie um)